U0678841

北京大學震旦古代文明研究中心學術叢書特刊

古文字類編

增訂本

高 明 涂白奎 編著

上海古籍出版社

皿　　　　盂

合 10964 一期
甲 2473 三期
合 26786 二期
前 5.3.7 三期
合 16239 一期
粹 779 三期
合 39476 五期
甲 3939 五期
合 28975 三期
合 36512 五期
後上 18.6 五期
女皿簋 商代
皿 觚 周早
晉侯喜父皿 春秋
匽侯盂 周早
晉侯𤕎馬壺 周晚
穌公簋 春秋
魯元匜 春秋
𠩺審盞 戰國
皿犀簋 商代
皿 簋 周晚
廿七年皿 戰國
大盂鼎 周早
齊侯匜 春秋
子諆盆 春秋
仲義君匜 春秋
王子申盞 戰國
陶一 0071 商代
季木藏陶 戰國
仰天湖簡 戰國
上博容成 戰國
陶一 0072 商代
舂録 5.2 戰國
貨系 0510 戰國

盌	盧	鑪	⿸虍皿
	京津 71 一期 甲 3652 三期 合 28095 三期 粹 109 四期 拾 4.18 一期 合 27041 三期 合 34680 四期 屯 2482 四期		
右里盌 戰國 從金	伯公父匿 周晚 嬰次盧 春秋 取膚盤 春秋 伯公父匿 周晚 者旨𥏡盤 春秋 盧氏戈 戰國	牆盤 周中 秦公鎛 春秋 𤼈鐘 周中	邵王簋 春秋 器銘讀作薦
	璽彙 1302 戰國 璽彙 3775 戰國 璽彙 3418 戰國 幣編 215 戰國 貨系 1219 戰國		
	籀文		

齍 　　　　　　　　　　　　盗

乙　3803
一　　期

戍甬鼎
商　代

𨟍𡢁進鼎
周　　早

白六鼎
周　早

羌　鼎
周　中

旨　鼎
周　中

榮有嗣爯鼎　周晚

内黄鼎
戰　國

甲　鼎
周　早

叔　鼎
周　早

吕　鼎
周　中

尚　鼎
周　中

佴叔鬲
周　中

大梁司寇鼎　戰國

槁朝鼎
戰　國

陶三 1017
戰　　國

包山 089
戰　國

望山M2 簡
戰　　國

雲夢封診
戰　　國

𥂝	盩
	合 23795 二期
史頌匜 周中；邾大宰匜 春秋；商丘叔匜 春秋；交君匜 春秋；都公匜 春秋；赤目匜 春秋	旅鼎 周早；史頌鼎 周中
魯士匜 春秋；季宫父匜 春秋；倗子倗缶 春秋；鑄公匜 春秋；蔡侯申匜 春秋；太府匜 戰國	盩司土尊 周早；㝬簋 周晚
包山 124 戰國；璽彙 0712 戰國；璽彙 5313 戰國	石鼓乍原 戰國
上博從政 戰國；璽彙 2050 戰國	秦印彙編 秦代
𥂝	盩

盄　　　　盉

盄	盉
 卯簋 周中；子犯鐘 春秋；令瓜君壺 戰國；井人妄鐘 周晚；杞伯盄 春秋	吴盉 周早；員盉 周中；伯𩛥盉 周中；季良父盉 周晚；伯肇盉 春秋；麥盉 周早；伯春盉 周中；函皇父盤 周晚；伯庸父盉 周晚；途盉 春秋
秦公石磬 春秋；石鼓靈雨 戰國	

盇　盜

盇	盜
長子盉 戰國 酓忑鼎 戰國	逨盤 周晚 秦公鎛 春秋
香録 5.3 戰國　望山M2簡 戰國　望山M2簡 戰國　仰天湖簡 戰國　璽彙 2741 戰國　璽彙 2743 戰國　侯馬盟書 戰國 望山M2簡 戰國　望山M2簡 戰國　包山 254 戰國　璽彙 2739 戰國　璽彙 2742 戰國　璽彙 3055 戰國　雲夢日乙 戰國	石鼓汧沔 戰國 雲夢封診 戰國

盨

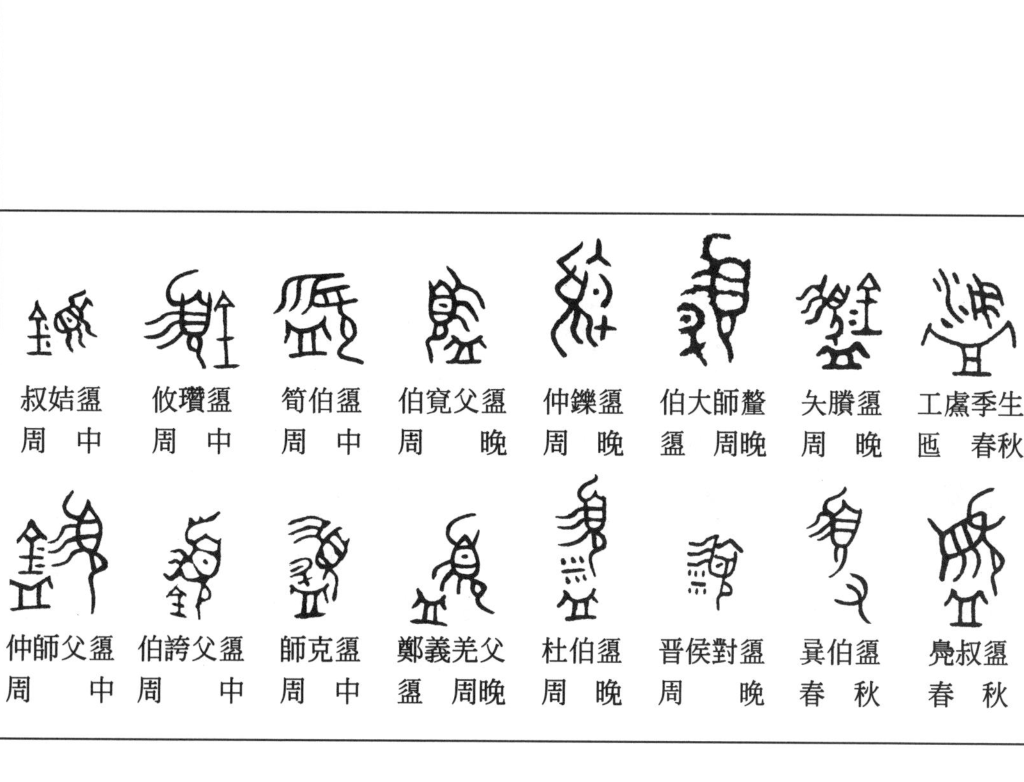
叔姞盨 周中
攸瓚盨 周中
筍伯盨 周中
伯寛父盨 周晚
仲鑠盨 周晚
伯大師釐盨 周晚
夨賸盨 周晚
工盧季生匜 春秋
仲師父盨 周中
伯誇父盨 周中
師克盨 周中
鄭義羌父盨 周晚
杜伯盨 周晚
晉侯對盨 周晚
曩伯盨 春秋
鼄叔盨 春秋

盛	盆	盅
合 26764 二期	合 28167 三期	
史免匿 周中；曾伯霥匿 春秋；盛季壺 春秋；殳季良父壺 春秋；盛君匿 戰國；胤嗣壺 戰國	伯克盆 春秋；鄀子宿車盆 春秋；曾孟孎諫盆 春秋；曾大保盆 春秋	盅鼎 春秋；盅子臣匿 春秋；盅子鐈鼎 春秋
信陽楚簡 戰國；包山 132 戰國；郭店唐虞 戰國；璽彙 1318 戰國；包山 125 戰國；包山 197 戰國；新蔡楚簡 戰國；璽彙 1319 戰國		
盛	盆	盅

盥　　　　盉

合 18524 一期　合 18533 一期　拾 13.14 一期　京津 3085 四期

合 18530 一期　英 602 一期　後下 41.10 一期

女盥觚 商代　亞盥盤 商代　盥女觶 商代　盥爵 商代　齊侯盤 春秋　蔡侯申缶 春秋

亞盥卣 商代　子盥鼎 商代　盥爵 商代　羅兒匜 春秋　夆叔匜 春秋　倗盤 春秋

盉駒尊 周中　九年衛鼎 周中

盉方彝 周中

昷	盈	盦	⿱莫皿
合 28905 三期			同 甗
昷弗生甗 周早 郳𩵸尹鼎 春秋 王孫誥鐘 春秋 王孫誥鐘 春秋 永盂 周中 王孫鐘 春秋 王孫誥鐘 春秋 王孫誥鐘 春秋 王子午鼎 春秋			晉公⿱莫皿 春秋
	雲夢效律 戰國 九店楚簡 戰國	侯馬盟書 戰國	

盡　　益

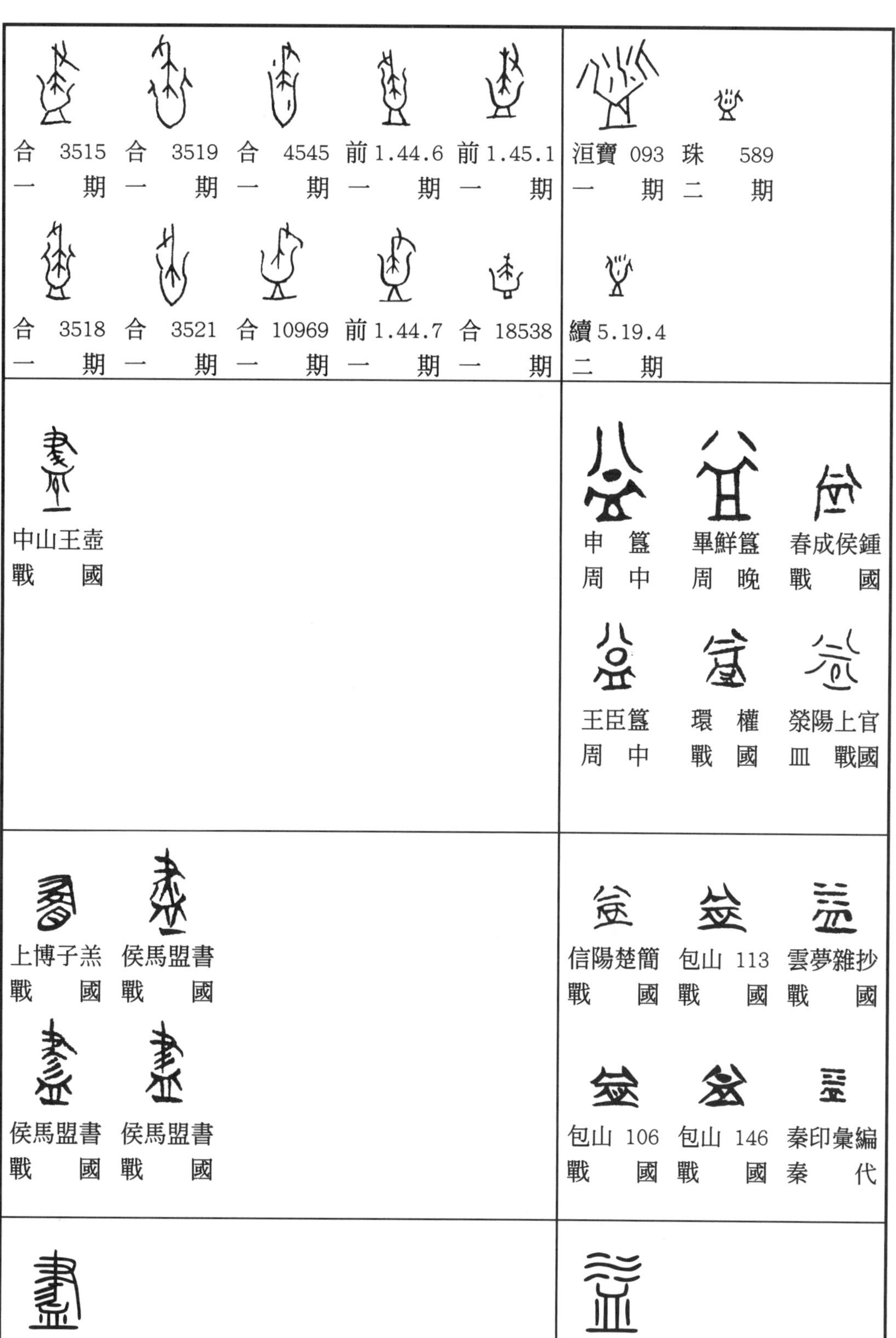

盡	益
合 3515 一期；合 3519 一期；合 4545 一期；前 1.44.6 一期；前 1.45.1 一期；合 3518 一期；合 3521 一期；合 10969 一期；前 1.44.7 一期；合 18538 一期	洹寶 093 一期；珠 589 二期；續 5.19.4 二期
中山王壺 戰國	申簋 周中；畢鮮簋 周晚；春成侯鍾 戰國；王臣簋 周中；環權 戰國；滎陽上官皿 戰國
上博子羔 戰國；侯馬盟書 戰國；侯馬盟書 戰國；侯馬盟書 戰國	信陽楚簡 戰國；包山 113 戰國；雲夢雜抄 戰國；包山 106 戰國；包山 146 戰國；秦印彙編 秦代

䀀	监
	合 8229 一期　合 10966 一期　英 125 一期　合 10965 一期　合 13972 一期　合 31935 三期
包山 180 戰國　包山 186 戰國　包山 197 戰國　包山 215 戰國　包山 238 戰國　包山 186 戰國　包山 189 戰國　包山 212 戰國　包山 226 戰國　璽彙 3558 戰國	

盞 盟

合 13562 一期 ｜ 合 19495 一期 ｜ 後下 30.17 二期 ｜ 京津 755 四期 ｜ 周甲 1 先周

合 15338 一期 ｜ 合 19923 一期 ｜ 寧滬1.156 四期 ｜ 粹 79 四期

王子申盞 春秋 ｜ 大府盞 戰國

井侯簋 周早 ｜ 盟弘卣 周早 ｜ 王孫誥鐘 春秋 ｜ 𪔛鐘 春秋 ｜ 𪔛鐘 春秋 ｜ 𪔛鐘 春秋

盻于盞 春秋

剌觀鼎 周早 ｜ 魯侯爵 周早 ｜ 邾公釛鐘 春秋 ｜ 蔡侯申盤 春秋 ｜ 王子午鼎 春秋

望山M2簡 戰國

信陽楚簡 戰國 ｜ 包山 023 戰國 ｜ 包山 211 戰國 ｜ 分域 2841 戰國 ｜ 侯馬盟書 戰國 ｜ 雲夢爲吏 戰國

曾侯墓簡 戰國 ｜ 包山 123 戰國 ｜ 璽彙 0322 戰國 ｜ 侯馬盟書 戰國 ｜ 侯馬盟書 戰國

古文 或體

簋

合 23571 二　期	菁 10.15 二　期	甲 1971 三　期

合 25239 二　期	粹 987 三　期	甲 752 四　期

𩂣　簋 周　早	貞　簋 周　早	舟　簋 周　中	𩁹侯簋 周　晚	曩侯簋 周　晚	芮公簋 春　秋	蔡侯申簋 春　秋	卲王簋 春　秋

沈子它簋 周　早	己侯貉子 簋　周中	滋　盂 周　中	買　簋 周　晚	史密簋 周　晚	秦公簋 春　秋	莒侯簋 春　秋	陳助簋蓋 戰　國

小臣系石 簋　商代	分域 2904 戰　國

上博曹沫
戰　國

古　文

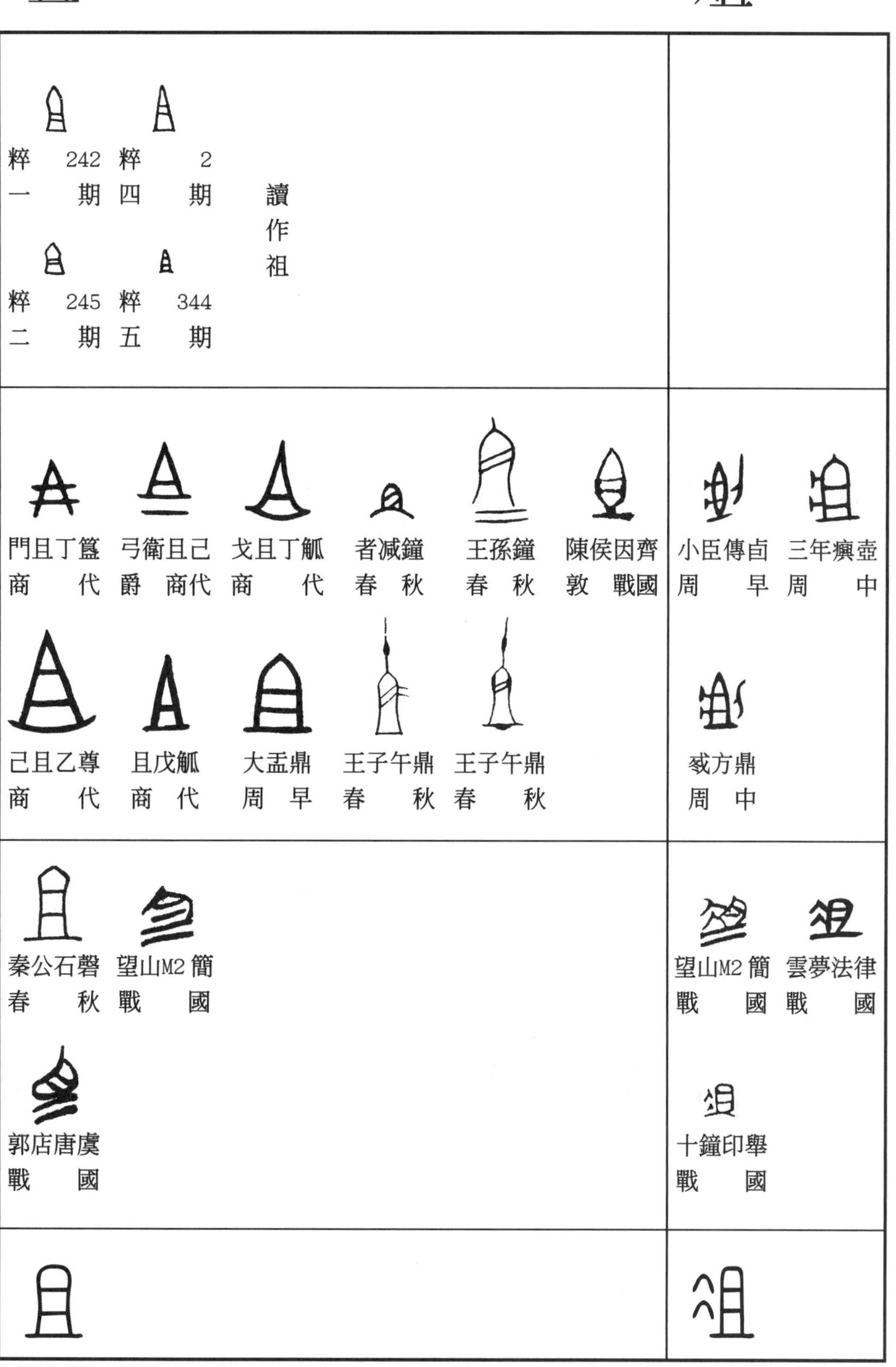

粹 242 一期；粹 2 四期；粹 245 二期；粹 344 五期；讀作祖

門且丁簋 商代；弓衛且己爵 商代；戈且丁觚 商代；者減鐘 春秋；王孫鐘 春秋；陳侯因齊敦 戰國；小臣傳卣 周早；三年𤼷壺 周中

己且乙尊 商代；且戊觚 商代；大盂鼎 周早；王子午鼎 春秋；王子午鼎 春秋；𢦏方鼎 周中

秦公石磬 春秋；望山M2簡 戰國；郭店唐虞 戰國；望山M2簡 戰國；雲夢法律 戰國；十鐘印舉 戰國

且 祖

冉 而

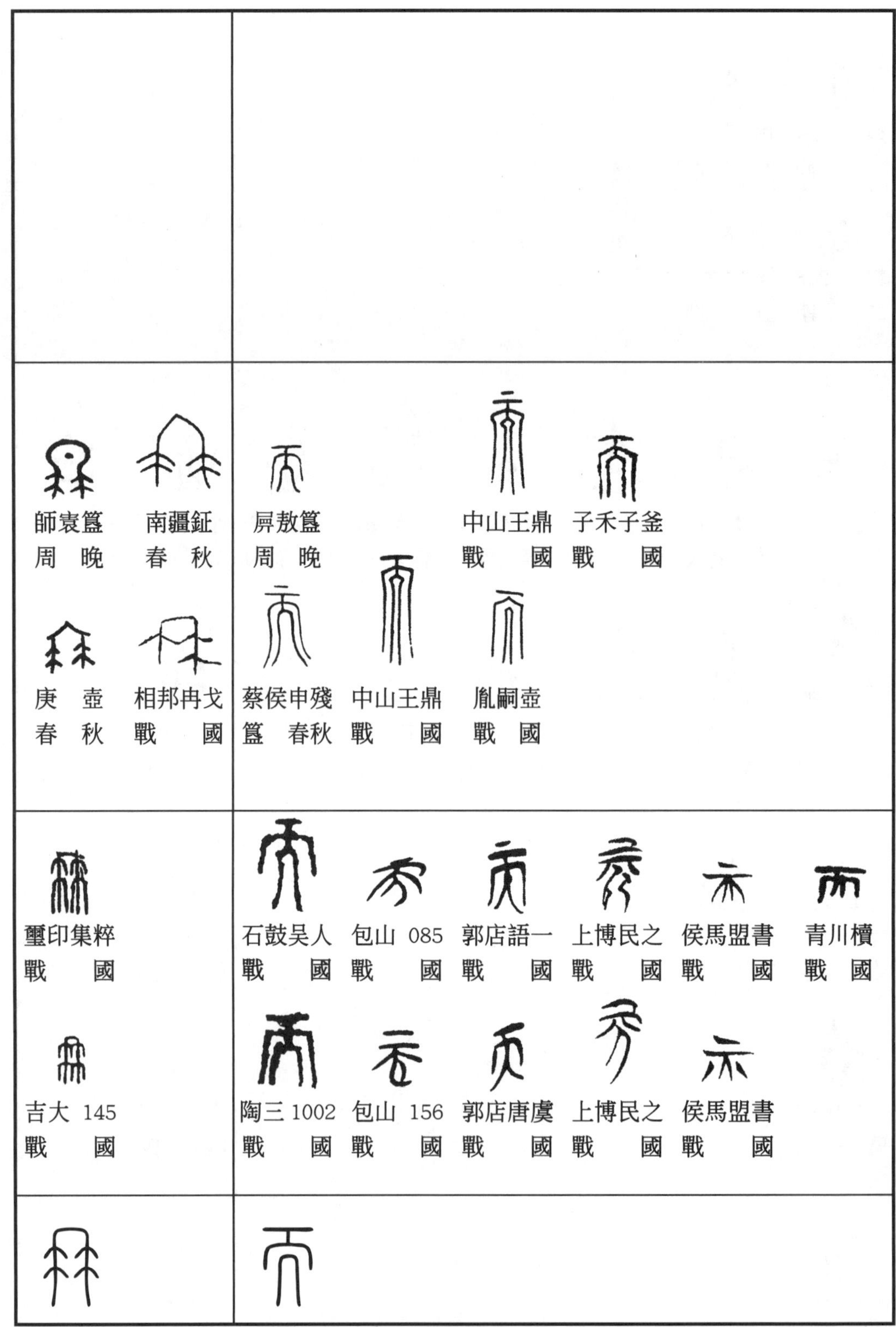

冉	而
師寰簋 周晚; 南疆鉦 春秋; 庚壺 春秋; 相邦冉戈 戰國	屖敖簋 周晚; 中山王鼎 戰國; 子禾子釜 戰國; 蔡侯申殘簋 春秋; 中山王鼎 戰國; 胤嗣壺 戰國
璽印集粹 戰國; 吉大 145 戰國	石鼓吴人 戰國; 包山 085 戰國; 郭店語一 戰國; 上博民之 戰國; 侯馬盟書 戰國; 青川櫝 戰國; 陶三 1002 戰國; 包山 156 戰國; 郭店唐虞 戰國; 上博民之 戰國; 侯馬盟書 戰國

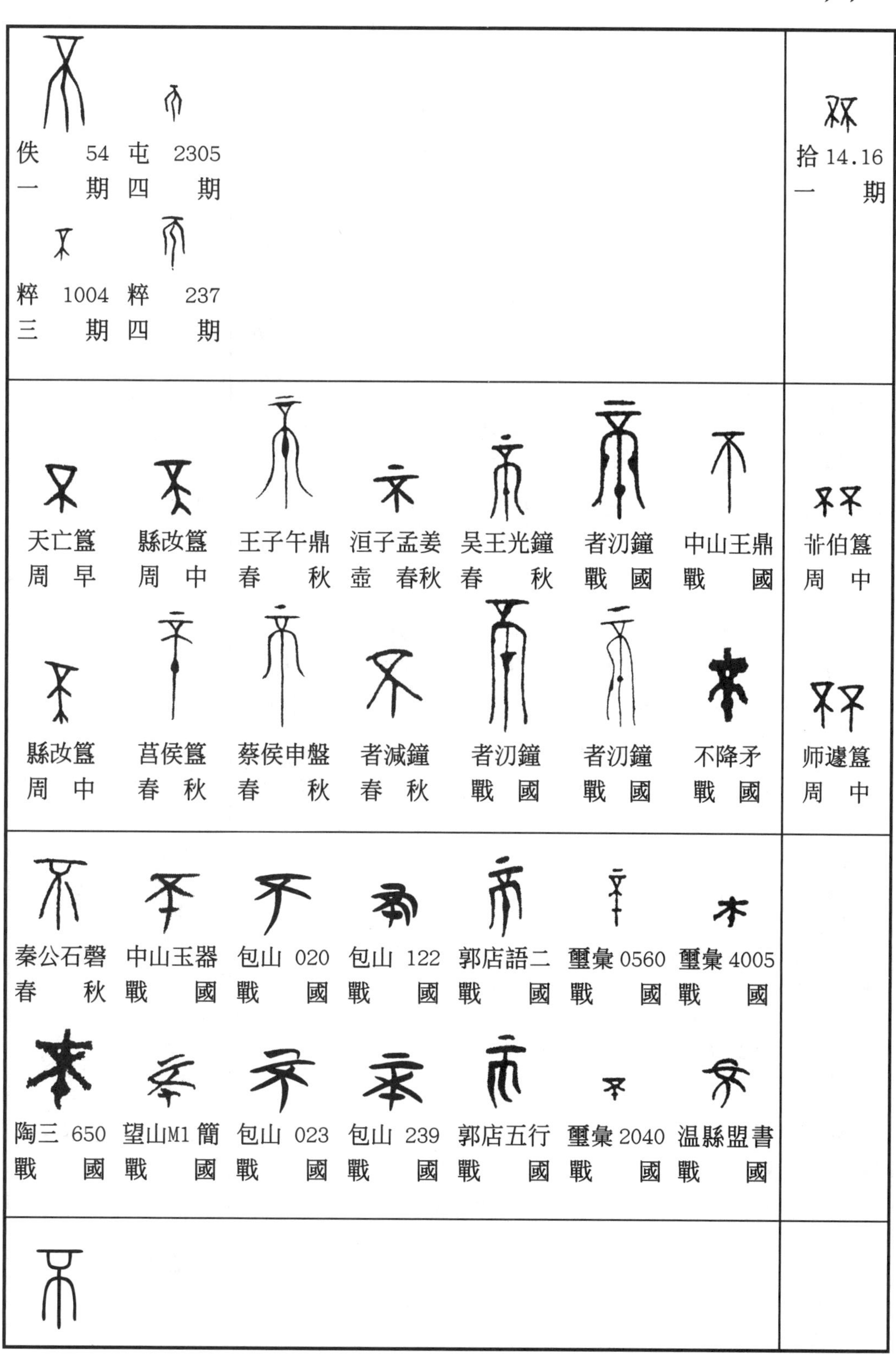

佚 54 一期
屯 2305 四期
粹 1004 三期
粹 237 四期

拾 14.16 一期

天亡簋 周早
縣改簋 周中
王子午鼎 春秋
洹子孟姜壺 春秋
吴王光鐘 春秋
者汈鐘 戰國
中山王鼎 戰國
茾伯簋 周中

縣改簋 周中
莒侯簋 春秋
蔡侯申盤 春秋
者減鐘 春秋
者汈鐘 戰國
者汈鐘 戰國
不降矛 戰國
师遽簋 周中

秦公石磬 春秋
中山玉器 戰國
包山 020 戰國
包山 122 戰國
郭店語二 戰國
璽彙 0560 戰國
璽彙 4005 戰國

陶三 650 戰國
望山M1簡 戰國
包山 023 戰國
包山 239 戰國
郭店五行 戰國
璽彙 2040 戰國
温縣盟書 戰國

永　　　　　　　　　　　　　　　　底　　　　羕

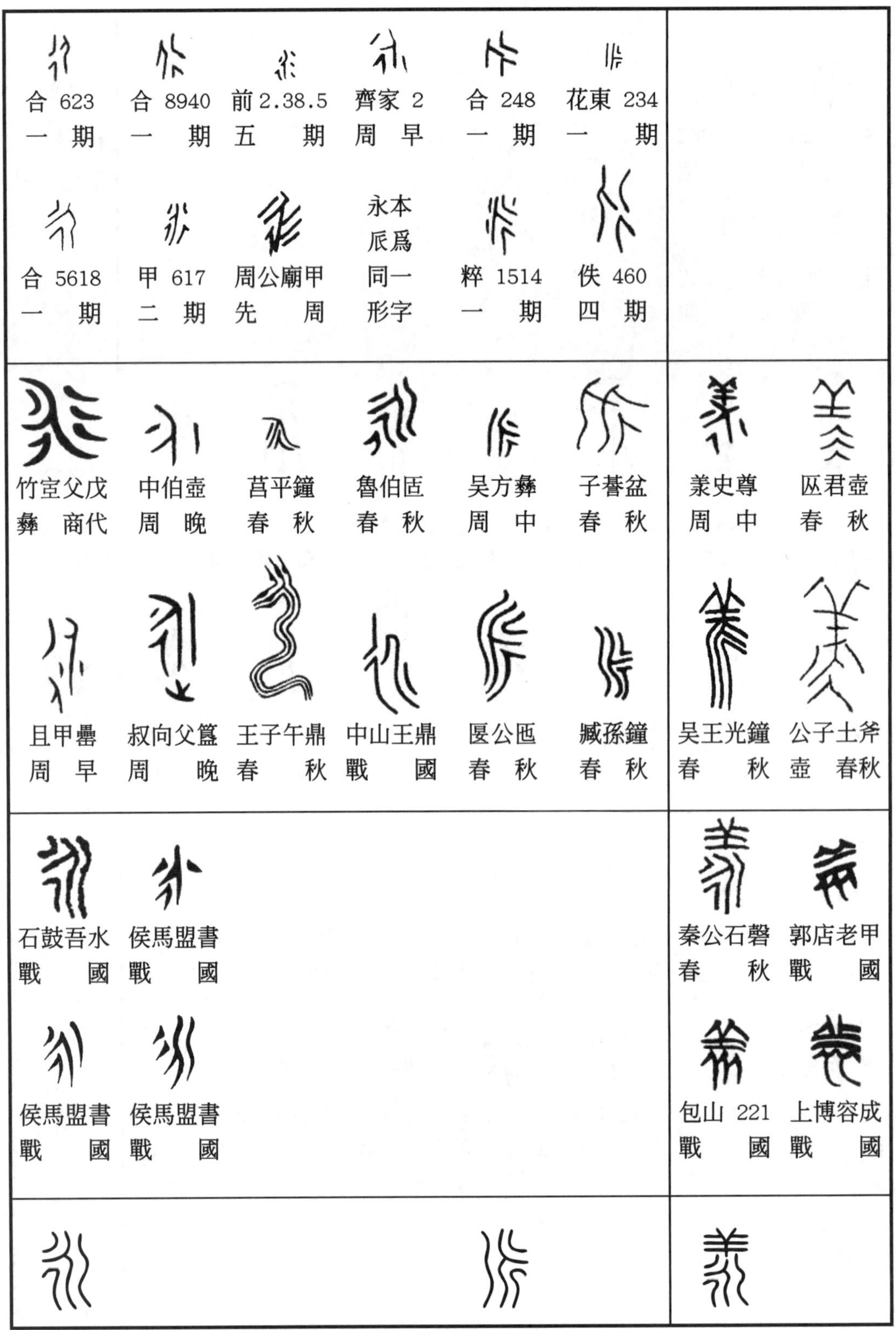

合 623 一期　合 8940 一期　前 2.38.5 五期　齊家 2 周早　合 248 一期　花東 234 一期

合 5618 一期　甲 617 二期　周公廟甲 先周　永本𠂢爲同一形字　粹 1514 一期　佚 460 四期

竹宲父戊彝 商代　中伯壺 周晚　莒平鐘 春秋　魯伯𠤳 春秋　吴方彝 周中　子諅盆 春秋　羕史尊 周中　𠥰君壺 春秋

且甲罍 周早　叔向父簋 周晚　王子午鼎 春秋　中山王鼎 戰國　𨛭公匜 春秋　臧孫鐘 春秋　吴王光鐘 春秋　公子土斧壺 春秋

石鼓吾水 戰國　侯馬盟書 戰國　秦公石磬 春秋　郭店老甲 戰國

侯馬盟書 戰國　侯馬盟書 戰國　包山 221 戰國　上博容成 戰國

石	砅	磬	矺	碠
合 9552 一期 鐵 104.3 一期 合 21050 一期 乙 5405 一期	合 39858 一期 英 547 一期		拾 12.11 一期	合 33137 四期
己侯貉子簋 周中 高奴權 戰國 司馬成公權 戰國 鐘伯侵鼎 周晚 西庫圓壺 戰國				
婦好墓磬 商代 陶五 110 戰國 郭店緇衣 戰國 璽彙 1159 戰國 包山 080 戰國 璽彙 0266 戰國 璽彙 1160 戰國	陶三 1076 戰國	郭店緇衣 戰國 文博 1998.1 戰國	璽彙 1525 戰國 璽彙 2018 戰國	

礐	磬	磔	礧	破	硅	磨
	佚 719 一期 合 8038 一期 合 8032 一期 合 37727 五期					
	𪒠鐘 春秋 𪒠鐘 春秋 𪒠鎛 春秋		𪒠鎛 春秋			
官印 0061 戰國	秦公石磬 春秋	雲夢法律 戰國	包山 143 戰國	秦印彙編 秦代	新蔡楚簡 戰國	郭店緇衣 戰國 上博緇衣 戰國
	籀文					

礪	碧	砧	砓	⿰石言	砠
			合 522 一期 合 25213 二期 合 6063 一期 合 39466 五期	甲 3080 一期 同研	
仲白匜 春秋					
包山 149 戰國 上博周易 戰國 上博周易 戰國 上博曹沫 戰國	陶徵 171 戰國	郭店緇衣 戰國			璽彙 5406 戰國

碒	碨	硪	砥	硜	矷	䂽	䃂
集韵同岑		合 10405 一期				同缶	
璽彙 2320 戰國 上博緇衣 戰國	包山 046 戰國		上博曹沫 戰國	信陽楚簡 戰國 信陽楚簡 戰國	包山 207 戰國	包山 255 戰國	郭店忠信 戰國 簡文讀作積

磹	礓	磺	辰
		同 磺	後上 26.5 一期 合 28196 三期 粹 756 四期 粹 1475 五期 合 25747 二期 屯 3599 三期 屯 4178 四期
	礓父己觶 商代	卝爵 周早	二祀𠨘其卣 商代 夨方彝 周早 臣辰父乙爵 周早 吴王光鐘 春秋 𣪘方彝 商代 父乙臣辰卣 周早 辰父辛尊 周早 陳章壺 戰國
信陽楚簡 戰國			陶五 092 戰國 雲夢日乙 戰國
		卝 古文	

第一編 古文字

田	畕	甸	晦
菁 1.1 一期 粹 1545 四期 拾 5.14 四期 周甲 3 先周 拾 6.1 三期 粹 1223 四期 合 32700 四期	英 744 一期		
告田觶 商代 傳卣 周早 雍之田戈 春秋 田農簋 周早 格伯簋 周中	渫伯鼎 春秋	克鐘 周晚	賢簋 周中 兮甲盤 周晚
陶一 0022 商代 石鼓田車 戰國 璽彙 0231 戰國 幣編 65 戰國 陶一 0058 商代 包山 154 戰國 璽彙 0307 戰國 幣編 65 戰國	舂録 13.4 戰國	包山 186 戰國 雲夢法律 戰國	上博子羔 戰國 雲夢秦律 戰國
			或體

甲	畎	界	由
後上 5.1 一期　粹 509 二期　粹 899 四期　粹 1476 五期 佚 585 一期　粹 85 三期　甲 2667 四期			
甲簋 商代　戜方鼎 周中 頌鼎 周中　兮甲盤 周晚			
秦公石磬 春秋　望山M1簡 戰國　包山 046 戰國　干支牙籌 戰國 陶五 449 戰國　包山 020 戰國　郭店老甲 戰國	上博子羔 戰國	雲夢法律 戰國	郭店成之 戰國 上博周易 戰國
	古文		

畸 申 畯

畸	申	畯
	前 4.4.2 一期　粹 306 二期　粹 174 四期 前 7.35.1 一期　粹 964 三期　粹 1474 五期	後下 4.7 一期 前 4.28.5 一期
	子申父己鼎 商代　曾仲大父蠡簋 春秋　楚子匿 戰國　鄴陵君豆 戰國 即簋 周中　戈叔鼎 春秋　曾侯乙鐘 戰國　鄴陵君豆 戰國	大盂鼎 周早　追簋 周中　秦公鎛 春秋 頌簋 周中　此簋 周晚
吉大 155 戰國 雲夢爲吏 戰國	秦公石磬 春秋　望山M1簡 戰國　郭店忠信 戰國　璽彙 3137 戰國 中山玉器 戰國　曾侯墓簡 戰國　干支牙籌 戰國　貨文 233 戰國	
畸	申　籀文	畯

畔	留	⿱秝田	奋
		合 9616 一期 後下 7.2 一期 合 9619 一期 合 41543 四期	
	趞鼎 周晚 屯留戈 戰國 留鐘 春秋	牆盤 周中	
包山 151 戰國 青川櫝 戰國 郭店老甲 戰國	信陽楚簡 戰國 新蔡楚簡 戰國 璽彙 5360 戰國 三晉 92 戰國 三晉 94 戰國		雲夢秦律 戰國

眕 畜 番

眕	畜	番
	屯 3121 三期 屯 3398 三期 合 29415 三期	
	秦公簋 春秋 書也缶 戰國 秦公鎛 春秋	番匊生壺 周晚 番君匿 春秋 白者君盤 春秋 番伯畬匜 春秋 番君鬲 周晚 䣅白者君鼎 春秋 番仲燊匜 春秋 番中戈 春秋
青川牘 戰國	長沙帛書 戰國 上博周易 戰國 十鐘印舉 戰國 郭店六德 戰國 上博民之 戰國	信陽楚簡 戰國 包山 046 戰國 璽彙 1657 戰國 包山牘 1 戰國 璽彙 1655 戰國 璽彙 1658 戰國

疆	當
毛伯簋 周晚 / 赤角匿 春秋 / 秦公簋 春秋 / 王孫壽甗 春秋 / 南疆鉦 春秋 / 中山王壺 戰國 鄀子宿車鼎 春秋 / 𪒠鐘 春秋 / 蔡侯申盤 春秋 / 吴王光鑑 春秋 / 南疆鉦 春秋	武當矛 戰國
秦公石磬 春秋 / 包山 153 戰國 包山 087 戰國 / 璽彙 2204 戰國	陶五 001 戰國 / 雲夢法律 戰國 十鐘印舉 戰國
或體	

第一編　古文字

暘　畦　畾　男

暘	畦	畾	男
			 鐵 132.2 一期  前 8.7.1 一期  前 8.7.1 一期  林 2.22.12 二期
			 夨方彝 周早  黝鐘 春秋  都公匠 春秋  黝鐘 春秋  叀侯匠 春秋  邿公典盤 春秋
 雲夢秦律 戰國	 包山 157 戰國  曾侯墓簡 戰國  包山 157 戰國  上博周易 戰國 簡文或從巂聲	 陶三 1381 戰國	 陶三 703 戰國  璽彙 3362 戰國  雲夢日乙 戰國  郭店六德 戰國  雲夢法律 戰國
 暘	 畦		 男

里　　　　野

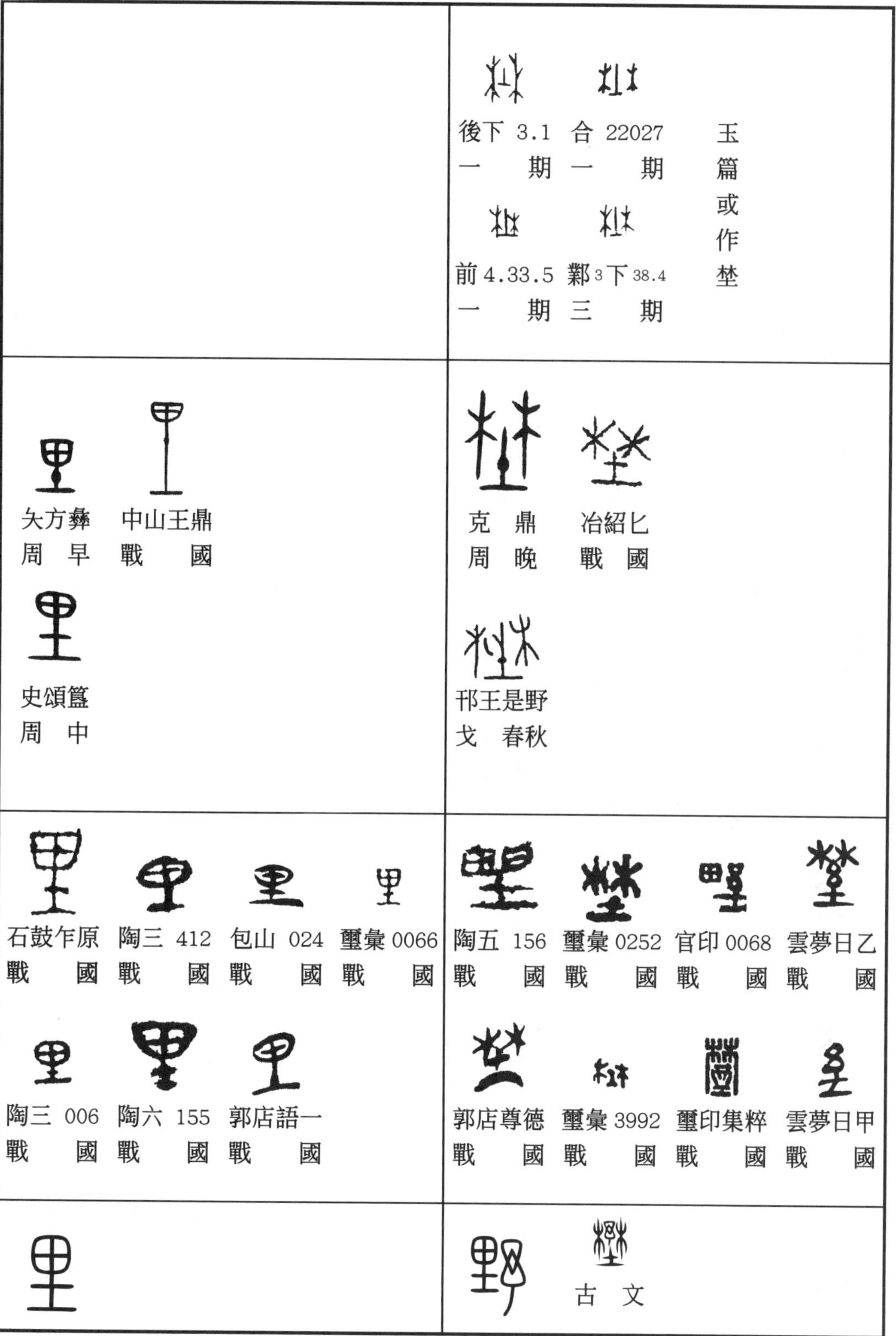

後下 3.1 一期　合 22027 一期　前 4.33.5 一期　鄴3下 38.4 三期　玉篇或作埜

矢方彝 周早　中山王鼎 戰國　史頌簋 周中

克鼎 周晚　冶紹匕 戰國　邗王是野戈 春秋

石鼓乍原 戰國　陶三 412 戰國　包山 024 戰國　璽彙 0066 戰國　陶三 006 戰國　陶六 155 戰國　郭店語一 戰國

陶五 156 戰國　璽彙 0252 戰國　官印 0068 戰國　雲夢日乙 戰國　郭店尊德 戰國　璽彙 3992 戰國　璽印集粹 戰國　雲夢日甲 戰國

古文

蓋 疇

蓋	疇
佚 147 三期 後下 33.1 三期 粹 577 三期	合 1626 一期 合 13414 一期 合 9474 一期 合 23614 二期
應侯爵 周早 師酉簋 周中 蓋鼎 周中 叔向簋 周晚 庚壺 春秋 牆盤 周中 康鼎 周中 彔伯𢦏簋 周中 秦公鎛 春秋 芮伯壺 春秋 陳肪簋 戰國	越王大子矛 戰國
陶五 328 戰國 郭店窮達 戰國	雲夢秦律 戰國
	或體

玄　　　　　　　　　　　　　　　　　　　　　　　　　　　　　兹

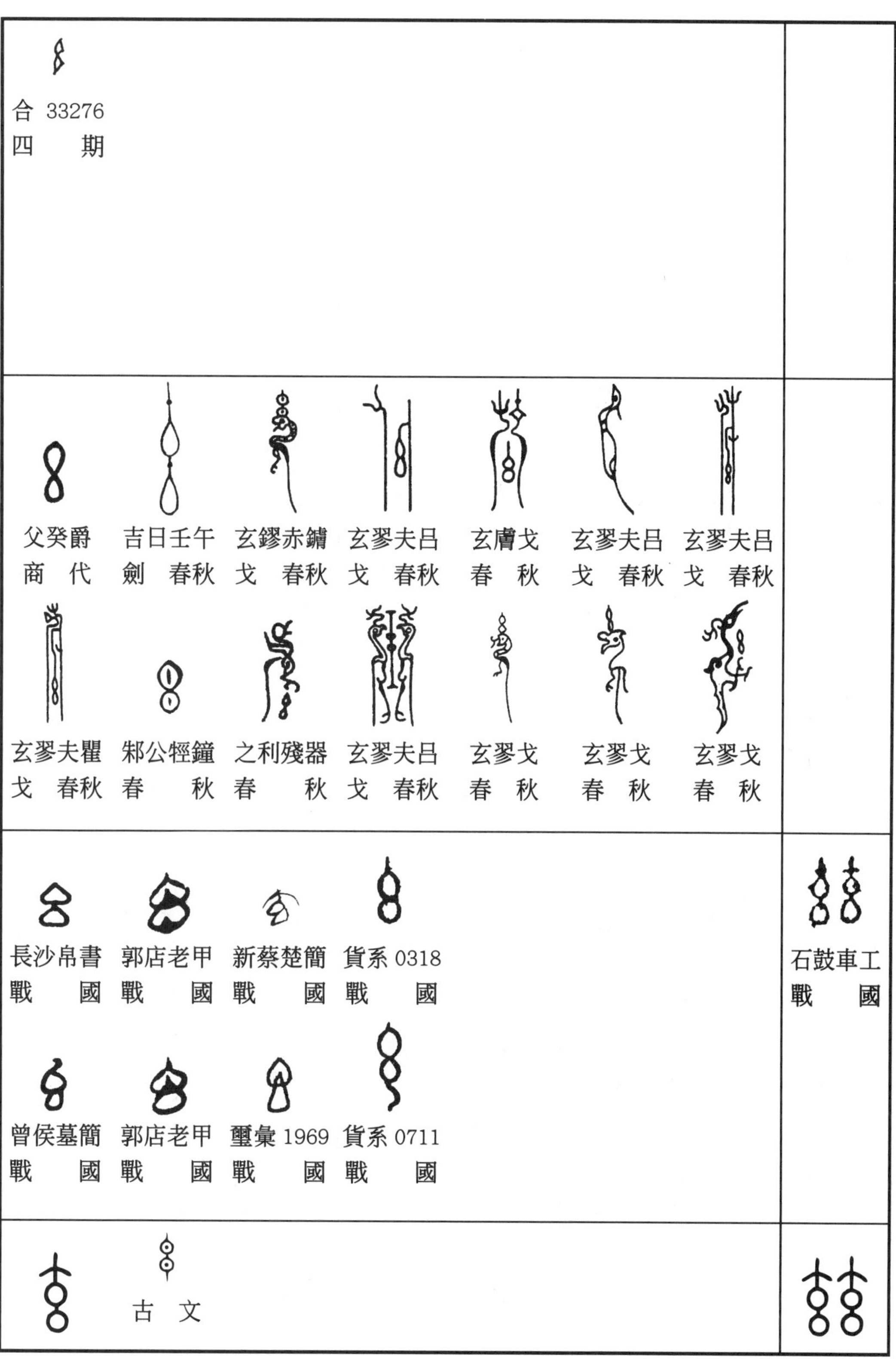

合 33276 四期

父癸爵 商代　吉日壬午劍 春秋　玄鏐赤鏞戈 春秋　玄翏夫吕戈 春秋　玄膚戈 春秋　玄翏夫吕戈 春秋　玄翏夫吕戈 春秋

玄翏夫瞿戈 春秋　邾公牼鐘 春秋　之利殘器 春秋　玄翏夫吕戈 春秋　玄翏戈 春秋　玄翏戈 春秋　玄翏戈 春秋

長沙帛書 戰國　郭店老甲 戰國　新蔡楚簡 戰國　貨系 0318 戰國

曾侯墓簡 戰國　郭店老甲 戰國　璽彙 1969 戰國　貨系 0711 戰國

古文

石鼓車工 戰國

幽　幻　幼　幾

幽	幻	幼	幾
乙 7122 一期；花東 034 一期；合 33606 一期；粹 549 三期	合 39786 一期	合 52 一期；屯 2291 三期；合 26485 二期；合 35397 五期	
盠司土尊 周早；禹鼎 周晚；叔向父禹簋 周晚；宰獸簋 周晚	孟㝵父簋 周晚	禹鼎 周晚；中山王鼎 戰國；八年鄭令戈 戰國	幾觚 商代；幾父壺 周中；郾王職壺 戰國；仲幾簋 周中；㳄伯簋 周中
九店楚簡 戰國；上博君人 戰國；九店楚簡 戰國	曾侯墓簡 戰國；璽彙 0391 戰國	曾侯墓簡 戰國；包山 003 戰國；上博周易 戰國；郭店窮達 戰國	秦公石磬 春秋；上博緇衣 戰國；郭店五行 戰國；上博民之 戰國

予	舒	叀	率
		後下 9.7 一期 前 7.20.1 一期 合 22437 一期 粹 79 四期 林 2.14.6 一期 合 20694 一期 粹 517 三期 合 39417 五期	合 3327 一期 合 39852 一期
	咎莕戈 戰國 塚子戈 戰國	叀䀠罍 商代 牆盤 周中 同簋 周中 何尊 周早 師訊鼎 周中 者汈鐘 戰國 者汈鐘 戰國	大盂鼎 周早
龍崗簡 秦代 秦印彙編 秦代	包山 076 戰國 包山 191 戰國 包山 138 戰國 上博周易 戰國	陶一 0046 商代 郭店忠信 戰國	
		古文	

穴	窯	竈	窞
		漁伯鼎 周早 白喪戈 春秋 邵鐘 春秋 付余令戈 戰國 秦公簋 春秋 公子土斧壺 春秋 潮子鎛 戰國 陳麗子戈 戰國	
陶典 0640 戰國 上博容成 戰國	上博印 35 戰國 璽彙 1629 戰國	石鼓吴人 戰國 陶三 781 戰國 望山M1簡 戰國 璽彙 5496 戰國 陶五 240 戰國 包山簽 戰國 璽彙 5479 戰國 雲夢日乙 戰國	九店楚簡 戰國 雲夢日乙 戰國 璽彙 0913 戰國 雲夢日乙 戰國
		或體	

窒	穿	穼	竇	空	窋
		燕 80 一期 前 6.30.2 一期			
		穼甗 周早		朩季姬尊 周中 庫嗇夫鼎 戰國 空鏃 戰國	
故宮 408 戰國	吉大 123 戰國 雲夢日乙 戰國 璽彙 0381 戰國 雲夢日甲 戰國		璽印集粹 戰國 雲夢法律 戰國	陶五 232 戰國	雲夢日甲 戰國

竆 窬 窒

竆	窬	窒
 包山 213 戰國；包山 230 戰國；郭店成之 戰國；郭店唐虞 戰國；秦玉牘 戰國；包山 228 戰國；郭店竆達 戰國；郭店成之 戰國；新蔡楚簡 戰國	 秦印彙編 秦代	 璽彙 3937 戰國；幣編 182 戰國；貨系 0223 戰國；雲夢日甲 戰國

突	弃	究	窔	窀	竀
拾 5.7 一期 佚 775 三期					
					伯寬父盨 周晚
陶五 134 戰國 雲夢雜抄 戰國 湖南 104 戰國	雲夢秦律 戰國	吉大 141 戰國	包山 245 戰國	曾侯墓簡 戰國 包山 157 戰國 包山 058 戰國 包山 183 戰國	上博容成 戰國 古文四聲韵作

寓	寫	爿	片	版	牒	牖	牏
		 乙 2778 一 期	 掇 2.132 四 期				
	 蔡侯申鐘 春 秋 鐘銘從隹						
 侯馬盟書 戰 國	 璽印集粹 戰 國	 貨編 107 戰 國		 雲夢秦律 戰 國	 信陽楚簡 戰 國  雲夢秦律 戰 國	 雲夢日甲 戰 國  雲夢日甲 戰 國	 雲夢秦律 戰 國

用

合 14 一期	合 903 一期	合 19816 一期	前 7.32.4 一期	粹 552 四期
合 295 一期	合 2887 一期	鐵 116.1 一期	粹 1275 三期	掇 1.49 五期

麥鼎 周早	猒鐘 周晚	王子申盞 春秋	虡公劍 春秋	玄翏夫鋁戈 春秋	子可㸚戈 春秋	者沪鐘 戰國	蔡公子從劍 戰國

師遽方彝 周中	悍距末 春秋	玄翏戈 春秋	王子午鼎 春秋	玄揚戈 春秋	中山王壺 戰國	州句劍 戰國	蔡公子從劍 戰國

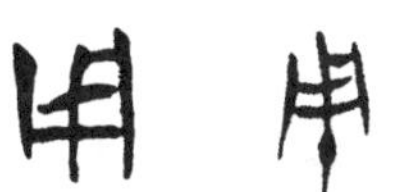

	鐵雲藏陶 戰國	郭店語三 戰國

石鼓吳人 戰國	長沙帛書 戰國	郭店唐虞 戰國

用

古文

甫 甬

	甫	甬
蔡劍 戰國 □用戈 戰國 自作用戈 戰國 曾侯昃戈 戰國	甫丁爵 周中 甫人匜 春秋 穌甫人匜 春秋 曩甫人匜 春秋	宗人斧 周中 師克盨 周晚 庚壺 春秋 中山王鼎 戰國 彔伯㦰簋 周中 庚壺 春秋 菱形紋劍 春秋 曾侯乙簋 戰國
	曾侯墓簡 戰國 璽彙 0158 戰國 璽彙 0060 戰國 貨系 1428 戰國	包山 185 戰國 郭店老丙 戰國 包山 267 戰國 郭店性自 戰國

老　耊

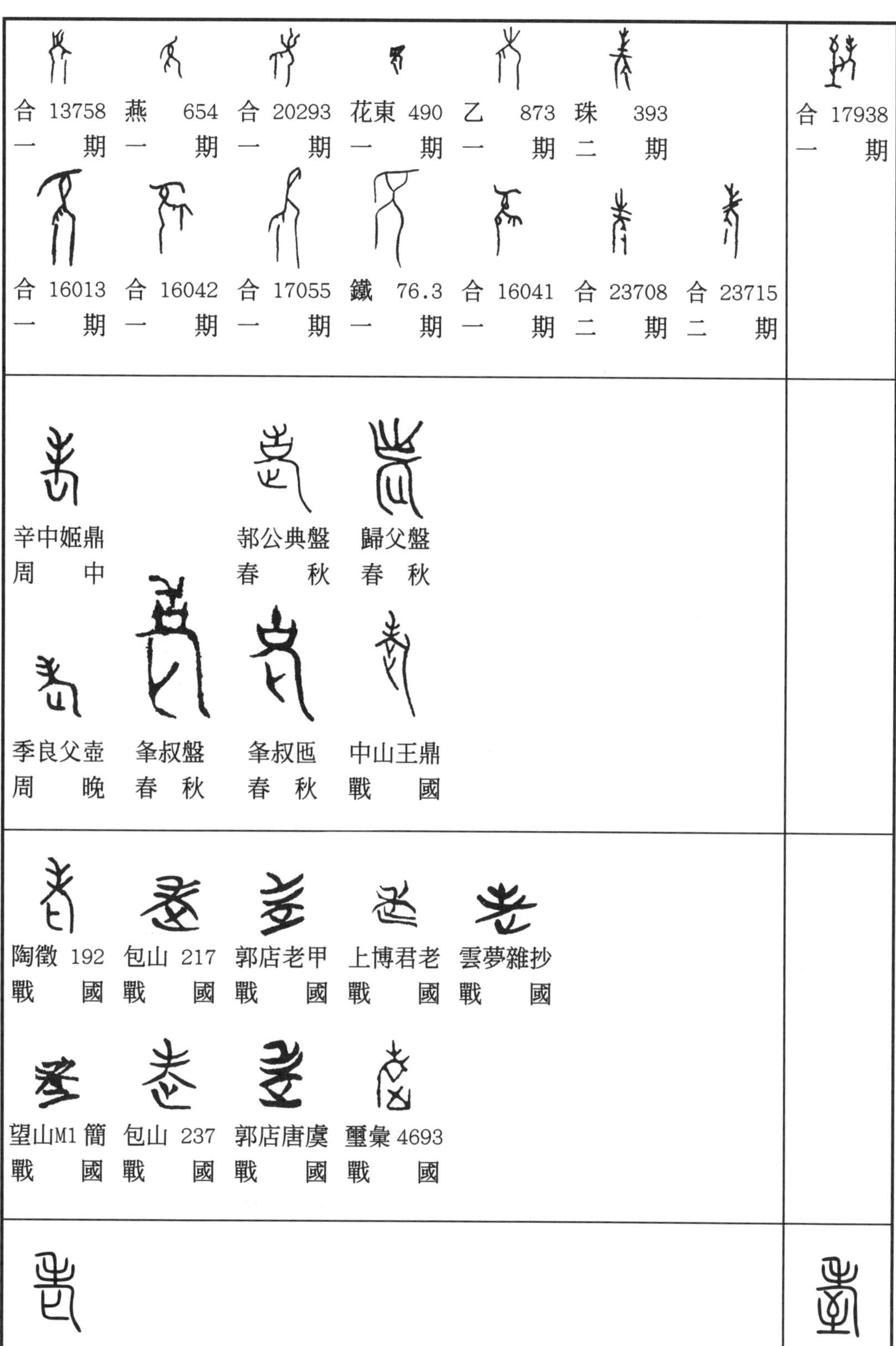

合 13758 一期　燕 654 一期　合 20293 一期　花東 490 一期　乙 873 一期　珠 393 二期
合 16013 一期　合 16042 一期　合 17055 一期　鐵 76.3 一期　合 16041 一期　合 23708 二期　合 23715 二期
合 17938 一期

辛中姬鼎 周中　郬公典盤 春秋　歸父盤 春秋
季良父壺 周晚　夆叔盤 春秋　夆叔匜 春秋　中山王鼎 戰國

陶徵 192 戰國　包山 217 戰國　郭店老甲 戰國　上博君老 戰國　雲夢雜抄 戰國
望山M1 簡 戰國　包山 237 戰國　郭店唐虞 戰國　璽彙 4693 戰國

第一編　古文字

壽

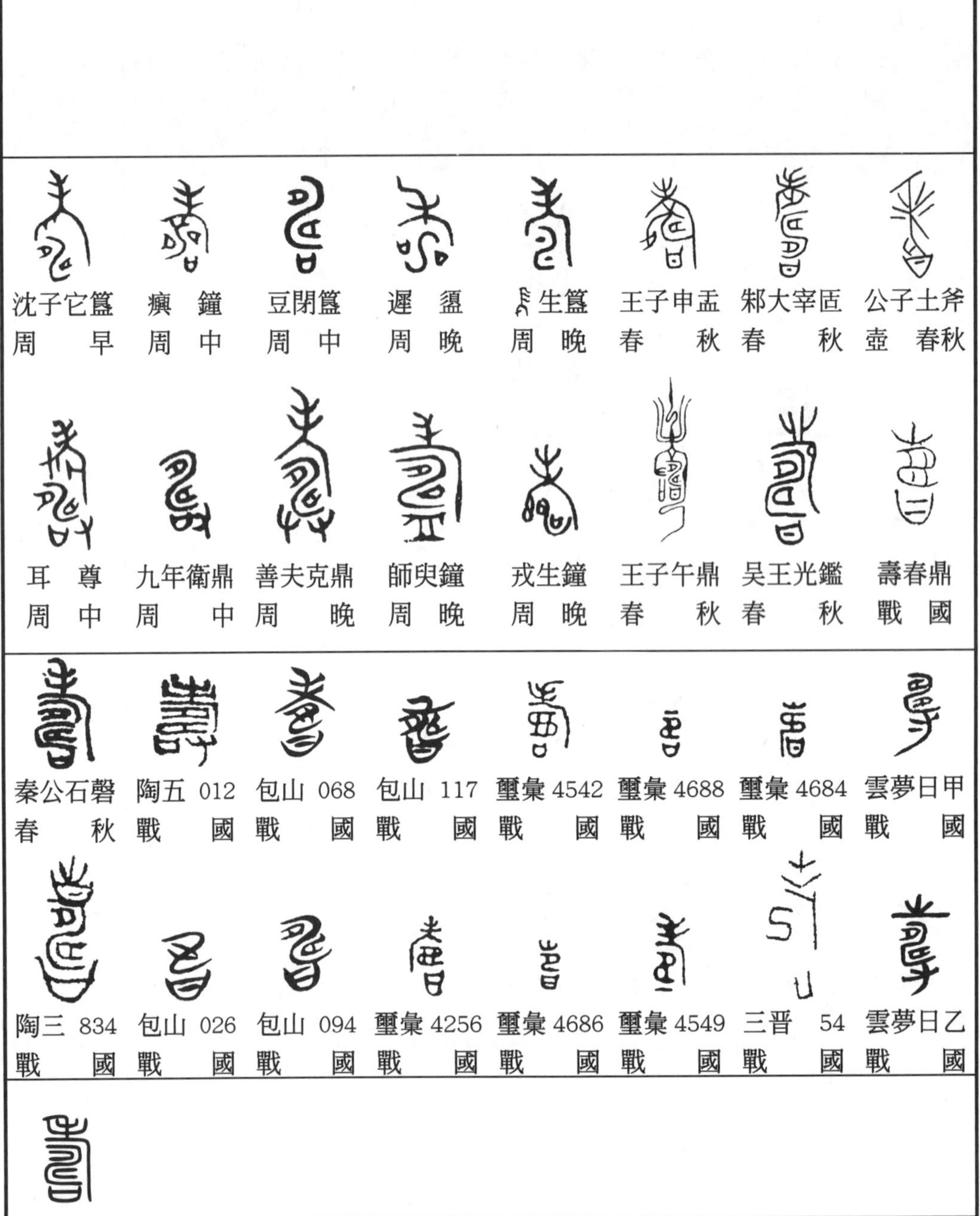

沈子它簋 周早
瘨鐘 周中
豆閉簋 周中
遲盨 周晚
生簋 周晚
王子申盞 春秋
鄀大宰匠 春秋
公子土斧壺 春秋
耳尊 周中
九年衛鼎 周中
善夫克鼎 周晚
師臾鐘 周晚
戎生鐘 周晚
王子午鼎 春秋
吴王光鑑 春秋
壽春鼎 戰國
秦公石磬 春秋
陶五 012 戰國
包山 068 戰國
包山 117 戰國
璽彙 4542 戰國
璽彙 4688 戰國
璽彙 4684 戰國
雲夢日甲 戰國
陶三 834 戰國
包山 026 戰國
包山 094 戰國
璽彙 4256 戰國
璽彙 4686 戰國
璽彙 4549 戰國
三晉 54 戰國
雲夢日乙 戰國

耆　耇　孝

耆	耇	孝
 公子土斧壺　春秋  相邦儀戈　戰國	 同簋　周中  師奎父鼎　周中  耳尊　周中  曾伯文簋　春秋	 㚸且丁卣　商代  王子午鼎　春秋  番君匿　春秋  中山王壺　戰國  吴王光鑑　春秋  王子午鼎　春秋  曾伯霥匿　春秋  陳昉簋蓋　戰國
 上博緇衣　戰國  雲夢爲吏　戰國  十鐘印舉　戰國 	 上博弟子問　戰國  故宫 431　戰國 	 郭店語三　戰國  郭店六德　戰國  郭店語三　戰國  仰天湖簡　戰國 

考

古文字類編

前 2.2.6
五　期

何　尊 周　早	沈子它簋 周　早	休　盤 周　中	叔向父簋 周　晚	義楚耑 春　秋	其次句鑃 春　秋	者減鐘 春　秋	中山王鼎 戰　國

䀠遂盉 周　早	叔父趯卣 周　早	楚公逆鎛 周　晚	禹　鼎 周　晚	蔡侯申盤 春　秋	王子午鼎 春　秋	齊陳曼匿 戰　國	中山王壺 戰　國

𡩜録 8.2 戰　國	上博詩論 戰　國

郭店唐虞 戰　國	貨系 0632 戰　國

臣	臥	臤
合 5590 一期 粹 262 一期 粹 124 四期 合 5596 一期 前6.17.6 三期		合 8461 一期
父乙臣辰卣 周早 柞伯簋 周中 晉侯穌鐘 周晚 高奴權 戰國 上守趙戈 戰國 臣辰父乙鼎 周早 頌簋 周中 𩐕鐘 春秋 胤嗣壺 戰國 中山王鼎 戰國		鳥且癸簋 商代 叔臤簋 周中 臤父辛爵 商代
小臣系石簋 商代 陶三 998 戰國 包山 007 戰國 郭店老丙 戰國 貨系 199 戰國 陶三 996 戰國 包山 180 戰國 包山 096 戰國 璽彙 0891 戰國	雲夢日甲 戰國	郭店語一 戰國 郭店五行 戰國 郭店語三 戰國 上博緇衣 戰國

臧

合 3297 一期　合 12836 一期

甲 3822 一期

曩伯盨 春秋　臧孫鐘 春秋　臧孫鐘 春秋　長沙銅量 戰國　陳璋壺 戰國

臧孫鐘 春秋　臧孫鐘 春秋　臧元武戈 春秋　右酮鼎 戰國　陳璋罍 戰國

陶三 421 戰國　香録 3.3 戰國　包山 096 戰國　郭店老甲 戰國　璽彙 0611 戰國　璽彙 0234 戰國　璽彙 1330 戰國　貨系 0645 戰國

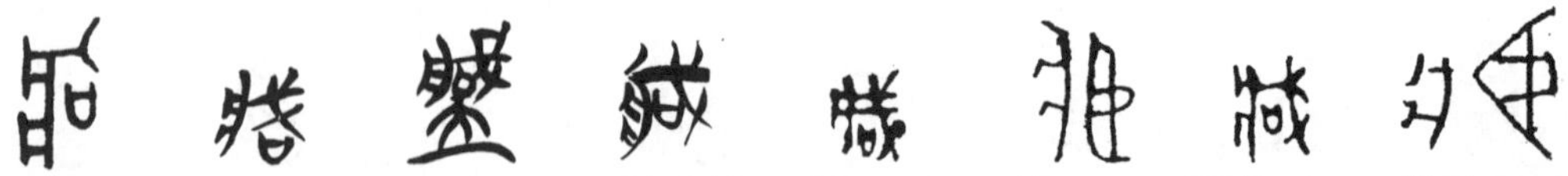

香録 3.3 戰國　包山 182 戰國　包山 205 戰國　上博曹沫 戰國　璽彙 1333 戰國　璽彙 3085 戰國　璽彙 1327 戰國　貨系 0661 戰國

臧

臨　　　　　　䁗　監

臨	䁗	監
		合 27740 一期；佚 932 四期；屯 779 三期
大盂鼎 周早；叔臨父簋 周晚；堇臨鼎 周早；毛公鼎 周晚；臨汾守戈 戰國	䁗其卣 商代；史䁗簋 周中	監祖丁觶 商代；頌簋 周中；夫差鑑 春秋；應監甗 周早；夫差鑑 春秋；郪陵君鑑 戰國
包山 053 戰國；郭店老甲 戰國；上博建州 戰國；包山 079 戰國；上博泊旱 戰國；雲夢爲吏 戰國		信陽楚簡 戰國；包山 168 戰國；天星觀簡 戰國；陶五 251 戰國；曾侯墓簡 戰國；郭店語二 戰國；雲夢法律 戰國

耳	耵	眣
合 13630 一期；甲 3877 一期；前 8.5.3 一期；合 13631 一期；後下 15.10 一期；後上 30.5 四期		
亞耳簋 商代；耳卣 商代；耳卣 商代；耳尊 周中；耳劍 春秋	子黃尊 周早；鄭令矛 戰國	
陶三 076 戰國；包山 175 戰國；郭店唐虞 戰國；璽彙 2797 戰國；璽彙 3515 戰國；陶三 405 戰國；包山 265 戰國；郭店語一 戰國；璽彙 3254 戰國；貨文 181 戰國	包山 077 戰國；侯馬盟書 戰國；璽彙 3010 戰國	璽彙 1849 戰國

聖　　　　　　　　　　聑

聖	聑
乙 5161 一期 林 2.25.14 三期 合 14295 一期	合 22282 一期 合 36943 五期
師䀌鼎 周中 鼉乎簋 周晚 莒平鐘 春秋 中山王壺 戰國 尹姞鼎 周中 匽侯聖匜 周晚 曾伯霥匿 春秋 曾姬無卹壺 戰國	聑口兀觶 商代 聑竹爵 商代 聑父辛鼎 商代 伯侯父盤 春秋
望山M1簡 戰國 包山 130 戰國 郭店唐虞 戰國 郭店老甲 戰國 上博性自 戰國 上博曹沫 戰國 望山M1簡 戰國 郭店唐虞 戰國 郭店唐虞 戰國 郭店五行 戰國 上博君老 戰國 璽彙 0778 戰國	天星觀簡 戰國 包山 186 戰國 天星觀簡 戰國 郭店緇衣 戰國

聞　　　　聶

古文字類編

聞	聶
花東 038 一期　合 4493 一期　合 7216 一期　合 40054 一期　餘 9.3 一期　合 2422 一期　合 18089 一期　合 10936 一期　餘 9.1 一期	
聞爵 商代　大盂鼎 周早　㚕公聞簋 周晚　者減鐘 春秋　郄王子旃鐘 春秋　長沙銅量 戰國　利簋 周早　㚆公盨 周中　者減鐘 春秋　王孫誥鐘 春秋　中山王鼎 戰國　陳侯午敦 戰國	
望山M1簡 戰國　郭店語四 戰國　郭店成之 戰國　璽彙 0312 戰國　璽彙 1073 戰國　郭店五行 戰國　望山M1簡 戰國　天星觀簡 戰國　璽彙 0030 戰國　璽彙 3975 戰國　郭店五行 戰國　魏經石作	曾侯墓簡 戰國　雲夢爲吏 戰國　十鐘印舉 戰國
古文	

聽	聭	聰	耿	軀
合 5313 一期 合 19175 一期 戩 45.9 一期 合 18099 一期 後下 30.18 一期				
遹簋 商代 大保簋 周早 中山王鼎 戰國 王子耶觚 商代 洹子孟姜壺 春秋 洹子孟姜壺 春秋	聭尊 周中		毛公鼎 周晚 禹鼎 周晚	
雲夢秦律 戰國 陶四 022 戰國 郭店唐虞 戰國 璽彙 5418 戰國 雲夢法律 戰國 郭店唐虞 戰國 璽彙 2603 戰國 魏經石作		郭店五行 戰國 郭店唐虞 戰國	璽彙 3625 戰國 十鐘印舉 戰國	雲夢法律 戰國

聯	麐	職	聲	聘	聾
			 後上 7.10 三期  合 20082 一期  粹 1225 四期		 佚 234 一期
 任鼎 周中		 郾王職戈 戰國  曾姬無卹壺 戰國		 商鞅方升 戰國	 聾鼎 周中  子淵聾戟 戰國
 璽彙 2389 戰國  秦印彙編 秦代	 雲夢封診 戰國	 長沙帛書 戰國  雲夢效律 戰國  侯馬盟書 戰國	 珍秦 117 戰國  雲夢法律 戰國	 璽彙 2961 戰國 魏經石作 	 上博容成 戰國  足臂灸經 秦代

聿	聿	肆
合 22063 一期；京津 1566 三期；京津 3091 三期		存 2.1967 三期
聿方彝 商代；聿戈 商代；者沏鐘 戰國	楚王領鐘 春秋；聿爵 商代；者沏鐘 戰國	肆簋 商代；何尊 周早；肆簋 周中；禹鼎 周晚；大盂鼎 周早；肆簋 周中；克鼎 周晚；毛公鼎 周晚
	上博周易 戰國	秦陶 1230 戰國；璽彙 5572 戰國；秦陶 1232 戰國；璽彙 5120 戰國
		或體

第一編 古文字

肀 肅

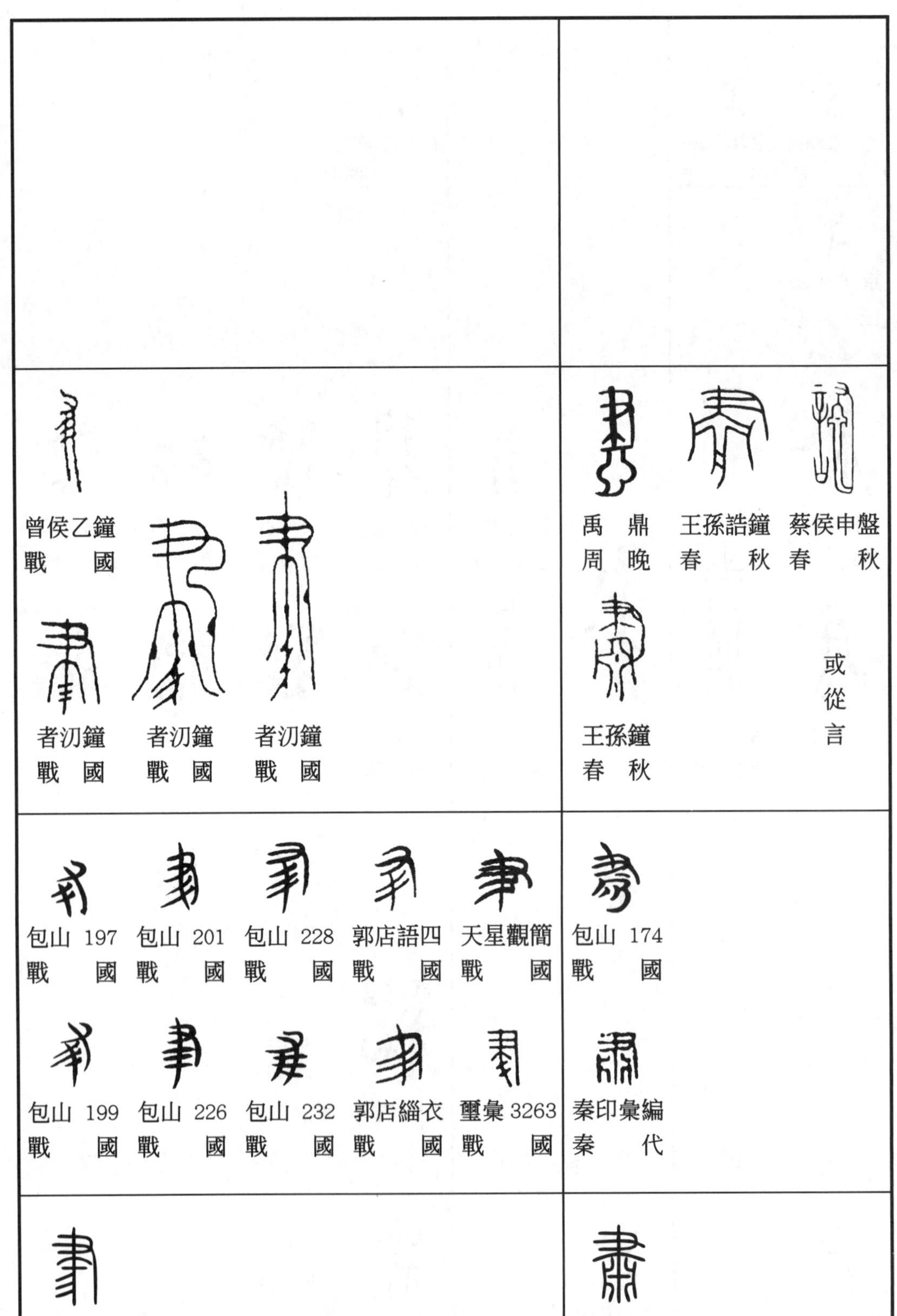

曾侯乙鐘 戰國

者沪鐘 戰國

者沪鐘 戰國

者沪鐘 戰國

禹鼎 周晚

王孫誥鐘 春秋

蔡侯申盤 春秋

王孫鐘 春秋

或從言

包山 197 戰國

包山 201 戰國

包山 228 戰國

郭店語四 戰國

天星觀簡 戰國

包山 174 戰國

包山 199 戰國

包山 226 戰國

包山 232 戰國

郭店緇衣 戰國

璽彙 3263 戰國

秦印彙編 秦代

肇　書

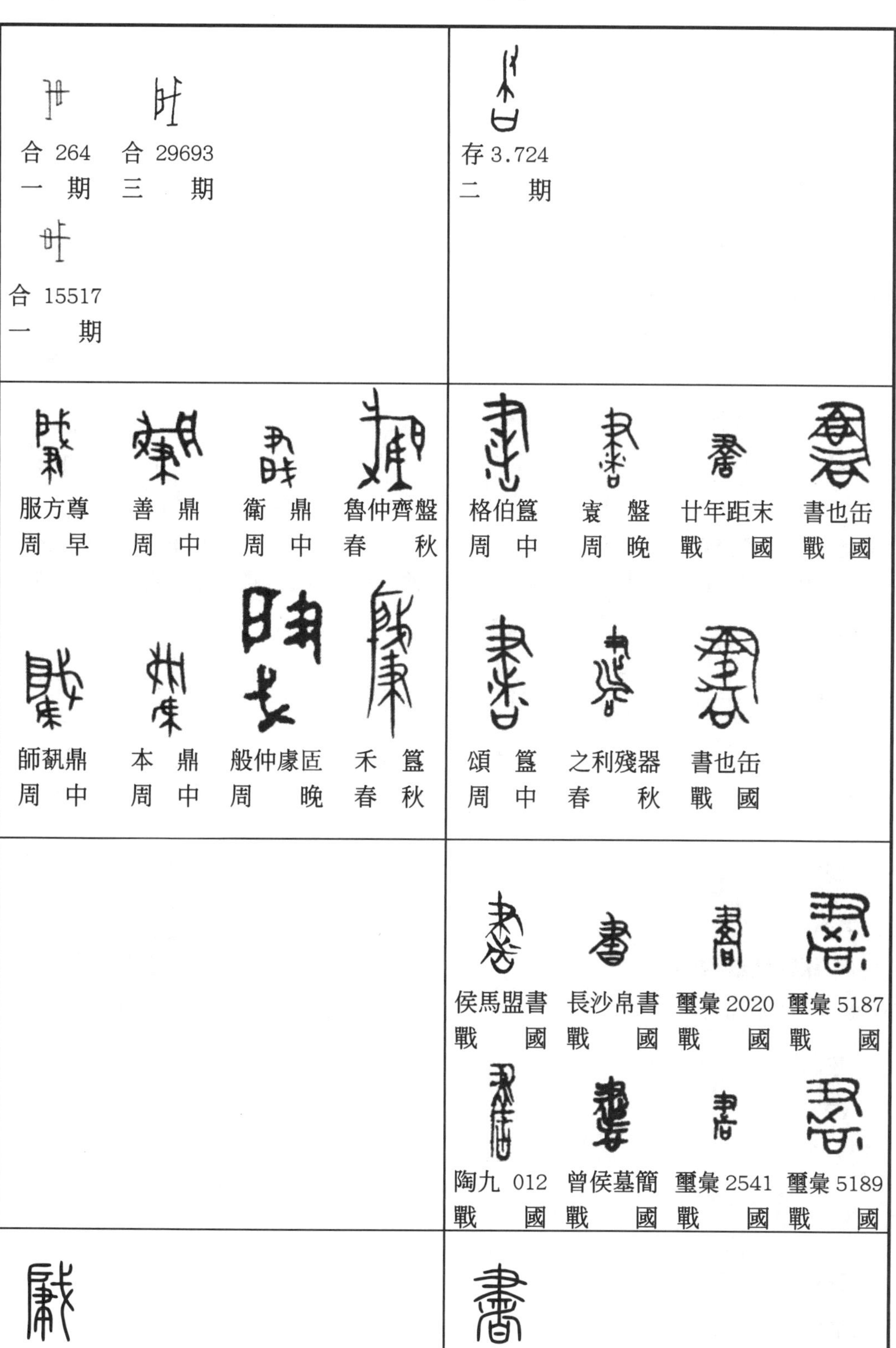

合 264　一期
合 29693　三期
合 15517　一期

存 3.724　二期

服方尊　周早
善鼎　周中
衛鼎　周中
魯仲齊盤　春秋
師䢅鼎　周中
本鼎　周中
般仲㡀匜　周晚
禾簋　春秋

格伯簋　周中
寰盤　周晚
廿年距末　戰國
書也缶　戰國
頌簋　周中
之利殘器　春秋
書也缶　戰國

侯馬盟書　戰國
長沙帛書　戰國
璽彙 2020　戰國
璽彙 5187　戰國
陶九 012　戰國
曾侯墓簡　戰國
璽彙 2541　戰國
璽彙 5189　戰國

畫　　肄

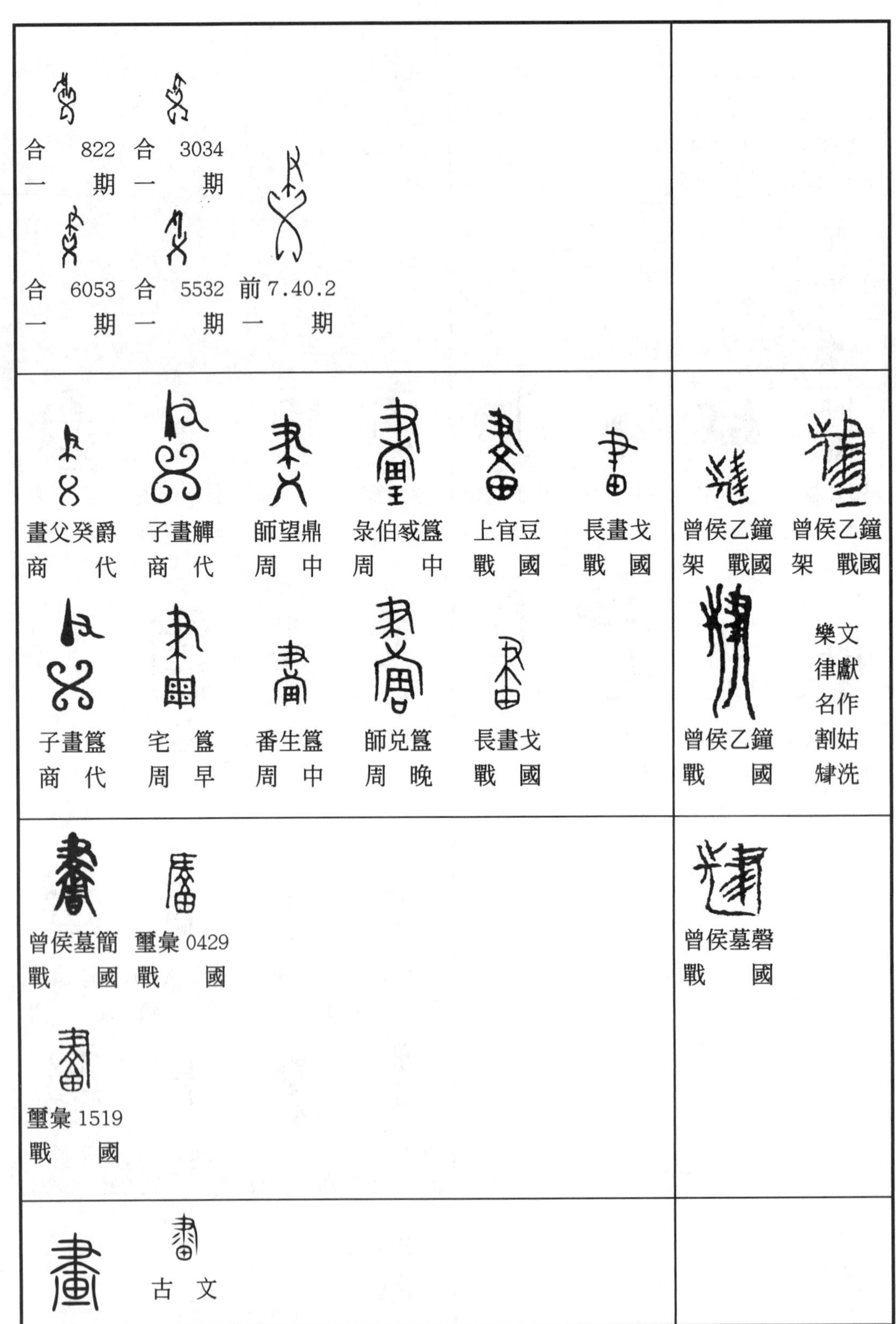

合 822 一期　合 3034 一期　合 6053 一期　合 5532 一期　前 7.40.2 一期

畫父癸爵 商代　子畫觶 商代　師望鼎 周中　彔伯𢦚簋 周中　上官豆 戰國　長畫戈 戰國　子畫簋 商代　宅簋 周早　番生簋 周中　師兑簋 周晚　長畫戈 戰國

曾侯墓簡 戰國　璽彙 0429 戰國　璽彙 1519 戰國

古文

曾侯乙鐘架 戰國　曾侯乙鐘架 戰國　曾侯乙鐘 戰國　樂律名割肄　文獻作姑洗

曾侯墓磬 戰國

𠬪 受

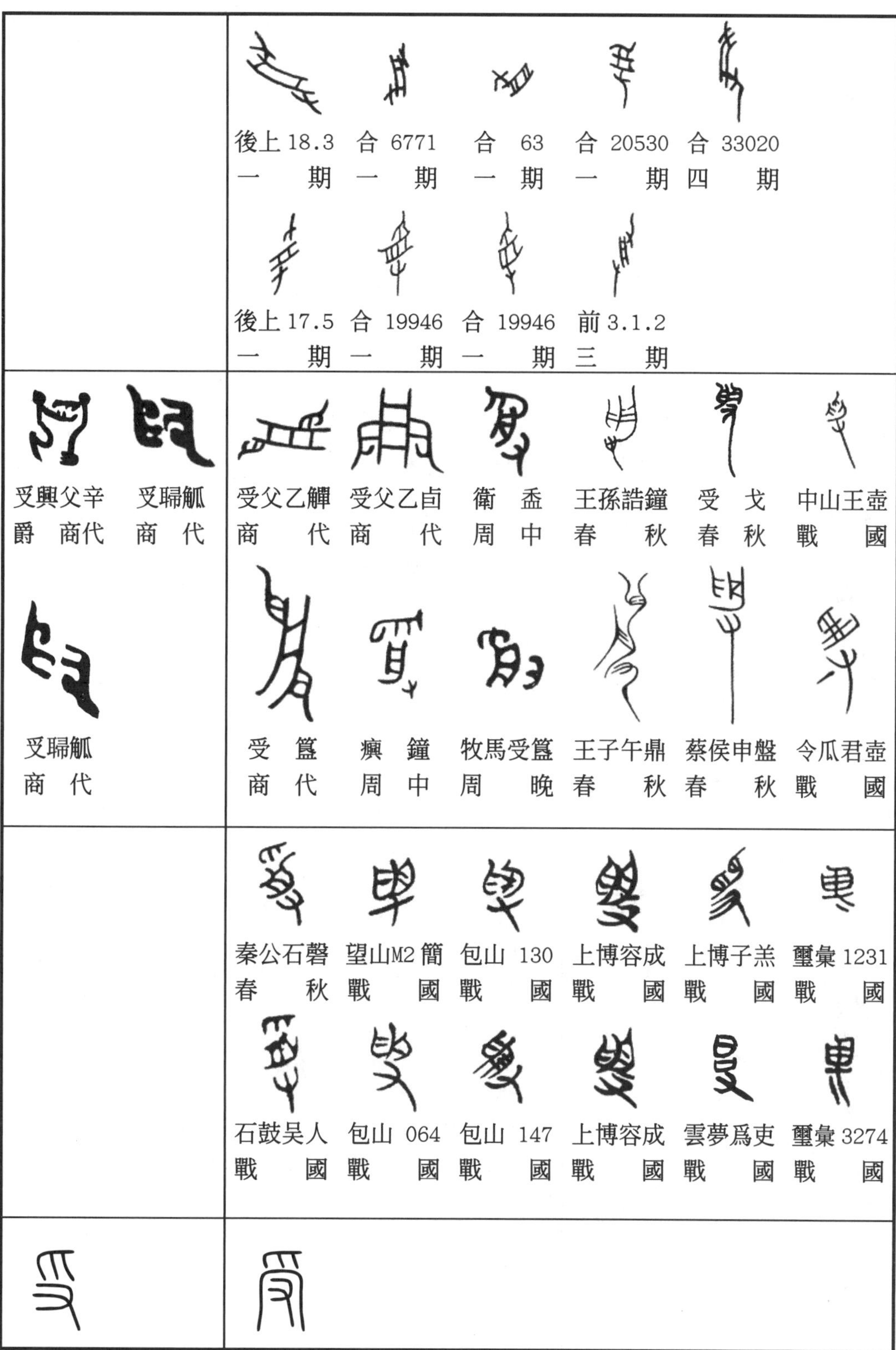

𠬪	受
	後上18.3 一期；合6771 一期；合63 一期；合20530 一期；合33020 四期
	後上17.5 一期；合19946 一期；合19946 一期；前3.1.2 三期
𠬪興父辛爵 商代；𠬪鼏觚 商代	受父乙觶 商代；受父乙卣 商代；衛盉 周中；王孫誥鐘 春秋；受戈 春秋；中山王壺 戰國
𠬪鼏觚 商代	受簋 商代；㾓鐘 周中；牧馬受簋 周晚；王子午鼎 春秋；蔡侯申盤 春秋；令瓜君壺 戰國
	秦公石磬 春秋；望山M2簡 戰國；包山130 戰國；上博容成 戰國；上博子羔 戰國；璽彙1231 戰國
	石鼓吴人 戰國；包山064 戰國；包山147 戰國；上博容成 戰國；雲夢爲吏 戰國；璽彙3274 戰國

爰　　　𤔔

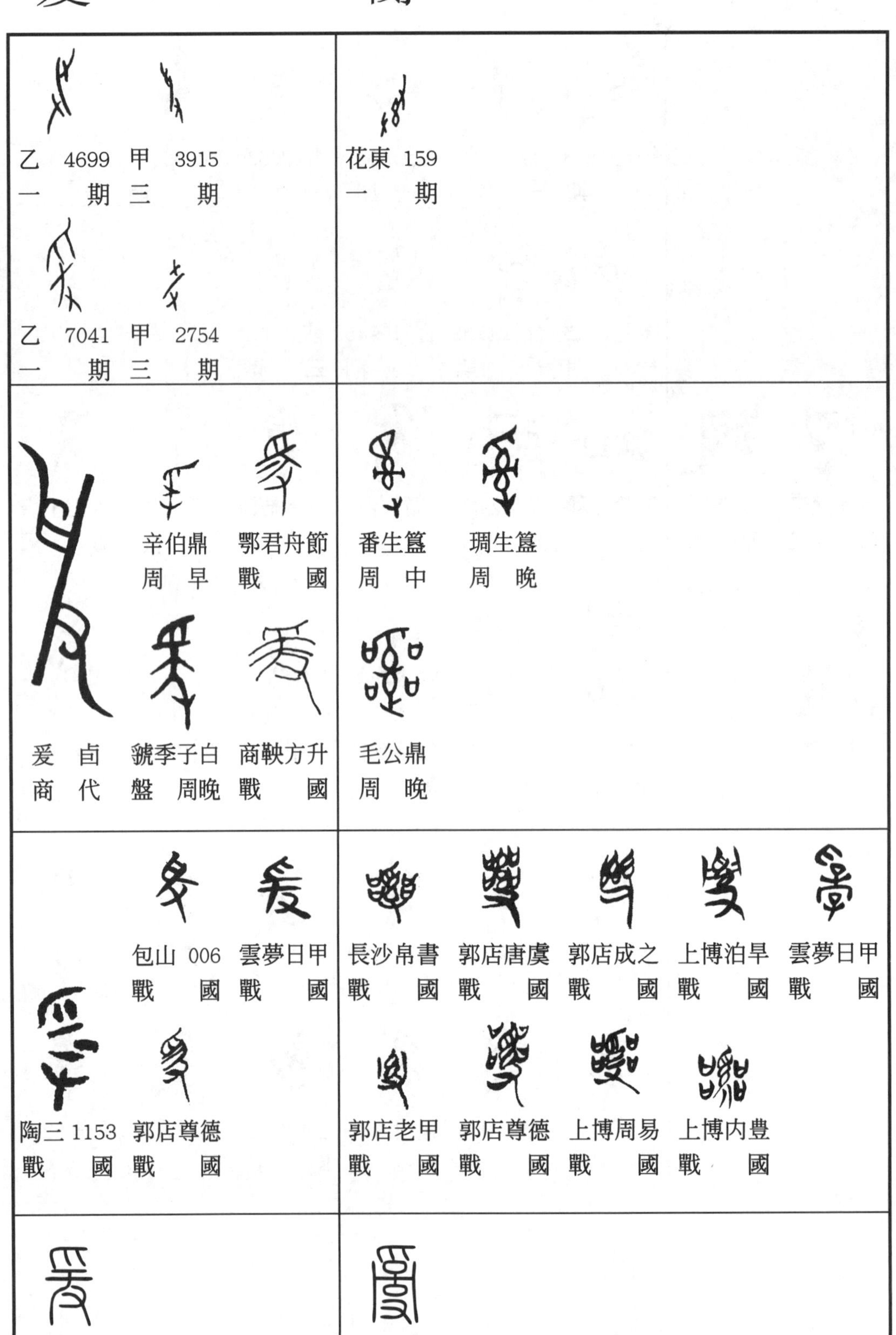

爰	𤔔
乙 4699 一期；甲 3915 三期；乙 7041 一期；甲 2754 三期	花東 159 一期
辛伯鼎 周早；鄂君舟節 戰國；爰卣 商代；虢季子白盤 周晚；商鞅方升 戰國	番生簋 周中；琱生簋 周晚；毛公鼎 周晚
包山 006 戰國；雲夢日甲 戰國；陶三 1153 戰國；郭店尊德 戰國	長沙帛書 戰國；郭店唐虞 戰國；郭店成之 戰國；上博泊旱 戰國；雲夢日甲 戰國；郭店老甲 戰國；郭店尊德 戰國；上博周易 戰國；上博內豊 戰國

孚						爭	
合 22 一期	合 4506 一期	合 5476 一期	前 6.18.1 一期	京津 1990 一期	京津 4746 四期	合 409 一期	合 17407 一期
合 1309 一期	合 4508 一期	前 5.27.1 一期	乙 7357 一期	合 27754 三期	後上 9.3 四期	合 680 一期	合 21433 一期
孚鼎 商代 孚父辛卣 周早							
						郭店緇衣 戰國 郭店成之 戰國	雲夢語書 戰國

乎	囟	由
		珠 437 一期 周甲 1 先周 甲 507 三期
商尊 早周 㠯鼎 中周 師寰簋 晚周 師旂鼎 中周 番生簋 中周 金村銅鈁 戰國		長由盉 中周 分益環權 戰國
望山M2簡 戰國 侯馬盟書 戰國 幣編 94 戰國 璽彙 3769 戰國 侯馬盟書 戰國 幣編 95 戰國	望山M2簡 戰國 陶三 692 戰國 璽彙 2055 戰國 陶三 694 戰國 汗簡作	陶典 0798 戰國 幣編 80 戰國 包山 134 戰國 貨系 0282 戰國
	或體	

𠔏 乘

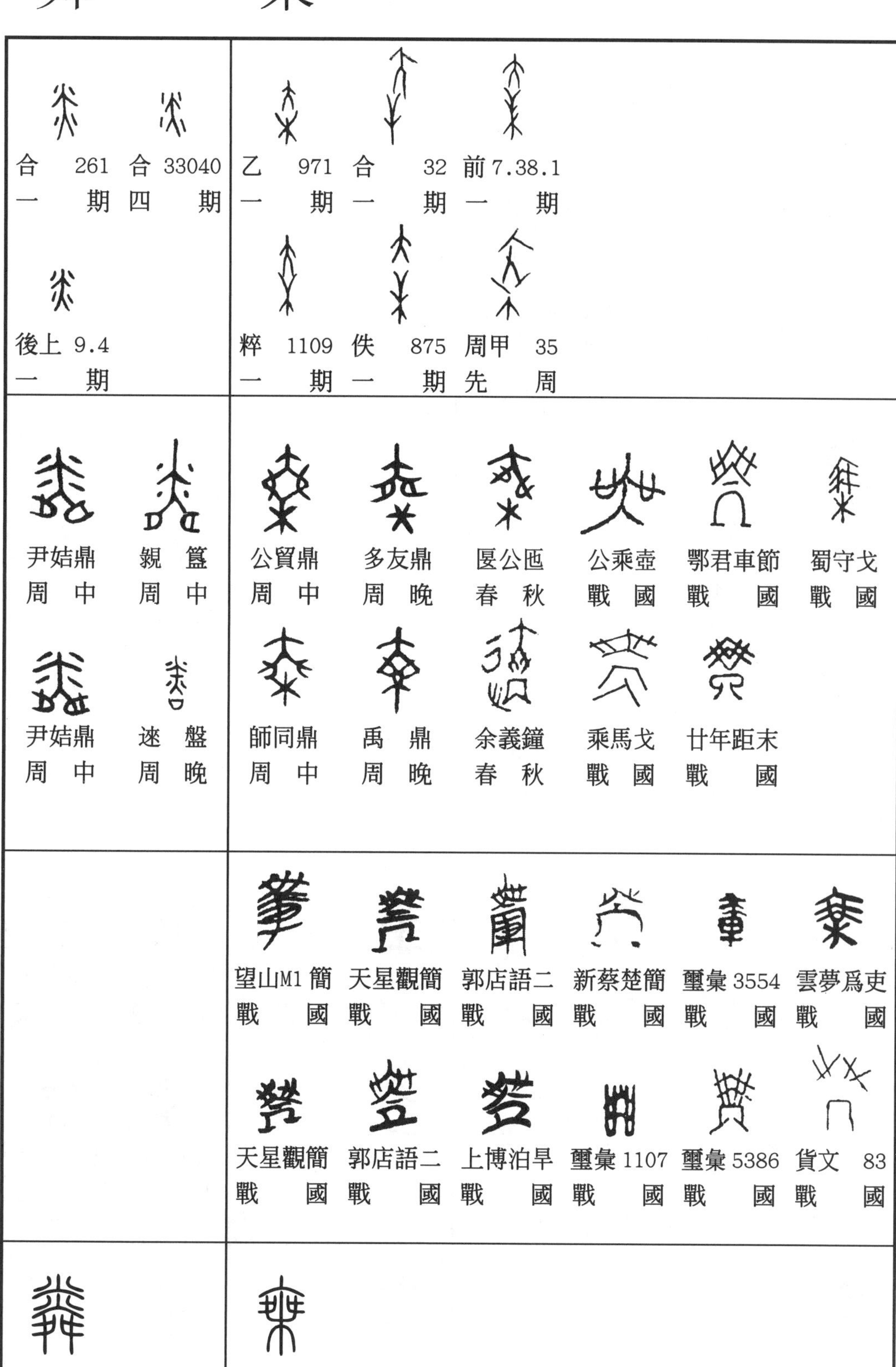

合 261 一期
合 33040 四期
後上 9.4 一期
乙 971 一期
合 32 一期
前 7.38.1 一期
粹 1109 一期
佚 875 一期
周甲 35 先周
尹姞鼎 周中
親簋 周中
尹姞鼎 周中
逨盤 周晚
公貿鼎 周中
多友鼎 周晚
匽公匜 春秋
公乘壺 戰國
鄂君車節 戰國
蜀守戈 戰國
師同鼎 周中
禹鼎 周晚
余義鐘 春秋
乘馬戈 戰國
廿年距末 戰國
望山M1簡 戰國
天星觀簡 戰國
郭店語二 戰國
新蔡楚簡 戰國
璽彙 3554 戰國
雲夢爲吏 戰國
天星觀簡 戰國
郭店語二 戰國
上博泊旱 戰國
璽彙 1107 戰國
璽彙 5386 戰國
貨文 83 戰國

第一編 古文字

舞	舜	桀
花東 391 一期 花東 206 一期 合 14210 一期 粹 334 三期 粹 133 一期 合 7690 一期 合 30028 三期 甲 2858 四期		
匽侯舞昜 周早 余義鐘 春秋 匽侯舞昜 周早		
	郭店窮達 戰國 汗簡作 郭店唐虞 戰國	包山 141 戰國 璽彙 1388 戰國 包山 191 戰國 雲夢日甲 戰國

行	衢	街	衍	術
後下 2.12 一期；甲 574 三期；粹 1360 二期			甲 598 三期；寧滬 2.113 三期	
行父辛觶 周早；工盧大叔盤 春秋；工敔王劍 春秋；螽方尊 周中；公父宅匜 春秋；中山王鼎 戰國				
陶三 1254 戰國；中山玉器 戰國；包山 085 戰國；璽彙 4766 戰國；貨系 2599 戰國	雲夢日甲 戰國	雲夢封診 戰國	石鼓鑾車 戰國 石鼓讀作行；郭店老甲 戰國 簡文讀道	雲夢爲吏 戰國

衛	[illegible]	衞
合 556 一期 合 7210 一期 合 19957 一期 合 20504 一期 合 27826 三期 合 5665 一期 合 6347 一期 合 20741 一期 粹 1153 三期 合 27943 三期	讀作鄉	粹 1125 四期
子衛爵 商代 衛尊 周早 賢簋 周早 衛師昜 周早 裘衛簋 周中 衛觚 商代 康侯簋 周早 衛父卣 周早 衛簋 周中	田齊銅量 戰國	毛公鼎 周晚
望山M2簡 戰國 天星觀簡 戰國 璽彙 1335 戰國 璽彙 1338 戰國 璽彙 1340 戰國 包山 224 戰國 新蔡楚簡 戰國 璽彙 1336 戰國 璽彙 1339 戰國	陶三 089 戰國 陶三 676 戰國 陶三 324 戰國 陶三 673 戰國	雲夢法律 戰國

乙 7131 一期
合 5760 一期
鐵 141.4 二期
合 294 一期
合 12102 一期
合 32698 四期
令簋 周早
晉侯穌鐘 周晚
敬事天王鐘 春秋
東庫盉 戰國
胤嗣壺 戰國
兆域圖 戰國
史頌簋 周中
伊簋 周晚
中山王鼎 戰國
胤嗣壺 戰國
兆域圖 戰國
唯叔鼎 周早
秦公石磬 春秋
包山 133 戰國
郭店忠信 戰國
璽彙 3279 戰國
璽彙 4743 戰國
璽彙 4806 戰國
貨系 1343 戰國
長沙帛書 戰國
包山牘 1 戰國
青川檟 戰國
璽彙 3280 戰國
璽彙 4745 戰國
璽彙 4919 戰國
古文

自	鼻	㠯
菁 5.1 一期; 合 9425 一期; 粹 106 四期; 前 3.27.7 五期; 合 5775 一期; 粹 259 三期; 合 32342 四期	合 8189 一期; 前 2.19.1 一期	後下 22.1 二期
令鼎 周早; 毛公鼎 周晚; 王子午鼎 春秋; 敬事天王鐘 春秋; 州句劍 戰國; 沈子它簋 周早; 攻敔王光戈 春秋; 虡公劍 春秋; 州句矛 戰國; 新弨戟 戰國		
秦公石磬 春秋; 郭店語二 戰國; 璽彙 4656 戰國; 侯馬盟書 戰國; 温縣盟書 戰國; 包山 216 戰國; 郭店緇衣 戰國; 璽彙 4657 戰國; 侯馬盟書 戰國	郭店五行 戰國; 璽彙 3624 戰國; 璽彙 2555 戰國; 雲夢日甲 戰國	天星觀簡 戰國
古文		

𦍌	羊	芈	𦍋
	佚 450 一期 粹 287 三期 河 387 一期	前 5.47.1 一期 甲 262 一期	
	羊己觚 商代 叔德簋 周早 羊子戈 戰國 羊鼎 商代 羊□車觚 商代 中山王壺 戰國 鄂君舟節 戰國		𦍋叔鼎 周早 𦍋伯簋 周中
陶徵 200 戰國 貨編 48 戰國 貨編 48 戰國	陶三 1023 戰國 信陽楚簡 戰國 包山 275 戰國 璽彙 5548 戰國 長沙帛書 戰國 望山M2簡 戰國 璽彙 4463 戰國 貨系 0320 戰國		
𦍌	羊	芈	𦍋

第一編 古文字

羥	羔	羭	羖	羍
	續 1.48.8 一期 合 12852 一期 合 20398 一期 英 1153 一期 合 20398 一期 屯 644 四期		同羖	
	索諆爵 周早 瘨壺 周中 司伯達簋 周中			羍諺鎗 春秋
珍秦 120 戰國	曾侯墓簡 戰國 璽彙 5319 戰國 璽彙 5321 戰國 上博子羔 戰國 璽彙 3091 戰國 貨系 0323 戰國	五十二病方 秦代	包山 202 戰國 包山 237 戰國 包山 233 戰國	
羥	羔	羭	羖	

牂	⿰羊爭	羝	羴
合 19869 一期 合 27582 三期 粹 396 四期 合 22073 一期 合 27627 三期 説文段注牂牝羊也		粹 396 四期 周甲 1 先周 同羝説文羝牡羊也	前 4.35.6 一期
		九年衛鼎 周中	羴鼎 商代 羴戈 商代
望山M1簡 戰國 包山 240 戰國 郭店語一 戰國 望山M1簡 戰國 包山 243 戰國 郭店窮達 戰國	天星觀簡 戰國 從靜聲		郭店性自 戰國
牂		羝	羴 羶 或體

第一編 古文字

羹 羲 䍧 羌

羹	羲	䍧	羌
	合 36754 五期 合 37504 五期		後上 28.3 一期 粹 405 四期 前 6.1.5 一期 前 1.41.1 五期
	羲妣鬲 周早 亞羲方彝 商代 柳鼎 周晚		亚乙羌爵 商代 羌父己尊 周中 鄭義羌父盨 周晚 厵羌鐘 戰國 太保罍 周早 羌鼎 周中 鄭羌伯鬲 春秋
雲夢秦律 戰國		璽彙 3435 戰國	璽彙 0413 戰國 璽彙 5426 戰國 璽彙 5425 戰國 吉林 187 戰國
羹	羲		羌

群　　羸　羋　美

群	羸	羋	美
			 合 13607 一期；合 22044 一期；甲 1269 三期；合 14381 一期；甲 686 三期；合 28089 三期     
 子璋鐘 春秋；陳侯午敦 戰國；中山王鼎 戰國  			 美宁鼎 商代；中山王壺 戰國；美爵 周早  
 上博周易 戰國；侯馬盟書 戰國；侯馬盟書 戰國；璽彙 0160 戰國；侯馬盟書 戰國；貨系 0325 戰國     	 雲夢法律 戰國；雲夢效率 戰國 	 十鐘印舉 戰國；雲夢爲吏 戰國 	 陶五 312 戰國；雲夢日甲 戰國 

肉	肘	有	胺	膉	膳
 合 18250 一期 合 31012 三期		花東 049 一期			
		 何尊 周早  秦公鎛 春秋  陳侯午敦 戰國  南宮柳鼎 周晚  者沪鐘 戰國  者沪鐘 戰國			
 包山 255 戰國	 雲夢封診 戰國	 陶五 073 戰國  望山M2 簡 戰國  青川櫝 戰國  信陽楚簡 戰國  包山 123 戰國  侯馬盟書 戰國	 包山 175 戰國	 天星觀簡 戰國  郭店唐虞 戰國	 陶三 1317 戰國  璽彙 1020 戰國

膚	⿰月襄	肤	臅	膏
				後下 5.1 一期 合 10918 一期 前 1.29.4 一期 合 28188 三期
引尊 周早 玄膚戈 春秋 膚用戈 春秋 九年衛鼎 周中 玄膚戈 春秋 羕陵公戈 戰國				
信陽楚簡 戰國 包山 191 戰國 璽彙 0656 戰國 望山M2簡 戰國 雲夢秦律 戰國 三晉 48 戰國	上博彭祖 戰國	上博周易 戰國	陶三 1083 戰國 録 3.595.1 戰國	陶三 240 戰國 録 2.212.1 戰國 陶三 241 戰國
籒文				

第一編　古文字

脣	脰	膱	胃	𦢊
	無土鼎 春秋 集脰鼎 戰國 無土鼎 春秋 大子鼎 戰國		吉日壬午劍 春秋	
九店楚簡 戰國 雲夢法律 戰國	信陽楚簡 戰國 包山 278 戰國	五十二病方 秦代	長沙帛書 戰國 包山 089 戰國 包山 129 戰國 包山 080 戰國 包山 128 戰國 雲夢法律 戰國	陶三 422 戰國

腎	脾	脬	朘	腸	脅	肩	胠
			 合 28064 三　期				
 雲夢法律 戰　國	 陶五 471 戰　國	 陶三 485 戰　國		 曾侯墓簡 戰　國  包山 166 戰　國	 璽彙 1566 戰　國	 珍秦 45 戰　國  雲夢日甲 戰　國	 印風 153 秦　代

臂	臑	臍	脊	脽	胅
				合 6090 一期 乙 4960 一期 合 18347 一期	
胤嗣壺 戰國			陳侯因齊敦 戰國	脽公劍 春秋 脽戈 春秋 鄂君舟節 戰國 脽戈 春秋 柀里瘟戈 戰國	眉胅鼎 戰國
雲夢日乙 戰國	雲夢日甲 戰國	璽彙 1336 戰國 璽彙 2829 戰國	陶三 1085 戰國	陶三 1035 戰國 璽彙 1165 戰國 璽彙 4128 戰國 璽彙 0682 戰國 璽彙 1745 戰國	陶六 101 戰國

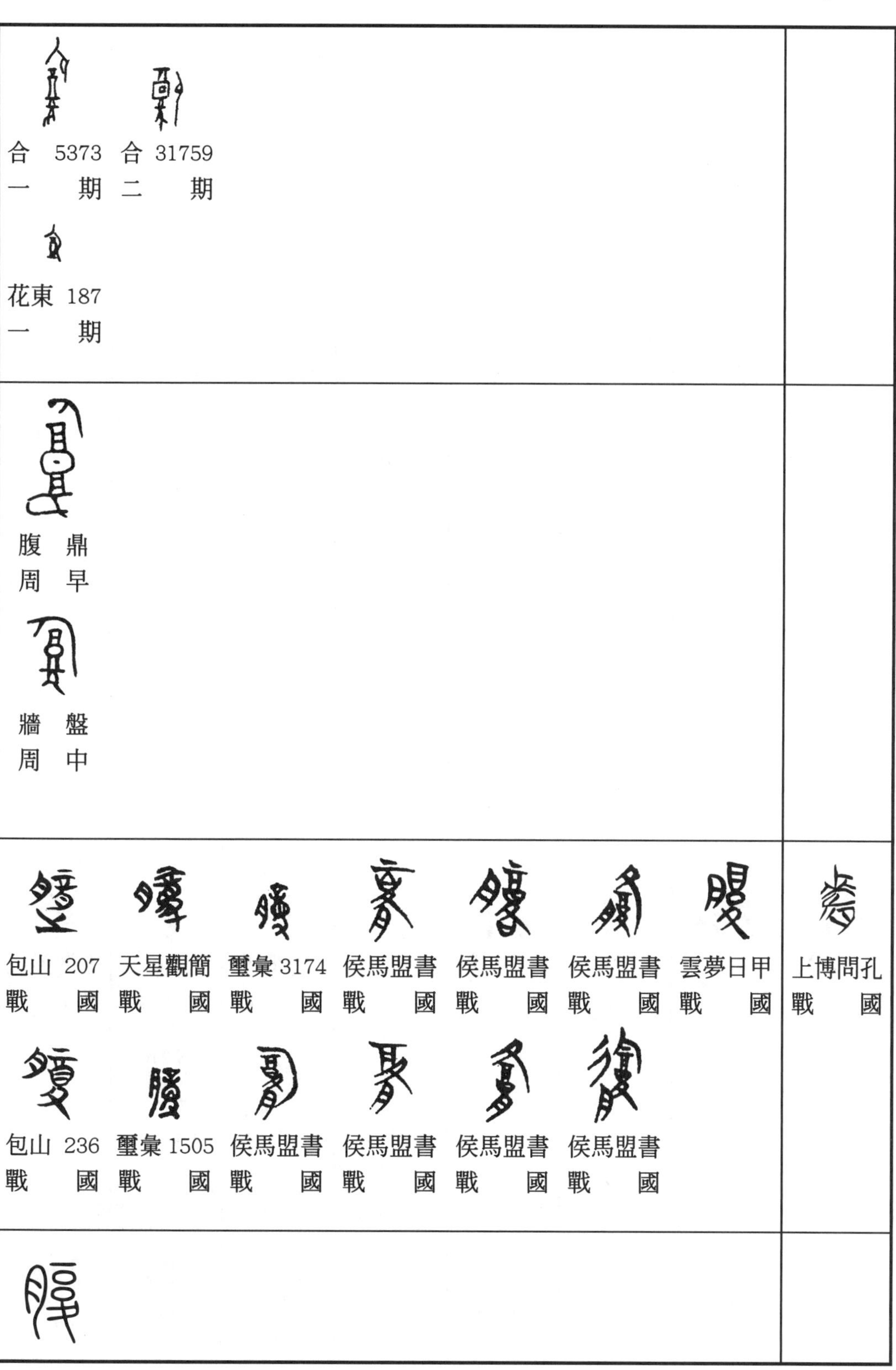
合 5373 一期　合 31759 二期
花東 187 一期
腹鼎 周早
牆盤 周中
包山 207 戰國　天星觀簡 戰國　璽彙 3174 戰國　侯馬盟書 戰國　侯馬盟書 戰國　侯馬盟書 戰國　雲夢日甲 戰國　上博問孔 戰國
包山 236 戰國　璽彙 1505 戰國　侯馬盟書 戰國　侯馬盟書 戰國　侯馬盟書 戰國　侯馬盟書 戰國

股	腳	胲	肵	脡	脫	臠	臁
				任鼎 周中			
雲夢封診 戰國	雲夢日甲 戰國	秦印彙編 秦代	雲夢日甲 戰國		十鐘印舉 戰國 雲夢效律 戰國	璽彙 0415 戰國 璽彙 1983 戰國	上博彭祖 戰國

肖	膭	肞	脯
		花東 321 一　期	
大梁鼎 戰　國 肖不兹鼎 戰　國			
陶九 095 戰　國 璽彙 1020 戰　國 璽彙 4131 戰　國 侯馬盟書 戰　國 璽彙 0895 戰　國 璽彙 1057 戰　國 侯馬盟書 戰　國 雲夢爲吏 戰　國	璽彙 1166 戰　國		雲夢日乙 戰　國 包山 257 戰　國 或從父聲 雲夢日甲 戰　國

第一編　古文字

胤	胄	脖	肤
	合 36492 五期 合 10406 一期 周甲 174 先周		
傳鼎 周晚 晉公盞 春秋 秦公鐘 春秋 胤嗣壺 戰國	胄鼎 商代 㦰簋 周中 伯晨鼎 周中 中山王壺 戰國 小盂鼎 周早 康簋 周中 胄匠 春秋 胤嗣壺 戰國		
上博周易 戰國	曾侯墓簡 戰國 天星觀簡 戰國 天星觀簡 戰國 包山 270 戰國 曾侯墓簡 戰國 天星觀簡 戰國 包山 269 戰國 侯馬盟書 戰國	包山 135 戰國 郭店性自 戰國	雲夢法律 戰國
胤	胄		肤

脊	膌	臘	胙
			 鄭友父鬲 春秋
 璽彙 5569 戰國；雲夢日甲 戰國；雲夢法律 戰國；秦印彙編 秦代   	 包山 168 戰國；長沙帛書 戰國 	 望山M1簡 戰國；珍秦 47 戰國；璽彙 2588 戰國  	 包山 205 戰國；璽彙 0896 戰國；包山 224 戰國；璽彙 2134 戰國   
	  古文		

脛	膳	脞	隋
合 13693 一期			
	齊侯敦 春秋		
信陽楚簡 戰國 信陽楚簡 戰國	包山 257 戰國 郭店語一 戰國 或從豕 郭店語一 戰國	足臂灸經 秦代	包山 030 戰國 雲夢爲吏 戰國 侯馬盟書 戰國 陶三 938 戰國 包山 167 戰國 包山 022 戰國 雲夢日乙 戰國 吉大 42 戰國

胡	脩	胥	腪
陽安君鈹 戰國	脩武府盃 戰國		齊城右戟 戰國 郈左戟 戰國
璽彙 1302 戰國 雲夢法律 戰國 璽彙 3691 戰國	陶九 055 戰國 璽彙 0302 戰國 青川櫝 戰國 包山 257 戰國 璽彙 3980 戰國	璽彙 2177 戰國 秦陶 429 戰國 璽彙 3554 戰國	

第一編 古文字

脜	臙	胾	肴	膩	脂
	同脆				
		六年鼎 戰國 亡智鼎 戰國	東陵鼎蓋 戰國	中山王壺 戰國	
璽彙 3144 戰國 雲夢日甲 戰國	郭店成之 戰國	璽彙 0248 戰國	秦印彙編 秦代	上博曹沫 戰國	郭店語三 戰國 璽彙 1273 戰國 郭店唐虞 戰國 從羊 璽彙 3972 戰國 雲夢秦律 戰國

胎	肌	胉	臀	脂	䏿	肯
			合 21805 一期 乙 4071 一期			
			丞相啓狀戈 戰國			
郭店窮達 戰國	璽彙 2471 戰國	上博曹沫 戰國	曾侯墓簡 戰國 足臂灸經 秦代 上博昭王 戰國	璽彙 2970 戰國 璽彙 2975 戰國	足臂灸經 秦代	璽彙 3963 戰國 雲夢封診 戰國
			或體			

第一編 古文字

肰		腸	朊	膠	膺	膂	腔
			合 5444 一期				
						析君戟 戰國	
望山M1簡 戰國；郭店老甲 戰國	郭店語一 戰國；或增虍	足臂灸經 秦代		雲夢日甲 戰國；雲夢秦律 戰國	新蔡楚簡 戰國；新蔡楚簡 戰國	璽彙 1411 戰國；璽彙 3217 戰國	雲夢封診 戰國

肥		脈	肝	肙	胳	脸	胈
望山M1 簡 戰國	璽彙 1642 戰國	 五十二病方 秦代	 石鼓而師 戰國	 上博仲弓 戰國	 璽彙 3206 戰國	 璽彙 2711 戰國	 璽彙 0529 戰國
包山 202 戰國	雲夢爲吏 戰國						

古文字類編

𣎆	腤	⿰月與	胚	⿰月雚	筋
合 33212 四期 屯 4233 四期 合 35255 四期					
季𣎆盉 周晚 𩰫鐘 春秋 曾侯乙鐘 戰國 龍𣎆匜 春秋 樊君鬲 春秋		蔡大師⿰月與鼎 春秋			
長沙帛書 戰國	雲夢日乙 戰國		天星觀簡 戰國	望山M1簡 戰國	雲夢秦律 戰國

胕	bian	肵	肣	肮	胼	胶	胗
		合 8833 一 期 屯 1051 四 期				英 905 三 期	
陶三 205 戰 國	璽彙 2513 戰 國		望山M1 簡 戰 國 上博容成 戰 國	雲夢語書 戰 國	包山 085 戰 國 香港 1 戰 國		璽彙 1580 戰 國

第一編 古文字

朐	胸	胋	胖	胈	腃	膢	臞
		同舌					
望山M1簡 戰國	望山M2簡 戰國 天星觀簡 戰國	上博周易 戰國 郭店語四 戰國	璽彙 2524 戰國 璽彙 3420 戰國	雲夢封診 戰國	郭店唐虞 戰國	璽彙 0575 戰國	新蔡楚簡 戰國

⿰月缶　膢　肸　膞　腋　肝　脭

⿰月缶	膢	肸	膞	腋	肝	脭
			 王何戈 戰　國	 鑄客鼎 戰　國  褱閂鼎 戰　國		
 璽彙 2735 戰　國  璽彙 2736 戰　國	 上博性情 戰　國  雲夢封診 戰　國	 陶四 049 戰　國		 包山 194 戰　國  璽彙 0752 戰　國	 足臂灸經 秦　代	 璽彙 1675 戰　國
						  古　文

賭	𦝕	腰	朣	膞	䐜	膂
				 合 13633 一期		同 容
						 平安君鼎 戰國  上樂鼎 戰國  梁上官鼎 戰國  上官鼎 戰國
 郭店窮達 戰國	 陶三 1113 戰國  璽彙 4013 戰國	 包山 045 戰國  包山 057 戰國	 璽彙 0623 戰國	 璽印集粹 戰國	 包山 180 戰國	

血　　　　　　　　　　　　　粤　　　　　　　　　　　　　　　衃　　　　　　盡

血	粤	衃	盡
合 18217 一期；粹 12 四期；合 38633 五期；鐵 50.1 二期；合 36799 五期；周甲 1 先周	合 23599 二期；合 32992 四期；合 34152 四期；合 26892 三期；合 34137 四期；粹 827 四期		
陳逆簋 戰國；滎陽上官皿 戰國			父辛卣 周早；多友鼎 周晚
陶三 1229 戰國；郭店唐虞 戰國；上博周易 戰國；郭店語一 戰國；郭店六德 戰國；雲夢封診 戰國		雲夢封診 戰國 從音声	

第一編　古文字

屮 屯 𡴀

屮	屯	𡴀
佚 84 一期 京津 4007 二期	甲 2815 一期 後下 28.4 一期 乙 4119 一期 掇 1.385 三期	
中盉 商代 中中斧 商代	屯兄辛卣 商代 輔師嫠簋 周中 㪟伯簋 周中 秦公鎛 春秋 令瓜君壺 戰國 師㝨鼎 周中 頌鼎 周中 屯鼎 周中 鄂君舟節 戰國	
陶三 627 戰國 貨系 3964 戰國	秦公石磬 春秋 信陽楚簡 戰國 包山 147 戰國 璽彙 2617 戰國 三晉 94 戰國 三晉 94 戰國 信陽楚簡 戰國 曾侯墓簡 戰國 郭店老甲 戰國 貨系 4046 戰國 三晉 94 戰國	璽彙 3502 戰國 上博周易 戰國

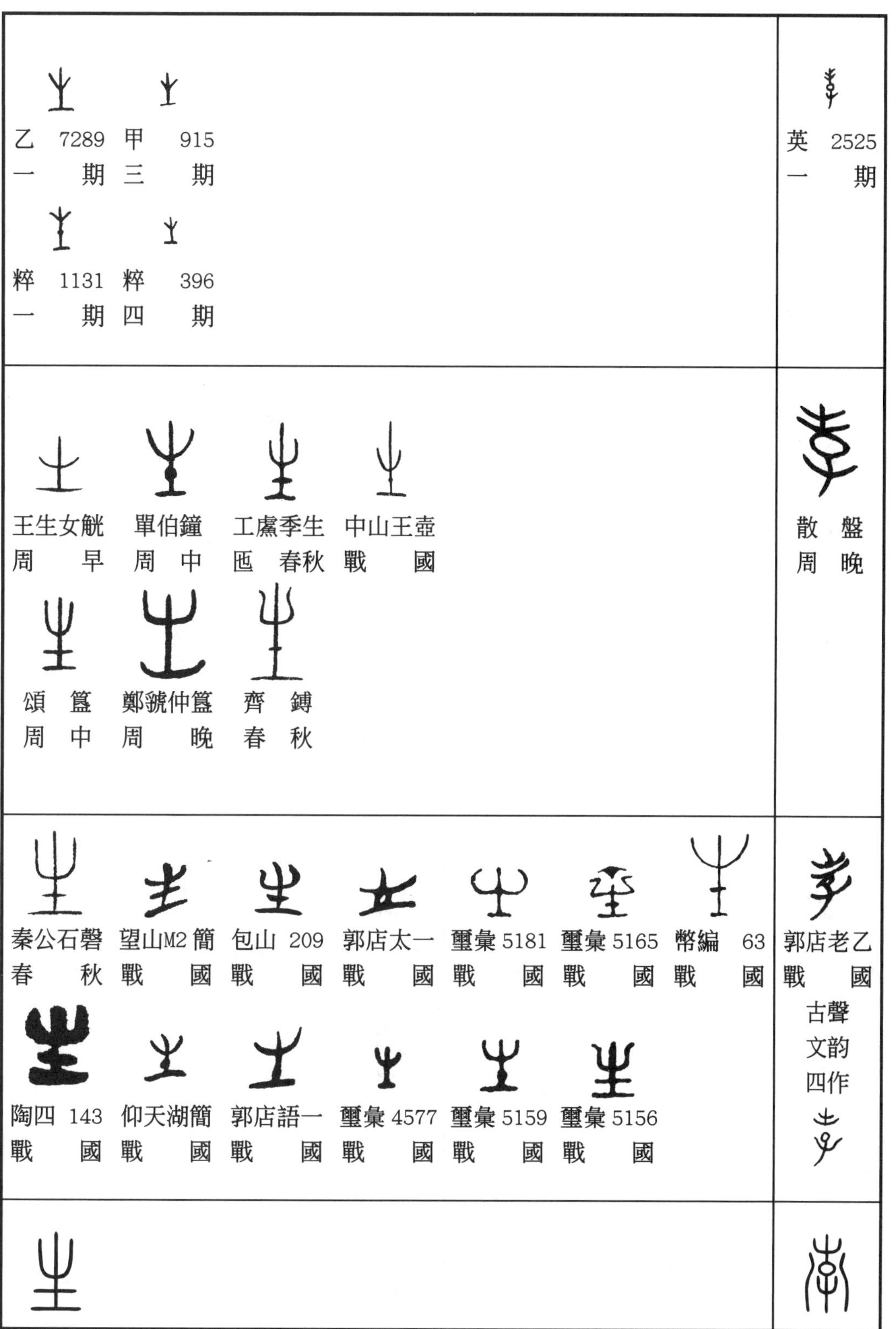

乙 7289 一期　甲 915 三期
粹 1131 一期　粹 396 四期

王生女觥 周早　單伯鐘 周中　工𠪚季生匜 春秋　中山王壺 戰國
頌簋 周中　鄭虢仲簋 周晚　齊鎛 春秋

秦公石磬 春秋　望山M2簡 戰國　包山 209 戰國　郭店太一 戰國　璽彙 5181 戰國　璽彙 5165 戰國　幣編 63 戰國
陶四 143 戰國　仰天湖簡 戰國　郭店語一 戰國　璽彙 4577 戰國　璽彙 5159 戰國　璽彙 5156 戰國

英 2525 一期
散盤 周晚
郭店老乙 戰國
古文四聲韵作

丰	産	毒
合 20576 一期 屯 3121 三期 合 32287 四期 佚 426 五期 花東 071 一期 屯 2964 三期 合 36528 五期		
丁丰卣 商代 康侯丰鼎 周早	哀成叔鼎 春秋 蔡侯産劍 戰國 蔡侯産劍 戰國 蔡侯産劍 戰國 蔡侯産戈 戰國	
璽彙 5209 戰國 璽彙 5210 戰國	包山 106 戰國 上博君子 戰國 侯馬盟書 戰國 包山 116 戰國 璽彙 3661 戰國	雲夢秦律 戰國

朩　南　芁

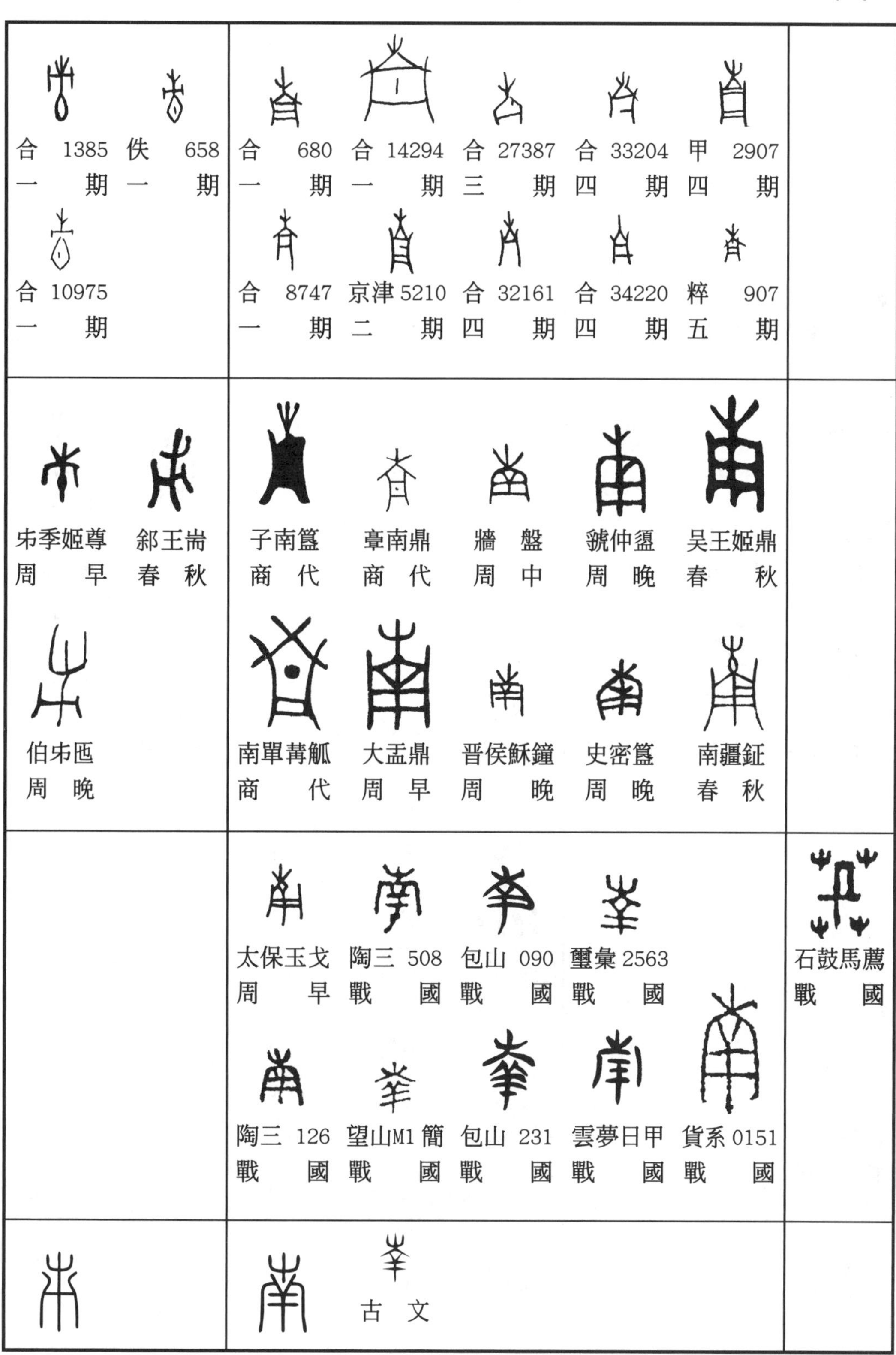

朩	南	芁
合 1385 一期；佚 658 一期；合 10975 一期	合 680 一期；合 14294 一期；合 27387 三期；合 33204 四期；甲 2907 四期；合 8747 一期；京津 5210 二期；合 32161 四期；合 34220 四期；粹 907 五期	
朩季姬尊 周早；郤王嵩 春秋；伯朩匜 周晚	子南簋 商代；章南鼎 商代；牆盤 周中；虢仲盨 周晚；吴王姬鼎 春秋；南單冓觚 商代；大盂鼎 周早；晉侯穌鐘 周晚；史密簋 周晚；南疆鉦 春秋	
	太保玉戈 周早；陶三 508 戰國；包山 090 戰國；璽彙 2563 戰國；陶三 126 戰國；望山M1簡 戰國；包山 231 戰國；雲夢日甲 戰國；貨系 0151 戰國	石鼓馬薦 戰國
	古文	

每	㞢	熏
甲 573 一期 粹 663 四期 粹 1160 三期 粹 661 五期		
 天亡簋 周早 㠱鼎 周中 杞伯簋 春秋  何尊 周早 杞伯簋 春秋 𠨘嗣壺 戰國	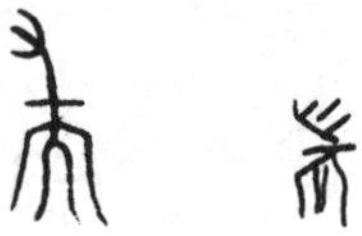 義楚㞢 春秋 韓㞢鈹 戰國 郘王㞢 春秋	吴方彝 周中 毛公鼎 周晚 番生簋 周中 器銘用作纁
 郭店語一 戰國  侯馬盟書 戰國	 陶三 1224 戰國 郭店老甲 戰國 上博容成 戰國  望山M2簡 戰國 郭店語一 戰國 上博恒先 戰國	

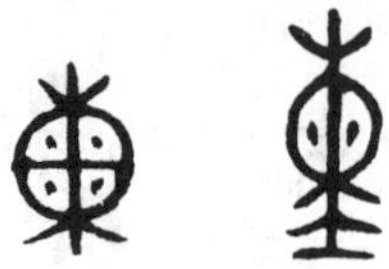

艸	草	莉	芺	藻	蓨	𦳊	葙
						玉篇俗作屎	
陶三 233 戰國 陶三 372 戰國	石鼓乍原 戰國 青川櫝 戰國	上博子羔 戰國	上博子羔 戰國	上博容成 戰國	璽彙 2641 戰國	雲夢封診 戰國	天星觀簡 戰國

莊			蓁	芝	荼	葚	藤
庚　壺 春　秋 趞亥鼎 春　秋							
雲夢編年 戰　國	璽印集粹 戰　國	上博周易 戰　國	上博容成 戰　國	璽彙 3749 戰　國	長沙帛書 戰　國	包山 258 戰　國	曾侯墓簡 戰　國
璽印集粹 戰　國	郭店語三 戰　國	璽彙 1529 戰　國			秦封泥 秦　代		
	古　文						

菒	莆	萯	莾	葉	鼓	荅
			合 18409 一期 合 21437 一期 合 18430 一期			
	三年莆子戈 戰國 莆反令戈 戰國	萯陽鼎 戰國				
天星觀簡 戰國	曾侯墓簡 戰國 侯馬盟書 戰國	秦印彙編 秦代	雲夢封診 戰國	雲夢日甲 戰國	陶三 738 戰國	天星觀簡 戰國 雲夢秦律 戰國

蓏	菫	莓	藋	藟	荂
		今作莓			
	菫簋 周中	莓伯鼓 周晚 晉侯穌鐘 周晚			
包山 255 戰國 上博容成 戰國 包山 258 戰國			璽彙 2269 戰國 三晉 56 戰國 三晉 56 戰國	新蔡楚簡 戰國	雲夢日甲 戰國

葵	萉	萎	蕩	蘁	芋	苢
				今作薑		同薌
					元年鄭令矛 戰國	白嘉父簋 周晚 苢箕鼎 戰國
雲夢日乙 戰國	十鐘印舉 戰國	上博容成 戰國	上博采風 戰國	包山 258 戰國 包山簽 戰國	陶六 105 戰國 包山牘 1 戰國 望山M2簡 戰國 璽彙 2262 戰國	曾侯墓簡 戰國

萑	芺	蘆	苹	藍	蒁
後上 18.9 五期 合 41756 五期	合 368 一期				
守宮盤 周中					
陶三 335 戰國 陶三 510 戰國 包山 154 戰國 陶三 341 戰國 陶三 1268 戰國 包山 255 戰國	仰天湖簡 戰國	璽彙 3755 戰國	山東 006 戰國	陶五 176 戰國 包山 092 戰國	秦印彙編 戰國

莛	茖	萛	苦	萶
				讀作莞
	咎茖戈 戰國			
陶五 346 戰國；雲夢爲吏 戰國；上博民之 戰國	信陽楚簡 戰國；上博容成 戰國；郭店窮達 戰國；璽彙 0045 戰國	阜陽藏印 戰國；璽印集粹 戰國；包山 085 戰國	秦印 戰編 27	望山M2簡 戰國；包山 263 戰國

薛	蘇	蓼	葸
合 110 一期 合 248 一期 合 248 一期 合 880 一期 合 110 一期 合 248 一期 合 248 一期 合 40648 一期			
易薛尊 周中 薛侯鼎 春秋 薛子仲安� 春秋 薛戈 春秋 薛侯壺 春秋 薛侯盤 春秋 薛侯壺 春秋 薛仲赤匿 春秋	寬兒鼎 春秋	睽土父鬲 周晚	
山東濰坊陶 戰國 璽彙 2281 戰國 秦封泥 秦代 吉大 141 戰國 秦印彙編 秦代	秦陶 1445 戰國 璽印集粹 戰國 十鐘印舉 戰國 璽印集粹 戰國		新蔡楚簡 戰國 簡文同蕙

茅	蕢	茆	雚	菅	莒
陽安君鈹 戰國 胤嗣壺 戰國		宋公差戈 春秋 工城戈 戰國	鏞雚戟 戰國		莒公戈 春秋 莒陽斧 戰國
曾侯墓漆書 戰國 上博子羔 戰國 十鐘印舉 戰國 仰天湖簡 戰國 璽彙 2249 戰國 故宮 458 戰國	秦封泥 秦代			官印 0086 戰國	

萑	藺	蒲	茈
合 8184 一期 存 3.527 一期 珠 905 一期 合 18422 一期 燕 488 一期 河 746 一期 合 18432 一期 合 28348 三期			
璽彙 1754 戰國 璽彙 2021 戰國	雲夢秦律 戰國	咸陽秦墓陶 戰國 雲夢秦律 戰國	包山 258 戰國 璽彙 3142 戰國 包山竹簽 戰國

葥	蒐	芾	芟	苞	莪	芹	艾
			合 10571 一 期				
	蒐車匜 春 秋 胤嗣壺 戰 國	芾侯簋 周 晚 克 鼎 周 晚					
包山 216 戰 國	侯馬盟書 戰 國 雲夢雜抄 戰 國			璽彙 5493 戰 國 雲夢日甲 戰 國	上博詩論 戰 國	曾侯墓簡 戰 國	秦 印 戰編 29

茱	葦	芑	芸	范	葛
			鄂君舟節 戰國	上岜厨鼎 戰國	
陶三 678 戰國	包山 125 戰國	信陽楚簡 戰國 上博周易 戰國	上博容成 戰國	陶九 085 戰國 璽彙 1825 戰國 璽彙 2284 戰國 陶三 859 戰國 璽彙 1941 戰國 璽彙 2286 戰國	陶五 458 戰國

薺	嘉	董	葷	蔆	萃	菓
	 嘉仲盉 戰國				 萃鋸戈 戰國  郾王職戟 戰國	
 陶九 075 戰國  上博詩論 戰國		 陶六 012 戰國  分域 2921 戰國	 璽彙 4097 戰國	 包山 154 戰國	 陶六 157 戰國  珍秦 116 戰國  璽彙 0293 戰國	 曾侯墓簡 戰國

蓍	葧	蕭	蘠
	 合 10474 一期 合 9497 一期 乙 8502 一期 合 20624 一期 合 583 一期 屯 2061 三期		
 包山 040 戰國 包山 201 戰國 或從竹 秦封泥 秦代		 十鐘印舉 戰國	 雲夢爲吏 戰國 雲夢日甲 戰國

萩	葉	荇	莨	荊	蓑	蓫	茺
	 合 19956 一 期					 合 11003 一 期	
	 葉 矛 戰 國  丞相觸戈 戰 國					 伯蓫父鼎 周 中	 番生簋 周 中
 天星觀簡 戰 國  香續 145 戰 國	 上博用曰 戰 國  雲夢日乙 戰 國	 包山 164 戰 國	 璽彙 2293 戰 國	 陶三 1146 戰 國	 郭店語四 戰 國		

蘳	芯	芒	苩
合 14313 一期；合 21257 一期；前 1.32.6 一期；合 33374 四期；合 16200 一期；鐵 107.3 一期；甲 890 四期；屯 664 四期			
		芒陽令戈 戰國	武城令戈 戰國
	璽印集粹 戰國	信陽楚簡 戰國；封成 864 戰國；璽彙 0089 戰國	璽彙 2248 戰國

古文字類編

英	莖	藁	菱	蒠
吴王光鐘 春秋 吴王光鐘 春秋	安陽令戈 戰國			毛公鼎 周晚
天星觀簡 戰國 璽彙 2296 戰國 璽彙 1333 戰國 雲夢日甲 戰國	璽印集粹 戰國	秦印 戰編 31	包山 255 戰國 璽彙 3995 戰國 璽彙 2126 戰國	璽彙 0842 戰國 雲夢秦律 戰國 璽彙 2404 戰國

薾 萋 萊 芮 蒼

薾	萋	萊	芮	蒼
				宜陽右蒼鼎 戰國
天星觀簡 戰國 包山 150 戰國	石鼓霝雨 戰國	上博周易 戰國 湖南 1 戰國	陶五 119 戰國 珍秦 97 戰國	陝西臨潼陶 戰國 包山 176 戰國 璽彙 0967 戰國 十鐘印舉 戰國 陶九 076 戰國 郭店老乙 戰國 璽彙 4023 戰國

茲	蘿	苗	萊	荒
粹 730 一期 佚 350 五期 粹 163 四期 周甲 51 先周		合 900 一期 合 20042 一期 合 19431 一期 合 10057 一期		
何尊 周早 梁十九年鼎 戰國 者沪鐘 戰國 晋侯穌鐘 周晚 中山侯鉞 戰國 陳猷釜 戰國		苗母丁鼎 商代 苗父乙尊 商代		中山王壺 戰國
郭店緇衣 戰國 包山 067 戰國 雲夢爲吏 戰國 郭店唐虞 戰國	璽彙 5506 戰國	十鐘印舉 戰國 雲夢秦律 戰國	包山 086 戰國 璽彙 2255 戰國	

第一編 古文字

苛	蘚	蕪	薈	苑	薄	苗
酓忎鼎 戰國						
望山M1簡 戰國 璽彙2258 戰國 包山 058 戰國 雲夢爲吏 戰國	雲夢雜抄 戰國	包山 263 戰國	秦陶1355 戰國	故宮 429 戰國 集證 148 戰國	十鐘印舉 戰國	陶三 687 戰國 秦封泥 秦代

蔡　　　　　　　　　　　　　　　　　　　藂

蔡	藂
九年衛鼎 周中；蔡侯申戈 春秋；蔡子鼎 春秋；蔡侯產劍 戰國；西庫升鼎 戰國；蔡侯產戈 戰國；蔡大師鼎 春秋；蔡侯申鼎 春秋；蔡侯匜 春秋；西庫升鼎 戰國；蔡侯產戈 戰國；蔡公子從劍 戰國	
雲夢編年 戰國；璽印集粹 戰國；十鐘印舉 戰國；魏石經作	陶五 275 戰國；秦印彙編 秦代；秦陶 602 戰國；秦印彙編 秦代

薁	萌	茀	苾	芳	蓜
			屯 2170 三期		
		茀祖辛爵 周早 叔皮父簋 周晚 㫗季姬尊 周中 邦司寇矛 戰國			
秦印彙編 秦代	秦印彙編 秦代	珍秦 129 戰國 陝西臨潼陶 戰國 侯馬盟書 戰國	郭店語四 戰國	郭店窮達 戰國	郭店五行 戰國 上博緇衣 戰國 郭店性自 戰國 上博性情 戰國

藥	蓋	蓲	莜	蕈
藥　鼎 周　晚	秦公簋蓋 春　秋			兆域圖 戰　國
郭店五行 戰　國 郭店五行 戰　國 璽彙 1384 戰　國 郭店五行 戰　國 上博周易 戰　國 秦印彙編 秦　代	郭店窮達 戰　國 雲夢日乙 戰　國 十鐘印舉 戰　國 雲夢日甲 戰　國	雲夢日甲 戰　國	璽彙 2289 戰　國	

若　　蒂

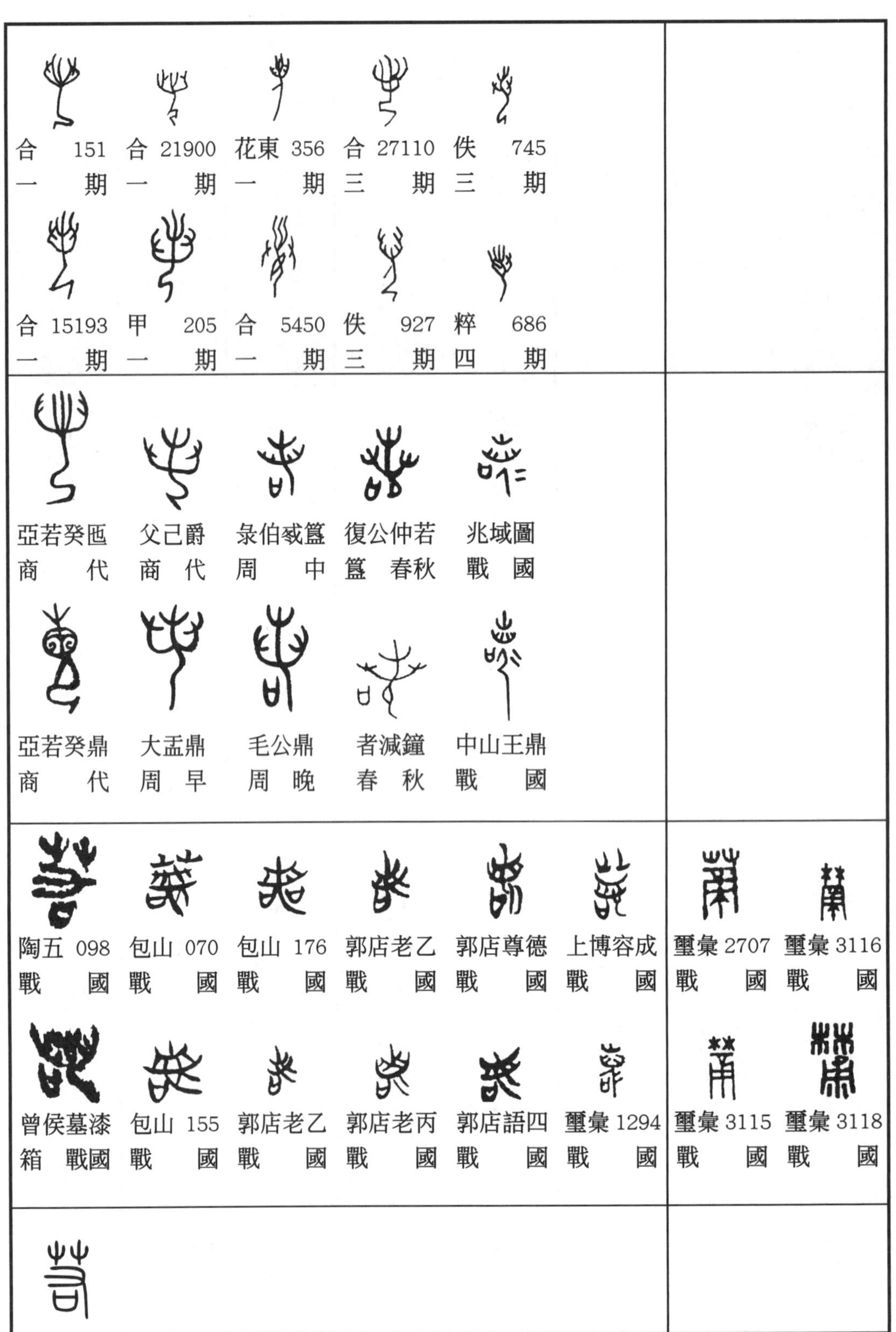

若	蒂
合 151 一期；合 21900 一期；花東 356 一期；合 27110 三期；佚 745 三期；合 15193 一期；甲 205 一期；合 5450 一期；佚 927 三期；粹 686 四期	
亞若癸匜 商代；父己爵 商代；彔伯㦰簋 周中；復公仲若簋 春秋；兆域圖 戰國；亞若癸鼎 商代；大盂鼎 周早；毛公鼎 周晚；者減鐘 春秋；中山王鼎 戰國	
陶五 098 戰國；包山 070 戰國；包山 176 戰國；郭店老乙 戰國；郭店尊德 戰國；上博容成 戰國；曾侯墓漆箱 戰國；包山 155 戰國；郭店老乙 戰國；郭店老丙 戰國；郭店語四 戰國；璽彙 1294 戰國	璽彙 2707 戰國；璽彙 3116 戰國；璽彙 3115 戰國；璽彙 3118 戰國

萛	芻	薪	卉	艽	芥
	合 151 一期 合 10279 一期 乙 6343 一期 合 122 一期 甲 990 一期 佚 683 一期				
	大作大仲簋 周中 散盤 周晚 揚簋 周中 公芻權 戰國	上郡守閒戈 戰國		鳥柱盆 戰國	
郭店語四 戰國	望山M1簡 戰國 包山 183 戰國 璽彙 0570 戰國 包山 095 戰國 璽彙 0234 戰國 雲夢秦律 戰國	雲夢秦律 戰國 雲夢雜抄 戰國	長沙帛書 戰國 上博子羔 戰國	璽彙 0677 戰國 璽彙 2294 戰國	珍秦 89 戰國 雲夢秦律 戰國

菫	莎	薦	蔞	蓺	藋
		 自作薦鬲 春秋  叔朕簠 春秋  鄀公湯鼎 春秋  自作薦鬲 春秋  鄭登伯鬲 春秋  吴王光鑑 春秋			
 郭店老甲 戰國  郭店窮達 戰國	 雲夢日甲 戰國	 石鼓馬薦 戰國  雲夢秦律 戰國  上博子羔 戰國	 上博容成 戰國	 上博容成 戰國	 上博容成 戰國

葦	荔	蕁	蒙	蓸	芀
					摭续 106 四期 續 3.28.6 五期
			中山王壺 戰國 蒙戈 戰國	咎奴曹令戈 戰國	散盤 周晚 師旂鼎 周中 姬芀母鬲 周晚
雲夢日甲 戰國 望山M2簡 戰國 上博采風 戰國	雲夢秦律 戰國	新蔡楚簡 戰國	上博印 38 戰國 十鐘印舉 戰國		

苽	蒿	萃	蘩	葆	藚	茸
	掇 2.24 二期 菁 10.10 五期 甲 3940 五期 周甲 20 先周					
	徝方鼎 周早 胤嗣壺 戰國 𪻐司徒斧 周早 曾姬無卹壺 戰國		蘩作且己罍 周早			
上博詩論 戰國	季木 1.45 戰國 璽彙 0283 戰國 包山 227 戰國 璽彙 1374 戰國	上博周易 戰國		雲夢秦律 戰國 雲夢法律 戰國	上博三德 戰國	璽彙 3208 戰國

蘘	菆	芺	芾	茾	藏	芏
					兆域圖 戰國	
包山 140 戰國	璽彙 0549 戰國	信陽楚簡 戰國 包山 119 戰國	上博周易 戰國 雲夢日甲 戰國	雲夢秦律 戰國	郭店語四 戰國 上博周易 戰國 上博詩論 戰國	仰天湖簡 戰國

春　　　　萷　蘼　蕃

春	萷	蘼	蕃
鐵 227.3 一期　前 6.39.3 一期　合 2358 一期　戩 22.2 三期　屯 1087 四期 拾 7.5 一期　菁 10.7 一期　合 4596 一期　合 29715 三期　周甲 75 周早			
吴王光鐘 春秋　書也缶 戰國　壽春鼎 戰國 蔡侯申殘鐘 春秋　春成侯鍾 戰國			蔡侯申尊 春秋 蔡侯申盤 春秋
長沙帛書 戰國　包山 203 戰國　包山 248 戰國　郭店六德 戰國　湖南 24 戰國 曾侯墓簡 戰國　包山 214 戰國　郭店語一 戰國　璽彙 0005 戰國　雲夢日乙 戰國	雲夢秦律 戰國	雲夢秦律 戰國 從曆聲	雲夢法律 戰國

苙	芫	茉	茌	葬	[illegible]	苟	蒖
					 合 29371 三期 佚 995 五期		
				葬卣 周早 葬大爵 周早	 井侯簋 周早		 鄦子蒖夷鼎 春秋
 璽彙 2069 戰國	 曾侯墓簡 戰國  上博君子 戰國	 璽彙 2297 戰國	 曾侯墓簡 戰國  郭店語一 戰國	 曾侯墓簡 戰國		 包山簽 戰國	

古文字類編

莤	[illegible]	茹	蕑	莆
合 377 一期 合 8249 一期 合 15818 一期 英 731 一期 合 8245 一期 合 15816 一期 合 15819 一期 花東 027 一期	同 虂			
魯侯爵 周早 二年寺工壺 戰國 雍工壺 戰國		疋鄱戈 春秋		右亩公鼎 戰國 讀作莆
包山 255 戰國	璽彙 2276 戰國 璽彙 2277 戰國	陶三 908 戰國 上博從政 戰國	珍秦 1 戰國 貨系 2478 戰國	

莫	䓘	菴	苻	萗
合 15588 一期 粹 682 三期 前 4.9.2 一期 寧滬 1.370 三期 合 41662 四期				
父乙莫觚 周早 散盤 周晚 中山王壺 戰國 夆莫夫卣 周早 晋公盞 春秋				
陶三 047 戰國 包山 158 戰國 郭店成之 戰國 璽彙 1187 戰國 望山M2 簡 戰國 郭店老甲 戰國 郭店語三 戰國 璽彙 3025 戰國	陶九 091 戰國 璽印集粹 戰國	陶九 033 戰國	信陽楚簡 戰國	璽彙 2260 戰國

萯	莧	華	𠌶
			今字作花
		𨟻鐘 春秋 𨟻鐘 春秋 𨟻鐘 春秋	不指方鼎 周中 華母壺 周晚 仲姞鬲 周晚 克鼎 周晚 逋盂 周晚 邾公華鐘 春秋
璽彙 2265 戰國	上博周易 戰國	陶六 184 戰國 雲夢編年 戰國 秦封泥 秦代 鐵雲印續 戰國 秦封泥 秦代	陶三 006 戰國 璽彙 0394 戰國 上博仲弓 戰國 璽彙 2265 戰國

蔒　葘　藟　葲　蕵　蒦

蔒	葘	藟	葲	蕵	蒦
	 自余鐸 春　秋				 鄭蒦父鬲 春　秋  鄭蒦父鬲 春　秋
 郭店性自 戰　國  璽彙 2299 戰　國	 包山 169 戰　國  上博緇衣 戰　國	 上博周易 戰　國	 郭店性自 戰　國  郭店成之 戰　國	 包山 103 戰　國	 陶三 126 戰　國  陶三 287 戰　國  璽彙 2300 戰　國  陶三 168 戰　國  陶三 288 戰　國

萓	⿱艹集	⿱艹曾	菜	蕎	藂	蒡	艺
						中寖盂 周　早 伲叔簋 周　中	
璽彙 5513 戰　國	包山 258 戰　國 郭店尊德 戰　國	曾侯墓簡 戰　國	上博周易 戰　國 璽彙 2343 戰　國	璽彙 0966 戰　國	璽彙 1904 戰　國		夢盦印存 戰　國

苟	𠦬	丯	韭
乙 7283 一期 前 8.7.1 一期	粹 15 一期 合 22184 一期 合 30827 三期 佚 32 一期 合 25028 二期 後上 2.14 三期		
太保簋 周早 何尊 周早 楚季苟盤 春秋 大盂鼎 周早 師虎簋 周中	矢方彝 周早 叔卣 周早 衛盉 周中 矢尊 周早 彔伯簋 周中 九年衛鼎 周中	丯己觚 商代 乙亥簋 商代	
陶四 174 戰國 璽彙 4167 戰國 璽彙 4164 戰國 璽彙 4227 戰國 璽文讀敬	石鼓鑾車 戰國 雲夢日甲 戰國		郭店語四 戰國 雲夢秦律 戰國

第一編 古文字

虫	蚰	蚖	虹	雖	蟺
 鐵 46.2 一期 前 1.16.6 一期  乙 8718 一期  戩 2.10 二期			 菁 4.1 一期		 合 26898 三期
 甲虫爵 商代  魚顛匕 戰國  虫冔鼎 周中		 子蚖鼎 戰國		 秦公簋 春秋  新郪虎符 戰國	 蟺伯簋 周早  蟺姜鼎 周中
 璽彙 0729 戰國  雲夢日甲 戰國  璽彙 1099 戰國	 包山 021 戰國	 陶九 082 戰國  分域 2933 戰國  珍秦 59 戰國		 璽印集粹 戰國  雲夢秦律 戰國	

𦺈 蜚 蜀

𦺈	蜚	蜀
		周甲 68 先周
		班簋 周中 蜀守戈 戰國 蜀東工戈 戰國 蜀守武戈 戰國 蜀西工戈 戰國
包山 081 戰國 侯馬盟書 戰國 璽彙 3524 戰國	璽彙 3845 戰國	石鼓田車 戰國 郭店五行 戰國 上博周易 戰國 璽彙 3302 戰國 雲夢封診 戰國 季木 1.53 戰國 郭店性自 戰國 上博恒先 戰國 璽彙 3346 戰國

蠆	蚊	⿱次虫	蟯	螻
合 6477 一期 合 10951 一期 後下 19.8 一期 合 7938 一期 合 18397 一期 佚 103 四期				
蠆爵 商代 父己鉦 商代 蠆爵 商代 蠆戈 商代 蠆鼎 商代 父己卣 商代	亞蚊鼎 周早	胤嗣壺 戰國 𠋣忎鼎 戰國		
包山 190 戰國 侯馬盟書 戰國 郭店老甲 戰國	陶三 144 戰國	璽彙 1842 戰國 璽彙 2615 戰國	五十二病方 秦代	信陽楚簡 戰國
或體	或體			

蠪	蠰	蚩	蝫	蝕	蛻
		 王子适匜 戰　國	 蝫公匜 周　晚		
 雲夢日甲 戰　國  璽彙 2730 戰　國  天星觀簡 戰　國  赫連　16 戰　國  天星觀簡 戰　國	 望山M1 簡 戰　國	 上博鬼神 戰　國	 郭店老甲 戰　國	 包山 227 戰　國  雲夢法律 戰　國	 陶三 105 戰　國  陶三 276 戰　國

風	𣍘	螝	蠼
合 13335 一期 合 13355 一期 合 30225 三期 合 30261 三期 粹 830 四期 合 13339 一期 鐵 55.1 一期 合 30258 三期 合 28556 三期 甲文爲借鳳風			
長沙帛書 戰國 雲夢效律 戰國 上博詩論 戰國	五十二病方 秦代	郭店老甲 戰國	上博詩論 戰國

蛤	蟡		蚵	蚘	𧓎	蝠
						乙 4834 三 期
				魚顛匕 戰 國		子蝠尊 商 代 子蝠爵 商 代 子蝠觚 商 代
信陽楚簡 戰 國 簡文從會	郭店老甲 戰 國 郭店唐虞 戰 國	郭店忠信 戰 國	上博容成 戰 國	上博鬼神 戰 國	長沙帛書 戰 國 帛讀作書擾	
		或體				

第一編 古文字

蚰	蜎	蚤	蚩	蠡
 合 1140 一期 合 14703 一期 合 14707 一期 合 7009 一期 合 14704 一期 後下 9.2 一期		 前 6.51.4 一期 合 4890 一期 甲 2985 一期 合 21238 一期		
 魚顛匕 戰國	 蜎簋 春秋  魚顛匕 戰國			
 雲夢秦律 戰國		 望山M1簡 戰國 雲夢日乙 戰國 郭店尊德 戰國 雲夢日甲 戰國	 雲夢秦律 戰國	 璽印集粹 戰國

蜜	蟎	蟰	蟜	蛩	蝦
		讀作融			
	蟎鼎 周中	鄦公釛鐘 春秋；癲鐘 周中；楚公逆鎛 周晚			
包山257 戰國 簡文從甘；包山255 戰國；包山255 戰國		包山237 戰國；望山M1簡 戰國；新蔡楚簡 戰國；包山217 戰國	秦印彙編 秦代	郭店語四 戰國 簡文從工聲	璽彙1446 戰國

蟄	蝽	蛪	𧉧	𧍠	蝨	蟬
						粹 1536 四 期
			仲𧉧帶鉤 戰 國			
陶五 384 戰 國 雲夢日甲 戰 國	雲夢日甲 戰 國	陶三 143 戰 國 從女聲		侯馬盟書 戰 國	包山 191 戰 國 璽印集粹 戰 國 郭店老甲 戰 國 雲夢日甲 戰 國	

蠸	蠱	⿱蚰土	蠶	蠹	蠅	蚈
	花東 377 一期 合 13658 一期 合 201 一期 合 17190 一期	合 9002 一期 合 9002 一期			合 13751 一期	
	家父盤 周中	子癸⿱蚰土觶 周早 師𩛥鼎 周中				
五十二病方 秦代	上博周易 戰國		雲夢日甲 戰國	雲夢效律 戰國	郭店忠信 戰國 上博詩論 戰國	郭店語四 戰國

第一編 古文字

古文字類編

它	蠈	蚄	蚳
合 672 一期 合 10060 一期 合 14353 一期 後上 28.6 二期 鐵 185.3 一期 合 10063 一期 合 14354 一期 合 32509 四期			
沈子它簋 周早 句它盤 周晚 白者君匜 春秋 㲋叔匜 春秋 王婦匜 周中 子仲匜 春秋 番仲[illegible]匜 春秋 器用銘作或匜			郾侯奪戎戈 戰國
包山 164 戰國 郭店忠信 戰國 三晋 126 戰國 雲夢雜抄 戰國 郭店老甲 戰國 中山玉器 戰國 三晋 126 戰國	天星觀簡 戰國 天星觀簡 戰國 魏石經作	郭店語一 戰國	

𧒒	禹	蛇
合 1403 一期 合 6352 一期 合 28206 三期 合 34712 四期 合 9615 一期 合 28009 三期 合 29908 三期 合 32863 四期		
亞𧒒爵 商代 亞𧒒爵 商代	禹方鼎 商代 叔向父禹簋 周晚 秦公簋 春秋 禹方鼎 商代 禹鼎 周晚	
	陶五 276 戰國 璽彙 0904 戰國 璽印集粹 戰國 長沙帛書 戰國 璽彙 5125 戰國 雲夢日甲 戰國	雲夢日甲 戰國 五十二病方 秦代
	古文	

第一編 古文字

蛛

合 17745 一期　合 17792 一期

合 17792 一期　林 2.17.22 一期　甲 261 一期　合 36417 五期

蛛鼎 周中　邾伯鬲 春秋　邾叔鐘 春秋　杞伯壺 春秋　邾詠鼎 春秋

邾大宰匿 春秋　魯伯愈父鬲 春秋　杞伯簋 春秋　邾友父鬲 春秋

或體

也

書也缶 戰國　平安君鼎 戰國

郭大夫釜甑 戰國

包山 204 戰國　郭店成之 戰國　郭店唐虞 戰國

包山 231 戰國　郭店尊德 戰國　雲夢日乙 戰國

萬

前 3.30.5	合 6477	合 8715	合 18397	佚 103
一期	一期	一期	一期	四期

後下 19.8	合 7938	合 10951	英 150
一期	一期	一期	一期

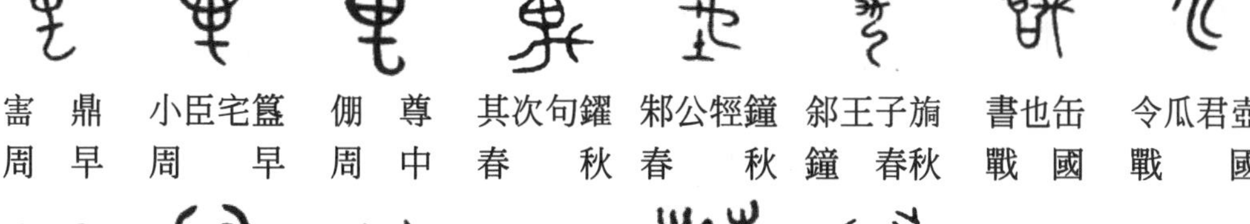

害鼎	小臣宅簋	倗尊	其次句鑃	邾公牼鐘	郘王子旃鐘	書也缶	令瓜君壺
周早	周早	周中	春秋	春秋	春秋	戰國	戰國

𠭯方彝	仲簋	王孫壽甗	交君匿	陳侯盤	南疆鉦	公子土斧壺
周早	周中	春秋	春秋	春秋	春秋	戰國

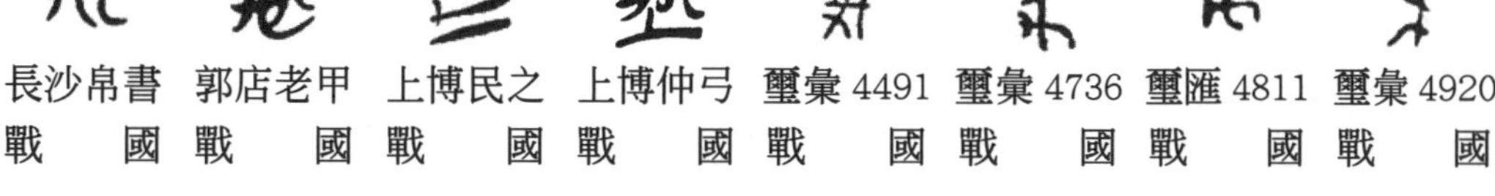

長沙帛書	郭店老甲	上博民之	上博仲弓	璽彙 4491	璽彙 4736	璽匯 4811	璽彙 4920
戰國	戰國	戰國	戰國	戰國	戰國	戰國	戰國

郭店性自	郭店太一	上博緇衣	璽彙 4471	璽彙 4493	璽彙 4799	璽彙 4815	璽彙 4484
戰國	戰國	戰國	戰國	戰國	戰國	戰國	戰國

衣	衮	裁	裷	袄	䘿	裀
粹 224 二期 甲 335 五期 甲 1348 三期 周甲 3 先周						
沈子它簋 周早 頌簋 周中 伯晨鼎 周中	吴方彝 周中 伯晨鼎 周中	師𠭰簋 周晚 從市				
陶三 503 戰國 信陽楚簡 戰國 陶五 141 戰國 包山 261 戰國	侯馬盟書 戰國		璽彙 2344 戰國	璽彙 3126 戰國 璽彙 3865 戰國	郭店窮達 戰國	信陽楚簡 戰國 信陽楚簡 戰國

袷	褻	表	裹	裩
同 襟				
㦰方鼎 周　中	毛公鼎 周　晚		吴方彝 周　中 毛公鼎 周　晚 彔伯㦰簋 周　中	
上博昭王 戰　國	上博容成 戰　國 上博相邦 戰　國	包山 262 戰　國 上博彭祖 戰　國 雲夢爲吏 戰　國 上博周易 戰　國	陶三 636 戰　國 信陽楚簡 戰　國 望山M2簡 戰　國 信陽楚簡 戰　國 信陽楚簡 戰　國 上博彭祖 戰　國	天星觀簡 戰　國
		古　文		

衽	襲	衺	褏	衿
	合 27959 一期			
	刻鼎 周中 刻簋 周中	師酉鼎 周中		
上博昭王 戰國 雲夢日甲 戰國	上博恒先 戰國 雲夢法律 戰國	青川牘 戰國 璽彙 3258 戰國 雲夢封診 戰國 璽彙 3308 戰國	雲夢封診 戰國 信陽楚簡 戰國 信陽楚簡 戰國 簡從文繇或聲	上博姑成 戰國 上博三德 戰國
	籀文		俗字	

褒	袑	褓	襮	褚	褢
			𢦏方鼎 周中	新城大令戈 戰國	
昚録 8.2 戰國；璽印集粹 戰國	璽印集粹 戰國；秦印彙編 秦代	上博昭王 戰國	曾侯墓簡 戰國 簡文從市		曾侯墓簡 戰國；璽彙 0448 戰國；璽彙 2954 戰國；璽彙 1061 戰國；璽彙 1295 戰國；十鐘印舉 戰國

褭	褔	襡	被
沈子它簋 周早 毛公鼎 周晚 牆盤 周中 褭鼎 春秋			杜虎符 戰國 新郪虎符 戰國
曾侯墓簡 戰國 陶典 0746 戰國 璽彙 1654 戰國	璽彙 3160 戰國	長沙帛書 戰國 天星觀簡 戰國 信陽楚簡 戰國 天星觀簡 戰國	包山 199 戰國 包山 214 戰國 璽彙 1350 戰國 包山 203 戰國 上博昭王 戰國 雲夢秦律 戰國

複	禕	袨	禔	袳	裔	褯	襌
	 合 28063 三期						
		 伯晨鼎 周中			 陳逆簋 戰國	𢦏簋 周中	
 雲夢日甲 戰國			 赫續 108 戰國	 璽彙 5534 戰國  秦印彙編 秦代	 十鐘印舉 戰國		 雲夢封診 戰國

第一編 古文字

襄 衲

散盤 周晚
穌甫人盤 春秋
襄城令矛 戰國
薛侯盤 春秋
鄂君舟節 戰國
趙武襄君鈹 戰國

陶九 032 戰國
長沙帛書 戰國
包山 103 戰國
璽彙 0195 戰國
璽彙 0449 戰國
璽彙 5294 戰國
三晋 100 戰國
曾侯墓簡 戰國

陶三 609 戰國
信陽楚簡 戰國
郭店成之 戰國
璽彙 0309 戰國
璽彙 1251 戰國
貨系 4050 戰國
雲夢日甲 戰國

袁	衷	裕	袪	[illegible]	衦
合 22274 一 期				後下 20.2 一 期 戩 4.7 四 期 甲 3510 一 期 前 2.2.1 五 期	
		䀜 壺 周 中 喜令戈 戰 國	喜令戈 戰 國 塚子戈 戰 國	𡔲方鼎 周 早 𡔲 盨 周 晚 𡔲肇家鬲 周 中	陽城令戈 戰 國
	秦印彙編 秦 代	郭店緇衣 戰 國			信陽楚簡 戰 國 璽彙 0493 戰 國 曾侯墓簡 戰 國

裘　卒　裖

裘	卒	裖
後下 8.8 一期；前 7.6.3 一期；合 10406 一期；合 2119 一期；後下 8.8 一期；合 685 一期；合 14349 一期；合 33953 四期		花東 496 一期
不壽簋 周早；次尊 周中；君夫簋 周中；佴叔簋 周中；九年衛鼎 周中；衛簋 周中；㬜鼎 周中；齊鎛 春秋；玉篇同求	外卒鐸 春秋	
曾侯墓簡 戰國；雲夢日乙 戰國；石鼓車工 戰國；郭店緇衣 戰國；璽彙 4048 戰國；曾侯墓簡 戰國；包山 063 戰國；上博從政 戰國	望山M2簡 戰國；郭店唐虞 戰國；仰天湖簡 戰國；雲夢日甲 戰國	
古文		

雜	袒	裪	褑	𧝓	裓	𧞤
雲夢秦律 戰國 雲夢秦律 戰國	郭店六德 戰國 上博三德 戰國	曾侯墓簡 戰國 曾侯墓簡 戰國	曾侯墓簡 戰國	曾侯墓簡 戰國 曾侯墓簡 戰國	上博姑成 戰國	曾侯墓簡 戰國 曾侯墓簡 戰國 曾侯墓簡 戰國 雲夢日乙 戰國

第一編 古文字

裂	[衤交]	補	褀	裏	[衤朮]	裛	裝
	甲 807 三期						
			祺父乙鼎 周早				
雲夢法律 戰國	璽彙 4000 戰國	四川蘆山 璽 戰國 雲夢秦律 戰國		雲夢封診 戰國	上博周易 戰國	信陽楚簡 戰國 曾侯墓簡 戰國	雲夢封診 戰國 簡糸 文莊 從聲

褐	衰	製	䙝	裙	褭
				公子裙壺 戰國	
官印 0007 戰國 雲夢秦律 戰國	郭店窮達 戰國 郭店六德 戰國 雲夢爲吏 戰國 郭店唐虞 戰國	雲夢日乙 戰國	上博性情 戰國 雲夢日乙 戰國		郭店緇衣 戰國 包山 072 戰國 十鐘印舉 戰國 包山 119 戰國
	古文				

㫃	旟	旆	旓	旖	旋
合 303 一期 合 27352 三期 前 5.5.7 三期					屯 650 三期
㫃乙簋 商代 休盤 周中 㫃爵 商代					五年師旋簋 周中 元年師旋簋 周中
	璽彙 3430 戰國	天星觀簡 戰國 曾侯墓簡 戰國 或從車 曾侯墓簡 戰國	曾侯墓簡 戰國	秦印彙編 秦代	

旗　　族

旗	族
	合 6814 一期　合 14915 一期　合 21289 一期　合 34136 四期 合 14913 一期　合 14922 一期　合 33017 四期　周甲 175 周早
	明公簋 周早　事族簋 周晚　不昜戈 春秋　陳喜壺 戰國 番生簋 周中　晉侯穌鐘 周晚　宋公差戈 春秋　曾侯乙鐘 戰國
陶五 111 戰國　陶九 095 戰國　璽彙 4570 戰國　天星觀簡 戰國 雲夢日乙 戰國　璽彙 0953 戰國　曾侯墓簡 戰國　璽彙 2816 戰國	陶九 061 戰國　郭店語三 戰國　璽彙 3412 戰國　秦印彙編 秦代 包山 181 戰國　郭店六德 戰國　雲夢爲吏 戰國　秦印彙編 秦代

旂　斿

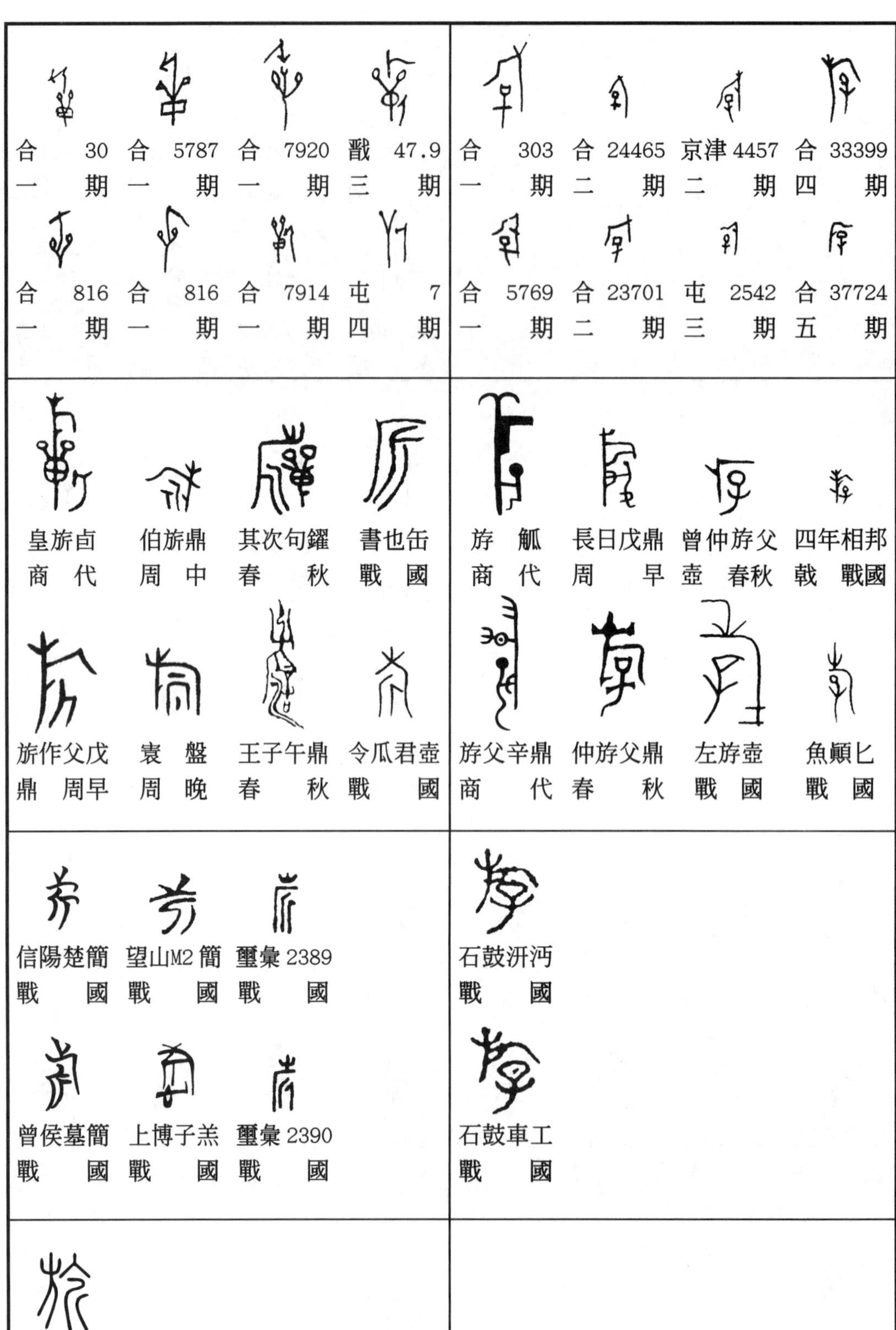

旂	斿
合 30 一期；合 5787 一期；合 7920 一期；戩 47.9 三期；合 816 一期；合 816 一期；合 7914 一期；屯 7 四期	合 303 一期；合 24465 二期；京津 4457 二期；合 33399 四期；合 5769 一期；合 23701 二期；屯 2542 三期；合 37724 五期
皇旂卣 商代；伯旂鼎 周中；其次句鑃 春秋；書也缶 戰國；旂作父戊鼎 周早；寰盤 周晚；王子午鼎 春秋；令瓜君壺 戰國	斿觚 商代；長日戊鼎 周早；曾仲斿父壺 春秋；四年相邦戟 戰國；斿父辛鼎 商代；仲斿父鼎 春秋；左斿壺 戰國；魚顛匕 戰國
信陽楚簡 戰國；望山M2簡 戰國；璽彙 2389 戰國；曾侯墓簡 戰國；上博子羔 戰國；璽彙 2390 戰國	石鼓汧沔 戰國；石鼓車工 戰國

旅

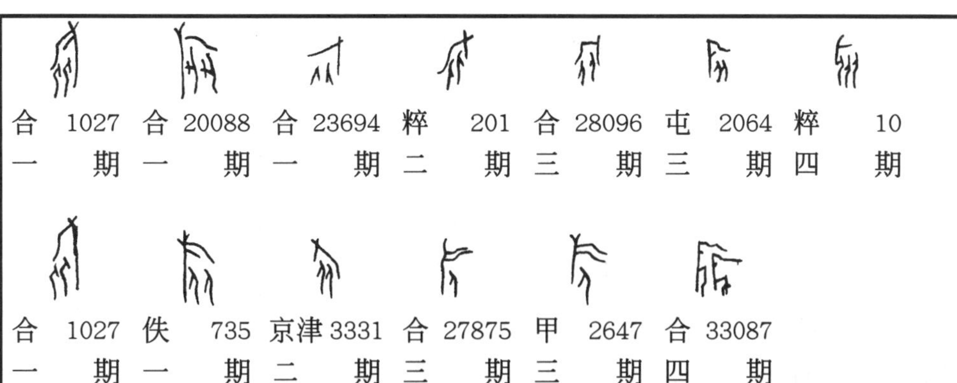

合 1027	合 20088	合 23694	粹 201	合 28096	屯 2064	粹 10
一期	一期	一期	二期	三期	三期	四期

合 1027	佚 735	京津 3331	合 27875	甲 2647	合 33087
一期	一期	二期	三期	三期	四期

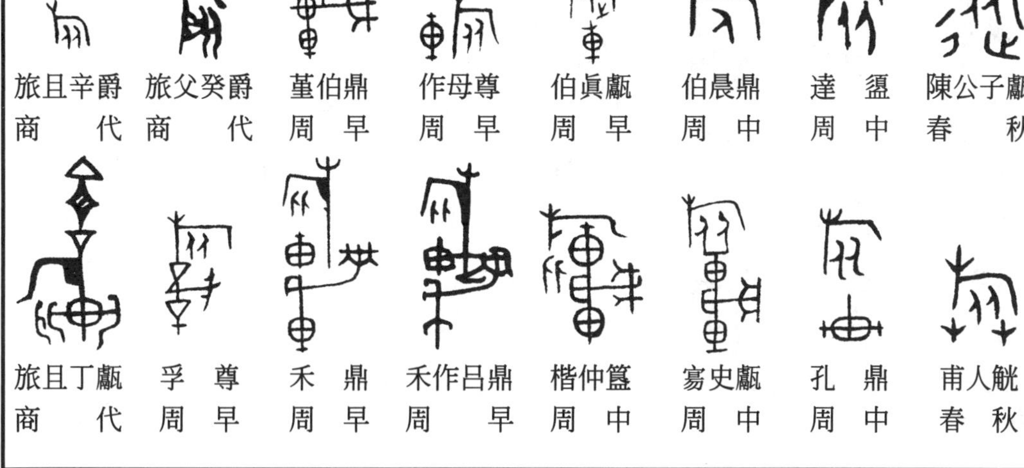

旅且辛爵	旅父癸爵	堇伯鼎	作母尊	伯貞甗	伯晨鼎	達盨	陳公子甗
商代	商代	周早	周早	周早	周中	周中	春秋

旅且丁甗	孚尊	禾鼎	禾作吕鼎	楷仲簋	寡史甗	孔鼎	甫人觥
商代	周早	周早	周早	周中	周中	周中	春秋

曾侯墓簡	包山 004	包山 047	安昌璽存	璽彙 2335
戰國	戰國	戰國	戰國	戰國

包山 004	包山 116	上博周易	雲夢法律	璽彙 3439
戰國	戰國	戰國	戰國	戰國

旋	旞
合 4385 一期；合 6465 一期；合 19875 一期；佚 697 一期；花東 295 一期；合 31003 三期 合 5230 一期；合 6855 一期；佚 543 一期；後下 35.5 一期；後下 26.2 三期；合 34076 四期	
婦旋觶 商代；旋鼎 商代；亞若癸戈 商代；麥盉 周早 亞若癸方彝 商代；婦旋鼎 商代；召卣 周早	
陶三 269 戰國 雲夢封診 戰國	雲夢爲吏 戰國；印風 182 秦代 雲夢雜抄 戰國

旂	旋	旆	施	旛	旟
利簋 周早 番生簋 周中	師遽簋 周中				王孫誥鐘 春秋 周旟戈 戰國 𠋫章鐘 戰國 𠋫章鎛 戰國
曾侯墓簡 戰國 曾侯墓簡 戰國	雲夢爲吏 戰國	石鼓田車 戰國	雲夢爲吏 戰國 雲夢爲吏 戰國	石鼓田車 戰國	曾侯墓簡 戰國 分域 944 戰國 天星觀簡 戰國
或體					

缶	匋	雝	䂀
粹 275 一期 前 3.33.4 二期			
小臣缶鼎 商代 蔡侯申缶 春秋 蔡侯朱缶 春秋	能匋尊 周早 麓伯簋 周晚 匏子鼎 春秋 啚父盉 周中 筍伯簋 周晚 匋令戈 戰國		
陶四 083 戰國 陶六 050 戰國 望山M2簡 戰國 陶五 370 戰國 信陽楚簡 戰國 包山 085 戰國	陶三 425 戰國 郭店忠信 戰國 璽彙 0091 戰國 陶三 065 戰國 上博容成 戰國 吉大 145 戰國	五十二病方 秦代	雲夢秦律 戰國

罍	缺	缶	鑐	𦉼
 合 31319 三期	 合 4822 一期  合 18531 一期			同甑
 且甲罍 商代  函皇父盤 周晚  邳伯罍 戰國  櫑仲簋 周早 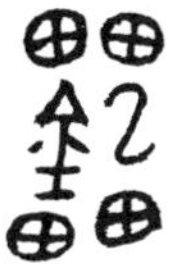 函皇父簋 周晚			 仲義父鑐 春秋 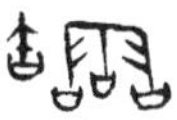 伯亞臣鑐 春秋  曾伯文鑐 春秋	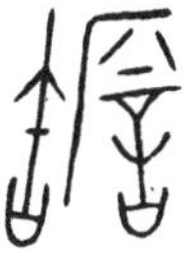 國差甑 春秋
	 足臂灸經 秦代	 雲夢日甲 戰國		
 或體 籀文				

臼	舂	𦥫	臽
	合 6026 一期 鄴3下43.6 三期		花東 165 一期 乙 8859 一期 珠 34 一期 續 2.16.4 一期 乙 8860 一期
	伯舂盉 周中	伯𦥫盤 春秋 集韵同舀	臽父戊觚 商代 㝬鐘 周晚
守丘刻石 戰國 包山 277 戰國 璽彙 3354 戰國 包山 272 戰國 仰天湖簡 戰國 雲夢日甲 戰國	陶五 205 戰國 雲夢法律 戰國		雲夢日乙 戰國 雲夢日乙 戰國

耒	方	耕
	 合 264 一期 佚 234 三期 前 2.5.1 五期  合 8644 一期 合 28011 三期 周甲 84 先周	
 耒父己觶 商代 耒 罍 周早 耒 罍 周早  耒父乙爵 商代 耒 卣 周早	 戍甬鼎 商代 不嬰簋 周晚 曾伯霥� 春秋  彔伯戜簋 周中 晉侯穌鐘 周晚 中山王鼎 戰國	
	 秦公石磬 春秋 郭店五行 戰國 璽彙 1577 戰國  陶四 048 戰國 郭店尊德 戰國 璽彙 3959 戰國	 郭店窮達 戰國 上博周易 戰國  郭店成之 戰國

耦	耤	米	粱	糲
	後上28.16 一期 合 9500 一期 前7.15.3 一期 合 8 一期 合 9512 一期 合 626 一期	鐵 72.3 一期 甲 903 四期 粹 228 四期		
	耤觶 商代 令鼎 周早 耤父己簋 商代 耤簋 商代 佴伯簋 周中	米宮卣 周早 米宮觚 周早	梁姬罐 周晚	
雲夢日甲 戰國	陶一 0048 商代 十鐘印舉 戰國 雲夢法律 戰國	信陽楚簡 戰國 雲夢秦律 戰國 包山 095 戰國 貨編 108 戰國		雲夢秦律 戰國 雲夢秦律 戰國

康	粱	糗
京津5052 五期；後上20.5 五期；今又作糠		
女康丁簋 商代；頌鼎 周中；秦公鎛 春秋；者沢鐘 戰國；康侯簋 周早；伊簋 周晚；齊陳曼臣 戰國；者沢鐘 戰國	奐父盨 周晚；𢿋仲父盤 春秋；伯公父臣 周晚；曾伯零臣 春秋	
秦公石磬 春秋；上博緇衣 戰國；璽彙2059 戰國；雲夢日甲 戰國；郭店成之 戰國；璽彙0887 戰國；璽彙2475 戰國	雲夢日甲 戰國；包山157 戰國；璽彙2373 戰國；簡文或從禾	信陽楚簡 戰國；十鐘印舉 戰國；包山256 戰國；雲夢日甲 戰國
或體		

粟	糴	粺	糬
 後上 18.2 五期			
 璽彙0287 戰國  璽彙3613 戰國  雲夢效律 戰國  璽彙 3100 戰國  璽彙 5549 戰國  璽彙 5550 戰國  雲夢雜抄 戰國	 包山 268 戰國  包山 276 戰國  包山牘 1 戰國  璽彙 0618 戰國	 雲夢秦律 戰國	 璽彙 1873 戰國

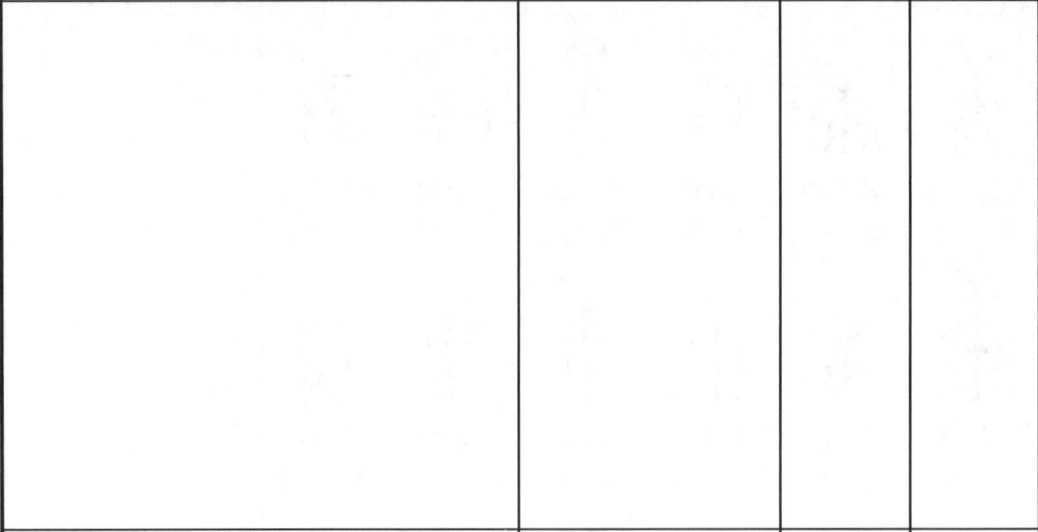

氣	粉	糆	糌	積	糧	糴	粲
			同餷			佚 745 三期 同籴從禾	
			鄂君車節 戰國				
秦玉牘 戰國	包山 259 戰國	璽彙 2578 戰國	包山 140 戰國	璽彙 0537 戰國 璽彙 1038 戰國	郭店成之 戰國 上博鮑叔 戰國		雲夢秦律 戰國

第一編 古文字

糕	粥	精	束
			 合 860 一期  合 22226 一期  乙 8723 一期  合 5127 一期  合 33203 一期
 伯公父匿 周晚  奂父盨 周晚			 束乙爵 商代  束戈 周早  鼂乎簋 周晚  束觶 周早  趞鼎 周中  雍令矛 戰國
	 璽彙 1880 戰國  璽彙 2525 戰國	 郭店老甲 戰國  璽彙 3337 戰國  雲夢爲吏 戰國  郭店緇衣 戰國  璽彙 5374 戰國  雲夢日甲 戰國	 陶三 993 戰國  郭店老甲 戰國  璽彙 5416 戰國  包山 167 戰國  郭店老甲 戰國  貨系 0126 戰國

棗	棘	网	罕	罪	罽	䍦
		合 10753 一期 乙 3947 一期 合 10759 一期 乙 5596 二期				甲 3113 一期
宜無戟 戰國 酸棗戈 戰國	憏子棘鼎 春秋	亞网爵 商代				
雲夢日甲 戰國	雲夢日甲 戰國 雲夢日甲 戰國	天星觀簡 戰國 璽彙 0336 戰國 上博容成 戰國 雲夢爲吏 戰國	集證 138 戰國	龍崗簡 秦代	璽印集粹 戰國 璽印集粹 戰國	
		或體				

罟	罝	罞	置	罘	[illegible]
	花東 401 一期 合 110 一期	合 10730 一期 合 10756 一期			花東 014 一期 合 4761 一期
石鼓乍原 戰國 璽彙 0708 戰國 璽彙 2826 戰國 守丘刻石 戰國 璽彙 4126 戰國	秦印彙編 秦代		雲夢日甲 戰國 雲夢日乙 戰國	陶三 1320 戰國	

羅	羅	畾	署	罷	罵	羈
 甲 3112 一期  乙 4502 一期  乙 5395 一期						
		 公朕右自鼎 戰國				 伺罠戈 戰國
	 璽彙 0456 戰國  璽彙 1768 戰國		 雲夢雜抄 戰國  秦印彙編 秦代	 雲夢法律 戰國	 侯馬盟書 戰國	 雲夢秦律 戰國  秦宗邑瓦 戰國

第一編 古文字

羅	罨	羃	覆
合 33078 四期 合 33081 四期			
羅兒匜 春秋 長沙銅量 戰國	畬卣 商代 靜方鼎 周早		中山王壺 戰國
仰天湖簡 戰國 包山 083 戰國 璽彙 2326 戰國 包山 026 戰國 包山 180 戰國 雲夢日乙 戰國		包山 140 戰國 包山 182 戰國 璽彙 3523 戰國 包山 159 戰國 玉印 27 戰國 分域 1273 戰國	雲夢封診 戰國

糸　系　䌛

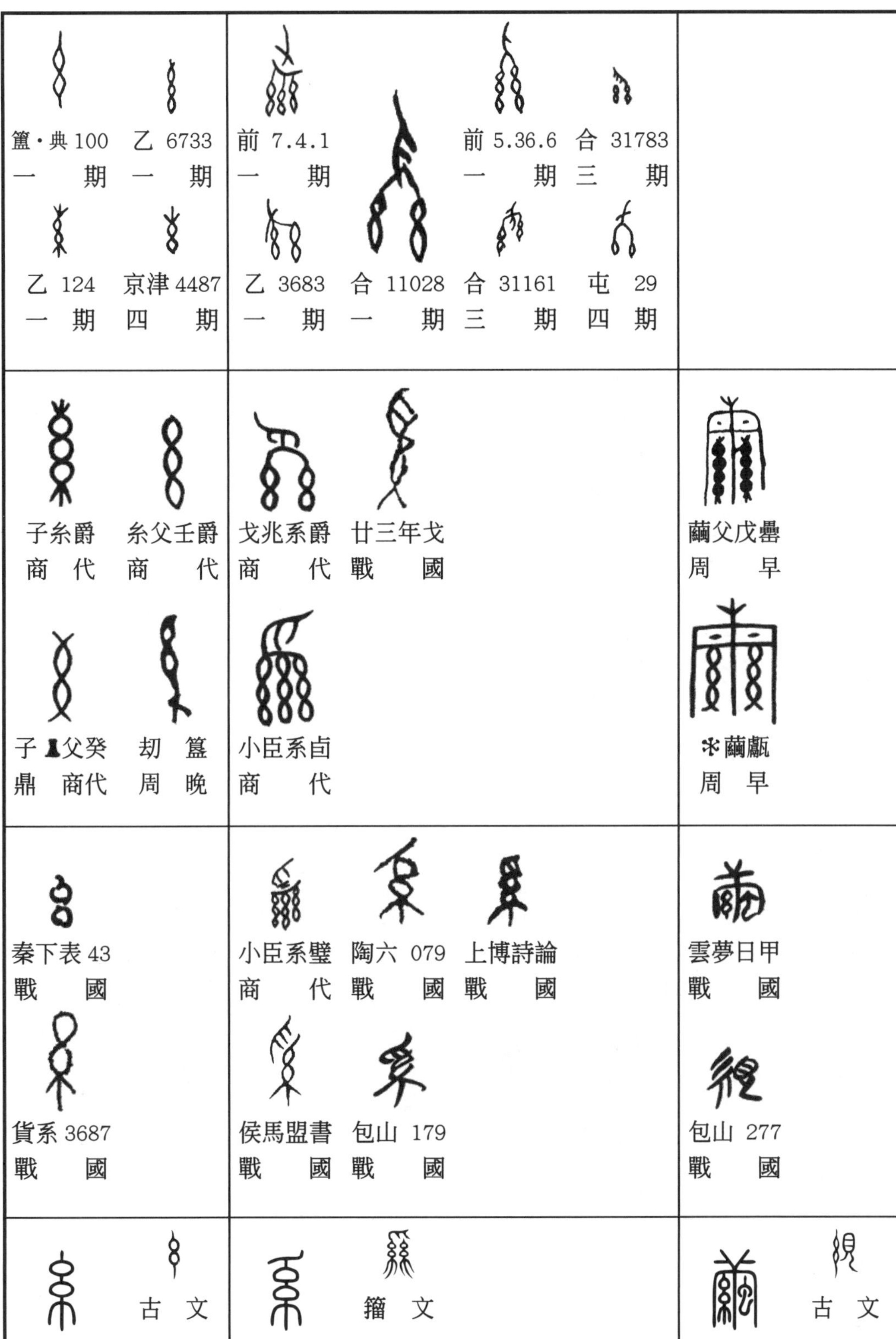

簠·典 100 一期　乙 6733 一期　乙 124 一期　京津 4487 四期
子糸爵 商代　糸父壬爵 商代　子▲父癸鼎 商代　㓞簋 周晚
秦下表 43 戰國　貨系 3687 戰國
古文

前 7.4.1 一期　合 11028 一期　前 5.36.6 一期　合 31783 三期　乙 3683 一期　合 31161 三期　屯 29 四期
戈兆系爵 商代　廿三年戈 戰國　小臣系卣 商代
小臣系璧 商代　陶六 079 戰國　上博詩論 戰國　侯馬盟書 戰國　包山 179 戰國
籀文

䌛父戊罍 周早　*䌛甗 周早
雲夢日甲 戰國　包山 277 戰國
古文

第一編　古文字

繇

彔伯簋
周中

㝬史鼎
周晚

師寰簋
周晚

逨盘
周晚

師克盨
周晚

散盤
周晚

陶三 077
戰國

曾侯墓簡
戰國

包山 180
戰國

郭店語一
戰國

郭店成之
戰國

雲夢法律
戰國

陶三 729
戰國

包山 146
戰國

郭店窮達
戰國

郭店語三
戰國

郭店尊德
戰國

雲夢秦律
戰國

𦁤

同佩

包山 115
戰國

璽彙 3230
戰國

包山 231
戰國

佩玉作𦁤玉
望山簡殘文

孫	䌙	絓
燕 732 一期 甲 2001 三期 後下 14.7 三期 京津 4768 三期	鐵 88.4 一期	
且甲罍 商代 格伯簋 周中 白者君鼎 春秋 晉人簋 春秋 東庫圓壺 戰國 楚王孫漁戈 戰國 耳尊 周早 兮仲鐘 周晚 王子午鼎 春秋 中山王壺 戰國 王孫名戟 戰國 楚王孫漁戈 戰國	師𩛥鼎 周中 金文從市	
陶三 296 戰國 包山 181 戰國 璽彙 1534 戰國 璽彙 1540 戰國 璽彙 1546 戰國 璽彙 3893 戰國 包山 031 戰國 璽彙 1516 戰國 璽彙 1539 戰國 璽彙 1541 戰國 璽彙 3890 戰國 璽彙 3900 戰國	仰天湖簡 戰國	曾侯墓簡 戰國 曾侯墓簡 戰國

綴	絀	絫	綿	緒	緓	緀	綾
							庚壺 春秋
陶三 147 戰國 璽彙 1460 戰國	長沙帛書 戰國 長沙帛書 戰國	十鐘印舉 戰國	信陽楚簡 戰國	陶三 923 戰國 包山 263 戰國	包山 100 戰國	上博周易 戰國	

繹	純	緄	繾
	陳純釜 戰國 中山王壺 戰國		
璽印集粹 戰國 侯馬盟書 戰國 侯馬盟書 戰國	信陽楚簡 戰國 仰天湖簡 戰國 包山牘 1 戰國 曾侯墓簡 戰國 仰天湖簡 戰國 仰天湖簡 戰國 包山 259 戰國 或從巿	信陽楚簡 戰國 包山 268 戰國	信陽楚簡 戰國

綃	繏			緦	紝		⿰糸堇
							英 1924 二 期
吉大 128 戰 國	曾侯墓簡 戰 國	望山M2簡 戰 國	包山 271 戰 國	曾侯墓簡 戰 國	舂録 13.1 戰 國	舂録 13.1 戰 國	仰天湖簡 戰 國
	曾侯墓簡 戰 國	天星觀簡 戰 國	包山牘 1 戰 國		璽彙 2610 戰 國	舂録 13.1 戰 國	包山 259 戰 國

紙	練	經	綨	約
		 虢季子白盤 周晚  齊陳曼固 戰國	 攸簋 周早	 約莫銅盒 戰國
 信陽楚簡 戰國	 陶三 786 戰國	 陶三 071 戰國  天星觀簡 戰國  郭店太一 戰國  雲夢爲吏 戰國  曾侯墓簡 戰國  包山 268 戰國  上博周易 戰國		

古文字類編

紤	緯	織
後下21.3 一期 花東 437 一期 乙 7012 一期 屯 4584 三期		
		鄂君舟節 戰國
雲夢秦律 戰國	包山 259 戰國 郭店六德 戰國 包山 263 戰國	曾侯墓簡 戰國 雲夢法律 戰國 璽彙 0768 戰國 古聲文韵四作 包山 157 戰國 秦封泥 秦代 璽彙 2457 戰國

紿	納	纇	綼	紀	纘
師紿銅泡 戰國					
璽彙 1998 戰國	信陽楚簡 戰國	璽彙 3331 戰國	包山牘 1 戰國	郭店老甲 戰國；上博子羔 戰國；璽彙 1264 戰國；上博印 32 戰國；上博彭祖 戰國	郭店殘簡 戰國；璽彙 2908 戰國

紡	緔	紊	絶	⿰糸厭	⿰糸禺
		 合 27456 三　期			
		 □紊戈 春　秋	 中山王壺 戰　國		
 望山M2 簡 戰　國  包山 268 戰　國	 天星觀簡 戰　國		 曾侯墓簡 戰　國  望山M2 簡 戰　國  雲夢封診 戰　國  望山M2 簡 戰　國  包山 249 戰　國	 包山 259 戰　國 ⿰糸厭今喪省冠糸從作糸厭	 璽彙 2601 戰　國
			  古　文		

續	紹	緦	細	縩
			 合 26801 二 期	
 吴王光鐘 春 秋	 畲忎盤 戰 國  平周戈 戰 國		 細父癸尊 周 早	
 雲夢秦律 戰 國  上博從政 戰 國  陶三 931 戰 國  陶三 1175 戰 國  璽彙 0262 戰 國	 沓録 13.1 戰 國  璽彙 2660 戰 國  璽彙 1188 戰 國  璽印集林 戰 國	 包山 268 戰 國  包山 275 戰 國		 上博周易 戰 國
  古 文				

縊		緣	繙	繯			繝
		同縫					
沈子它簋 周早				大梁戈 戰國			
包山 012 戰國	包山 135 戰國	信陽楚簡 戰國	包山牘 1 戰國	曾侯墓簡 戰國	上博容成 戰國	璽彙 2164 戰國	天星觀簡 戰國
包山 129 戰國	璽彙 5485 戰國	信陽楚簡 戰國		曾侯墓簡 戰國	璽彙 1288 戰國	璽彙 3180 戰國	
	或體						

紉	緆	繞	繒
望山M2簡 戰國 包山 271 戰國 上博容成 戰國 天星觀簡 戰國 包山牘 1 戰國 雲夢法律 戰國	包山 268 戰國	璽印集粹 戰國 陶三 579 戰國 陶三 581 戰國	陶九 090 戰國 十鐘印舉 戰國 陶九 091 戰國 雲夢封診 戰國
紉		繞	繒

級	縈	縱	縱	緣	紆	練
		亡縱節 戰國			坙圜形器 戰國	
郭店語四 戰國 雲夢爲吏 戰國	十鐘印舉 戰國		雲夢秦律 戰國	天星觀簡 戰國 天星觀簡 戰國	璽彙 2600 戰國	陶九 092 戰國 璽彙 3714 戰國 郭店五行 戰國

結 縛 繃

結	縛	繃
 陶三 111 戰國 天星觀簡 戰國 包山 276 戰國  仰天湖簡 戰國 包山牘 1 戰國	 郭店窮達 戰國  雲夢法律 戰國	 曾侯墓簡 戰國 天星觀簡 戰國 包山 219 戰國 包山 244 戰國  曾侯墓簡 戰國 天星觀簡 戰國 包山 231 戰國
 結	 縛	 繃

緷	終	綉	給	繚	緇
	菁 2.1 一期 英 1784 一期 合 20729 一期 合 36775 五期				
	亡終戈 商代 頌鼎 周中 臧孫鐘 春秋 井侯簋 周早 此鼎 周晚 曾侯乙鐘 戰國				
曾侯墓漆書 戰國	陶三 1149 戰國 郭店語一 戰國 郭店老乙 戰國 長沙帛書 戰國 雲夢日乙 戰國 郭店語四 戰國	仰天湖簡 戰國 包山 261 戰國	雲夢雜抄 戰國	陶五 080 戰國 璽印集粹 戰國	上博緇衣 戰國 簡糸文才從聲
	古文				

纏	總	縠	縞	絅	縵	綻	繡
十鐘印舉 戰國 雲夢秦律 戰國	雲夢秦律 戰國	包山 263 戰國	仰天湖簡 戰國 包山 269 戰國	仰天湖簡 戰國 包山 263 戰國	郭店性自 戰國 雲夢法律 戰國	仰天湖簡 戰國 郭店六德 戰國	包山 262 戰國 雲夢秦律 戰國
纏	總	縠	縞		縵		繡

古文字類編

繪	繩	⿰糹聶	繲	絹	⿰糹里
仰天湖簡 戰國	五十二病方 秦代	曾侯墓簡 戰國 簡文從市	上博周易 戰國 上博曹沫 戰國	信陽楚簡 戰國　望山M2簡 戰國　包山牘1 戰國 信陽楚簡 戰國　包山268 戰國	仰天湖簡 戰國 包山268 戰國

緑	縹	絑	繅
 河 800 二 期			
 信陽楚簡 戰國  仰天湖簡 戰國  上博詩論 戰國  望山M2簡 戰國  包山牘 1 戰國  天星觀簡 戰國	 雲夢日甲 戰國	 天星觀簡 戰國  包山牘 1 戰國  璽彙 1573 戰國  包山 170 戰國  璽彙 1568 戰國  璽彙 1574 戰國	 仰天湖簡 戰國

綰	緹	紈	紅	綒
牆盤 周中; 善夫山鼎 周晚; 弔孫父簋 春秋; 癲鐘 周中; 蔡姞簋 周晚				
璽彙1211 戰國; 璽彙3162 戰國; 雲夢秦律 戰國; 璽彙1379 戰國; 瀓秋35 戰國	信陽楚簡 戰國; 望山M2簡 戰國; 包山259 戰國; 或從色	包山270 戰國	信陽楚簡 戰國; 望山M2簡 戰國	包山259 戰國

紫	絨	緂	纗	⿰糹秋	⿰糹耑
				集韵同緧	
吴王光鐘 春秋					
信陽楚簡 戰國 曾侯墓簡 戰國 望山M2簡 戰國 曾侯墓簡 戰國 天星觀簡 戰國 包山牘 1 戰國	包山 270 戰國	信陽楚簡 戰國 望山M2簡 戰國	天星觀簡 戰國 天星觀簡 戰國	信陽楚簡 戰國	璽彙 1834 戰國

纓	繼	絧	紬
	合 2940 一期 合 14959 一期		
	拍敦蓋 春秋	師酉簋 周中	
陶三 283 戰國 信陽楚簡 戰國 包山 146 戰國 璽彙 1573 戰國 郭店老乙 戰國 陶三 1248 戰國 望山M2簡 戰國 包山 277 戰國 璽彙 5623 戰國 郭店老乙 戰國			包山 122 戰國 雲夢日乙 戰國
纓	繼	絧	紬

紻	緧	組	緎
	合 20665 一期		
		師寰簋 周晚 虢季子組簋 周晚	毛公鼎 周晚
信陽楚簡 戰國 天星觀簡 戰國 天星觀簡 戰國 包山 067 戰國	璽彙 2606 戰國	信陽楚簡 戰國 天星觀簡 戰國 包山 270 戰國 雲夢雜抄 戰國 曾侯墓簡 戰國 包山 259 戰國 新蔡楚簡 戰國 仰天湖簡 戰國	

紳

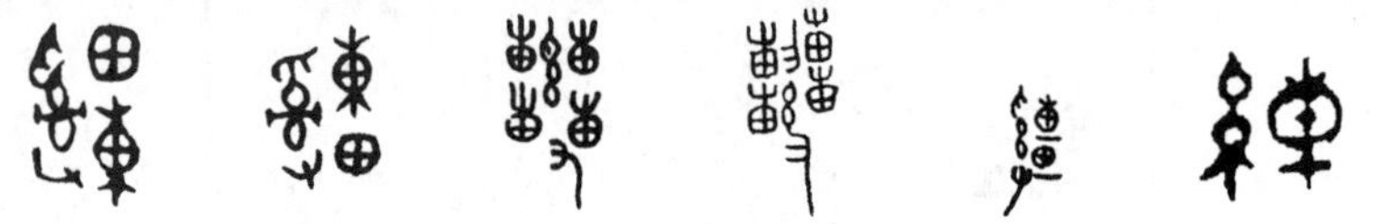

師㝨簋	番生簋	蔡侯申戈	蔡侯申鐘	叔姜匜	陳侯因齊
周　中	周　中	春　秋	春　秋	春　秋	敦　戰國

師㝨簋	伊　簋	蔡侯申戈	蔡侯申缶	蔡侯申匜
周　中	周　晚	春　秋	春　秋	春　秋

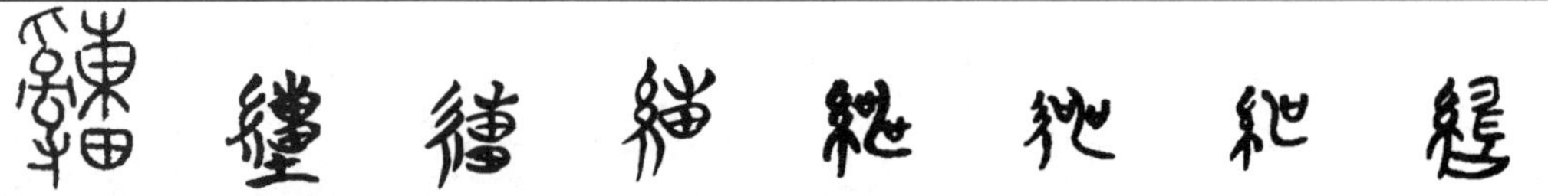

秦公石磬	天星觀簡	包山 150	包山 101	曾侯墓簡	天星觀簡	天星觀簡	仰天湖簡
春　秋	戰　國	戰　國	戰　國	戰　國	戰　國	戰　國	戰　國

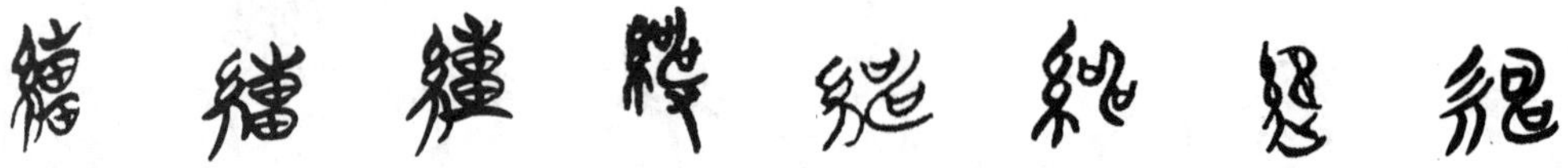

郭店緇衣	包山 093	包山 190	曾侯墓簡	望山M2 簡	天星觀簡	上博緇衣	包山 271
戰　國	戰　國	戰　國	戰　國	戰　國	戰　國	戰　國	戰　國

紟	絅	纕	纚
		纕安君壺 戰國	
信陽楚簡 戰國; 仰天湖簡 戰國; 包山 259 戰國; 望山M2簡 戰國; 包山 254 戰國; 包山 262 戰國	陶三 899 戰國; 陶三 900 戰國	郭店成之 戰國; 璽彙 3053 戰國; 幣編 244 戰國; 璽彙 2654 戰國; 璽彙 4132 戰國; 幣編 244 戰國	璽彙 1908 戰國
籀文			

第一編　古文字

綥	緒	紑	縈	⿰糸聿
	緒兒罍 春秋		申簋 周中 齊縈姬盤 春秋 縈陽上官皿 戰國 縈伯簋 周中 盛君縈匿 戰國	
雲夢封診 戰國 秦印彙編 秦代 雲夢爲吏 戰國		璽彙 2639 戰國	信陽楚簡 戰國 上博三德 戰國 璽彙 0927 戰國 上博内豊 戰國 璽彙 0926 戰國 吉大 26 戰國	郭店緇衣 戰國
或體				

綬	綸	緣	緥	絇	絎	紃
牆盤 西周中 大梁戈 戰國						
陶五 069 戰國	上博彭祖 戰國	雲夢封診 戰國	包山牘 1 戰國	望山M2簡 戰國	璽彙 4116 戰國	信陽楚簡 戰國 包山 271 戰國 望山M2簡 戰國

縷	纀	纆	纑	縟	繐
	玉篇同幞	 合 28171 三期 玉篇同纆			
				 番生簋 周中  毛公鼎 周晚	
 信陽楚簡 戰國  包山 259 戰國  天星觀簡 戰國  上博周易 戰國	 包山 270 戰國		 璽彙 3921 戰國  陶三 1049 戰國  陶三 1048 戰國		 望山M2簡 戰國

組	繕	絬	縪	緡
望山M2簡 戰國 仰天湖簡 戰國	雲夢秦律 戰國	陶三 1171 戰國	信陽楚簡 戰國 望山M2簡 戰國 天星觀簡 戰國 包山 268 戰國	郭店老丙 戰國 郭店六德 戰國 雲夢秦律 戰國 郭店緇衣 戰國 上博緇衣 戰國 緡或作緍

古文字類編

纍	紉	緋	綫	縢	䋲
				孟縢姬缶 春秋 庚壺 春秋	
秦印 戰編 850 秦封泥 秦代	𠭯録 13.1 戰國 天星觀簡 戰國	信陽楚簡 戰國 仰天湖簡 戰國	璽彙 0294 戰國	曾侯墓簡 戰國 璽彙 3827 戰國 包山牘 1 戰國	天星觀簡 戰國 包山 270 戰國 天星觀簡 戰國 包山 270 戰國

絇	絭	緐	䌞
		班簋 西周中 尹氏叔緐匜 春秋 與子共鼎蓋 春秋 者減鐘 春秋 庚兒鼎 春秋 緐陽之金劍 春秋 鄂君車節 戰國	
天星觀簡 戰國	陶五 007 戰國 包山 276 戰國 望山M2簡 戰國 十鐘印舉 戰國	包山 090 戰國 上博容成 戰國 陶四 036 戰國 包山 090 戰國 璽彙 3276 戰國	仰天湖簡 戰國 仰天湖簡 戰國

維	䌳	綊	繮	繫
	花東 081 一期 合 28156 三期			
虢季子白盤 周晚 吴王光鐘 春秋 襄城令戈 戰國 吴王光鐘 春秋 吴王光鐘 春秋 襄城令矛 戰國				
信陽楚簡 戰國 天星觀簡 戰國 曾侯墓簡 戰國 璽彙 0225 戰國		仰天湖簡 戰國	陶三 182 戰國 璽彙 1932 戰國 上博曹沫 戰國	上博周易 戰國

紛	紙	絜	絡	⿰糸余
				集韵同紓
天星觀簡 戰國 包山 260 戰國 天星觀簡 戰國 包山牘 1 戰國 包山 271 戰國 或從貧聲	雲夢日甲 戰國	雲夢封診 戰國	天星觀簡 戰國 雲夢雜抄 戰國	璽彙 0769 戰國 璽彙 2962 戰國 璽彙 2580 戰國 璽彙 3353 戰國

綌	緰	⿰糸鬼	經	⿰糸封	絜
		續 5.3.2 一期			
秦印 戰編 853	侯馬盟書 戰國 雲夢語書 戰國 侯馬盟書 戰國		郭店成之 戰國 衰經簡文寫作衰	雲夢秦律 戰國 曾侯墓簡 戰國 或從丰聲 陶三 161 戰國	雲夢語書 戰國

繆	緺	緶	緅	緔
陶三 113 戰國；雲夢效律 戰國；陶三 267 戰國	陶六 020 戰國；曾侯墓簡 戰國；曾侯墓簡 戰國；包山牘 1 戰國	信陽楚簡 戰國	信陽楚簡 戰國；天星觀簡 戰國；信陽楚簡 戰國；包山牘 1 戰國	長沙帛書 戰國；侯馬盟書 戰國

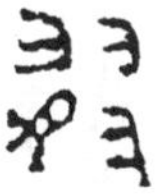

紩	絣	紁	絴	綏
	吳王光鐘 春秋			
天星觀簡 戰國 天星觀簡 戰國	郭店緇衣 戰國 上博緇衣 戰國	郭店殘簡 戰國 陶典 1111 戰國 璽彙 5558 戰國 郭店緇衣 戰國	璽彙 3498 戰國 璽彙 4074 戰國	包山 277 戰國 仰天湖簡 戰國 曾侯墓簡 戰國 璽彙 1414 戰國 包山 270 戰國 天星觀簡 戰國

彝

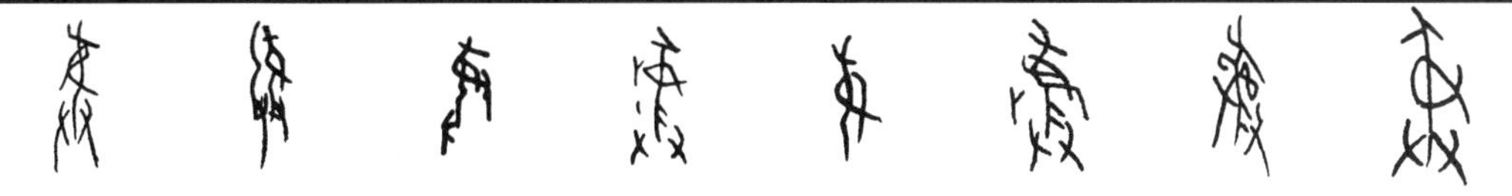

合 14294	合 18764	花東 037	甲 3932	合 32360	合 36512	合 38223	周甲 1
一期	一期	一期	二期	四期	五期	五期	先周
合 14295	合 21767	合 26008	篚.帝 47	合 36487	合 36747	前 5.1.3	
一期	一期	二期	三期	五期	五期	五期	

肄兄癸卣	子父戊觶	小臣宅簋	办壺	善夫克鼎	秦公簋	王子午鼎	酓章鎛
商代	商代	周早	周早	周晚	春秋	春秋	戰國
寍卣	作父丁尊	員尊	米宫觚	姬鼎	蔡侯申盤	禾簋	中山王鼎
商代	周早	周早	周早	春秋	春秋	春秋	戰國

萬印樓
戰國

彝

古文

緝	縫	絉	紘	絾	結
 花東 286 一期  合 32176 四期  合 32176 四期	同縫				
	 仰天湖簡 戰國  包山 268 戰國	 包山 275 戰國	 信陽楚簡 戰國	 九店楚簡 戰國	 信陽楚簡 戰國  璽彙 2607 戰國  包山 263 戰國  雲夢封診 戰國

絅	纒	絈	綩
花東 377 一期 掇 2.403 四期 粹 430 四期		同帞	
璽彙 4033 戰國 郭店性自 戰國 上博恒先 戰國 郭店唐虞 戰國 郭店老乙 戰國 上博子羔 戰國 郭店唐虞 戰國 郭店語三 戰國	包山 164 戰國	包山 263 戰國	上博問孔 戰國 璽彙 1040 戰國 璽彙 0495 戰國 璽彙 1614 戰國

絲	轡	⿰糹蜀
後下 8.7 一期 箐・天38 二期 通別 2.5 二期 燕 151 五期	京津 1568 一期 粹 1125 四期 合 27990 三期	
商尊 周早 獄簋 周中 守宮盤 周中	轡父癸簋 商代 公貿鼎 周中	
信陽楚簡 戰國 望山M2 簡 戰國 上博緇衣 戰國 雲夢封診 戰國 信陽楚簡 戰國 郭店緇衣 戰國 璽彙 2662 戰國	石鼓鑾車 戰國 天星觀簡 戰國 天星觀簡 戰國 望山M2 簡 戰國 天星觀簡 戰國	望山M2 簡 戰國 望山M2 簡 戰國

素	索	絔	絙	綽
	花東 286 一期 花東 125 一期 花東 003 一期 京津 2134 一期			
	輔師嫠簋 周中 師克盨 周晚 曾侯乙鐘 戰國			㾓鐘 周中 戎生鐘 周晚 善夫山鼎 周晚 蔡姞簋 周晚
天星觀簡 戰國 長沙帛書 戰國	陶典 0488 戰國 郭店緇衣 戰國 璽彙 3898 戰國 包山 151 戰國 上博緇衣 戰國 雲夢封診 戰國	仰天湖簡 戰國	天星觀簡 戰國 上博周易 戰國	璽彙 0496 戰國 璽彙 2920 戰國

緩	纏	紷
		 合 13751 一期 合 20332 一期 粹 251 三期 合 27888 三期 合 13902 一期 合 21470 一期 粹 261 三期 合 32919 四期
		 師覩鼎 周中 㝬簋 周晚 齊鎛 春秋 師克盨 周晚 秦公鎛 春秋
 陶三 1141 戰國 上博容成 戰國 雲夢爲吏 戰國 包山 076 戰國 上博仲弓 戰國	 天星觀簡 戰國 包山 272 戰國	 璽彙 0498 戰國 璽彙 3020 戰國

綐 緾 丝 絲

綐	緾	丝	絲
		粹 730 一期 佚 350 五期 粹 163 四期 周甲 51 先周	
			中山王鼎 戰國 郪陵君豆 戰國 胤嗣壺 戰國
陶徵 182 戰國 侯馬盟書 戰國 侯馬盟書 戰國 侯馬盟書 戰國	上博曹沫 戰國 璽彙 1847 戰國 天星觀簡 戰國 集韵或從緾臣	陶三 622 戰國 郭店唐虞 戰國 包山 067 戰國	郭店老甲 戰國 三晉 66 戰國

舟	舣	船	艒
合 2653 一期　合 7416 一期　前 7.21.3 一期　粹 1059 四期　合 5507 一期　英 611 一期　粹 901 四期　周甲 4 周早	合 11467 一期　合 11470 一期　合 11468 一期　合 20619 一期		柏 13 三期　集韻艒或從目
舟父丁卣 商代　洹秦簋 周中　史密簋 周晚　敄觶 周早　楚簋 周中　鄂君舟節 戰國	舣父乙卣 商代	南疆鉦 春秋	
石鼓霝雨 戰國　郭店成之 戰國　包山 157 戰國		雲夢日乙 戰國　秦封泥 秦代	

古文字類編

朕

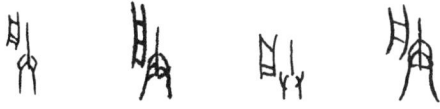

甲 3349	合 20975	合 39824	甲 2304
一期	一期	一期	四期

乙 8368	合 39823	粹 1244
一期	一期	三期

朕女觚	先獸鼎	五祀衛鼎	仲辛父鼎	秦公鎛	中山王壺	者沪鐘	者沪鐘
		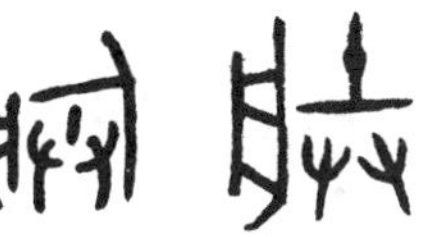					
商代	周中	周中	周晚	春秋	戰國	戰國	戰國

朕尊	窔鼎	盠駒尊	宰獸簋	吉日壬午劍	中山王鼎	者沪鐘
周早	周中	周中	周晚	春秋	戰國	戰國

長沙帛書	上博彭祖	錢幣 97.2
戰國	戰國	戰國

長沙帛書	上博彭祖
戰國	戰國

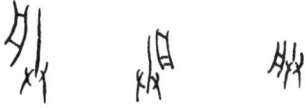

服	俞	船	舫
	合 4883 一期 合 18675 一期 合 10405 一期		
 井侯簋 周早  毛公鼎 周晚  吕服余盤 周中  秦公鎛 春秋	 亞艅曆鼎 商代  亞艅父乙卣 商代  豆閉簋 周中  魯伯大父簋 春秋  艅舌盤 商代  艅伯卣 周早  不嬰簋 周晚  喬君鉦 春秋		
 秦公石磬 春秋  雲夢秦律 戰國  雲夢爲吏 戰國	 郭店忠信 戰國  侯馬盟書 戰國  璽彙 3316 戰國  三晋 44 戰國  三晋 44 戰國	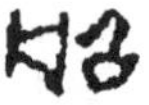 秦陶 1007 秦代	 石鼓霝雨 戰國

般 肆

般	肆
乙 962 一期；合 839 一期；甲 2306 三期；合 32862 四期；合 376 一期；合 2246 一期；甲 590 四期；前 1.15.4 五期	合 655 一期；合 11475 一期；合 655 一期；玉篇同津
般甗 商代；休盤 周中；齊侯盤 春秋；齊陳曼匿 戰國；吴盤 周早；元年師旋簋 周中；公子土斧壺 春秋；齊陳曼匿 戰國；曾侯乙鐘 戰國	肆父丙觶 商代；肆父丁爵 商代；親簋 周中；肆父己爵 商代；杞伯肆鼎 周早
仰天湖簡 戰國	

羽	䎖	習	翰	翯	翡
合 39868 一期 粹 1595 三期 粹 863 一期		粹 1550 三期			
叔羽父簋 周中 上白羽壺 戰國		應侯簋 周早			
望山M2簡 戰國 幣編 88 戰國 貨系 41 戰國 包山牘 1 戰國	曾侯墓簡 戰國	望山M1簡 戰國 璽彙 2181 戰國 郭店語三 戰國 璽彙 2425 戰國	石鼓吾水 戰國	上博姑成 戰國	望山M2簡 戰國 從肥聲

翟	翠	翏	翦
史喜鼎 周晚			
望山M2簡 戰國；珍秦 141 戰國；包山 114 戰國	信陽楚簡 戰國；包山 269 戰國；曾侯墓簡 戰國；望山M2簡 戰國；曾侯墓簡 戰國；或從鳥	信陽楚簡 戰國；璽彙 2228 戰國；望山M2簡 戰國	陶三 1371 戰國；璽印集粹 戰國

翏	⿱羽青	⿱羽能
 翏生盨 周晚　無叀鼎 周晚　翏金戈 春秋　玄翏戈 春秋　玄翏戈 春秋  此簋 周晚　玄翏夫鋁戈 春秋　玄翏戈 春秋　玄翏夫鋁戈 春秋　蔡𨱎戈 春秋		 鄂君車節 戰國
 包山 193 戰國　雲夢日乙 戰國  上博詩論 戰國	 包山牘 戰國  望山M2簡 戰國	 望山M1簡 戰國　包山 203 戰國  天星觀簡 戰國　郭店太一 戰國

翁 翎 弻 翥 翕 翿 翋 翌

翁	翎	弻	翥	翕	翿	翋	翌
		君子弻戟 春 秋					
璽印集粹 戰 國	璽彙 2839 戰 國		鐵雲印續 戰 國	璽印集粹 戰 國	信陽楚簡 戰 國	璽彙 0259 戰 國	包山 138 戰 國 包山 194 戰 國

翊	翼	⿱羽玉	⿱羽各	⿰羽辛	⿰車羽
 合 28459 三期  粹 121 五期  英 2316 三期	 合 3406 一期 集韵翊同翼				
 小盂鼎 周早	 秦公鎛 春秋  翼父辛觚 商代  中山王壺 戰國				
	 曾侯墓漆書 戰國  雲夢日甲 戰國  曾侯墓簡 戰國  雲夢日甲 戰國	 包山 187 戰國	 包山 269 戰國	 包山 277 戰國	 璽彙 1487 戰國

至　　臺

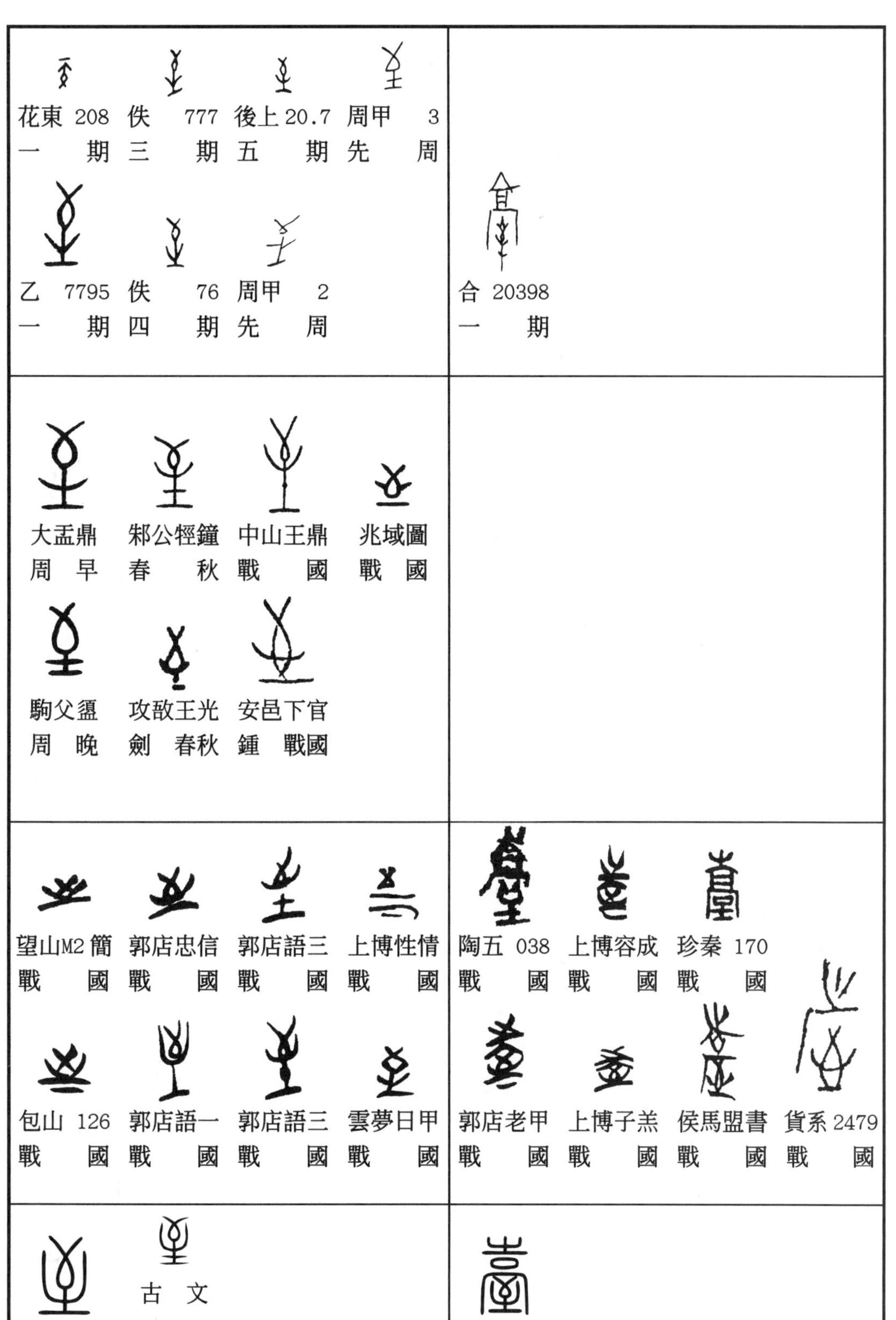
花東 208 一期
佚 777 三期
後上 20.7 五期
周甲 3 先周
乙 7795 一期
佚 76 四期
周甲 2 先周
合 20398 一期
大盂鼎 周早
郑公牼鐘 春秋
中山王鼎 戰國
兆域圖 戰國
駒父盨 周晚
攻敔王光劍 春秋
安邑下官鍾 戰國
望山M2簡 戰國
郭店忠信 戰國
郭店語三 戰國
上博性情 戰國
陶五 038 戰國
上博容成 戰國
珍秦 170 戰國
包山 126 戰國
郭店語一 戰國
郭店語三 戰國
雲夢日甲 戰國
郭店老甲 戰國
上博子羔 戰國
侯馬盟書 戰國
貨系 2479 戰國
古文

到	臸	西	覃
		合 6357 一期 前 7.37.1 一期 合 33209 四期 粹 907 五期 合 7082 一期 甲 740 三期 佚 200 四期	
	師湯父鼎 周中 御臸匜 戰國	戍甬鼎 商代 多友鼎 周晚 秦公簋 春秋 工敔王劍 春秋 幾父壺 周中 晉侯穌鐘 周晚 姑發劍 春秋 酓章鎛 戰國	共覃父乙簋 商代 覃父丁爵 周早
雲夢雜抄 戰國	郭店緇衣 戰國 璽彙 5370 戰國 上博緇衣 戰國 璽彙 5372 戰國	陶一 0114 商代 陶三 433 戰國 包山 191 戰國 幣編 72 戰國 石鼓吾水 戰國 範家坡簡 戰國 璽彙 0079 戰國 雲夢日乙 戰國	

竹	簧	竿	節	簜	箬
 合 108 一期；合 31884 三期；合 23805 二期 					
 孤竹罍 商代；胤嗣壺 戰國 	 㝬簋 周晚		 鄂君車節 戰國		
 婦好墓磬 商代；望山木烙印 戰國；包山 260 戰國；望山M2簡 戰國；貨系 0316 戰國     	 漆筒墨書 春秋 	 天星觀簡 戰國 		 璽印集粹 戰國 	 石鼓乍原 戰國 

筍	筍	笲	筅	竽	筈	簟
			後下 21.2 二期	後下 16.2 一期 佚 722 二期		
	筍侯匜 周中 筍伯盨 周晚 伯筍父盨 周中 鄭伯筍父甗 周晚			黝鎛 春秋 器銘從龠		番生簋 周中 毛公鼎 周晚
璽印集粹 戰國		包山 180 戰國		信陽楚簡 戰國 璽彙 0283 戰國	望山M2簡 戰國	秦印彙編 秦代

節	簫	筮	籍
 慜節 戰國  陳猷釜 戰國  鄂君舟節 戰國  中山王壺 戰國  子禾子釜 戰國  采者節 戰國	 齊鎛 春秋	 史懋壺 周中	
 陶三 691 戰國 郭店成之 戰國 上博曹沫 戰國 貨編 55 戰國 包山 152 戰國 上博性情 戰國 璽彙 3105 戰國 貨系 2551 戰國		 郭店緇衣 戰國 侯馬盟書 戰國 上博周易 戰國 雲夢日甲 戰國	 印典 戰國 雲夢效律 戰國

筡	筲	篁	篓	等	筐
 筡鼎 戰國  陽安君鈹 戰國	 郢太府量 戰國 器銘從少聲				
 璽彙 0757 戰國  璽彙 1975 戰國  璽彙 1080 戰國  璽彙 2267 戰國		 天星觀簡 戰國  包山 190 戰國	 陶三 929 戰國	 包山 009 戰國  郭店緇衣 戰國  包山 132 戰國  雲夢封診 戰國	 包山 070 戰國  上博彭祖 戰國

籥	簡	笵	符	筥			笄
莆反令戈 戰國	有司簡簋 周晚 中山王壺 戰國		新郪虎符 戰國	筥小子簋 春秋 筥平鐘 春秋	筥平鐘 春秋 筥侯簋 春秋	筥太史申鼎 春秋 庚壺 春秋	
雲夢法律 戰國	石鼓田車 戰國 雲夢爲吏 戰國	陶九 085 戰國 珍秦 127 戰國	雲夢日乙 戰國 秦印彙編 秦代	貨系 3789 戰國 貨系 3790 戰國	貨系 3793 戰國 貨系 3794 戰國	幣編 245 戰國 齊幣 301 戰國	天星觀簡 戰國 仰天湖簡 戰國

箄	⿱竹贛	箸	笿	簠
				 瘨簠 周中 厚氏簠 春秋 厚氏簠 春秋 陳逆簠 戰國
 望山M1簡 戰國	 包山256 戰國	 包山001 戰國 包山145 戰國 郭店六德 戰國 包山004 戰國 郭店性自 戰國	 包山223 戰國	 信陽楚簡 戰國 包山124 戰國 信陽楚簡 戰國
				  古文

笀	䇒	箽	笡	笴	䇧	筴	筧
 曾侯墓簡 戰國	 上博泊旱 戰國	 望山M2簡 戰國	 曾侯墓簡 戰國	 秦陶 330 秦代	 信陽楚簡 戰國	 信陽楚簡 戰國	 郭店六德 戰國

答	管	⿱竹魚	箞	筵	籓	筩
		同箸	讀作筦			
					上郡守戈 戰國	
上博仲弓 戰國 簡文不從竹	十鐘印舉 戰國	信陽楚簡 戰國	望山M2簡 戰國 包山 190 戰國	信陽楚簡 戰國 包山 262 戰國 簡文從㫖聲		包山 103 戰國

筳	筥	篡	策
			中山王壺 戰國
望山M2簡 戰國 包山 260 戰國	包山 241 戰國 郭店成之 戰國 郭店老甲 戰國 上博性情 戰國	雲夢封診 戰國	陶六 160 戰國 包山 260 戰國 仰天湖簡 戰國 天星觀簡 戰國 璽彙 2409 戰國 望山M2簡 戰國
或體			

箕　　簝

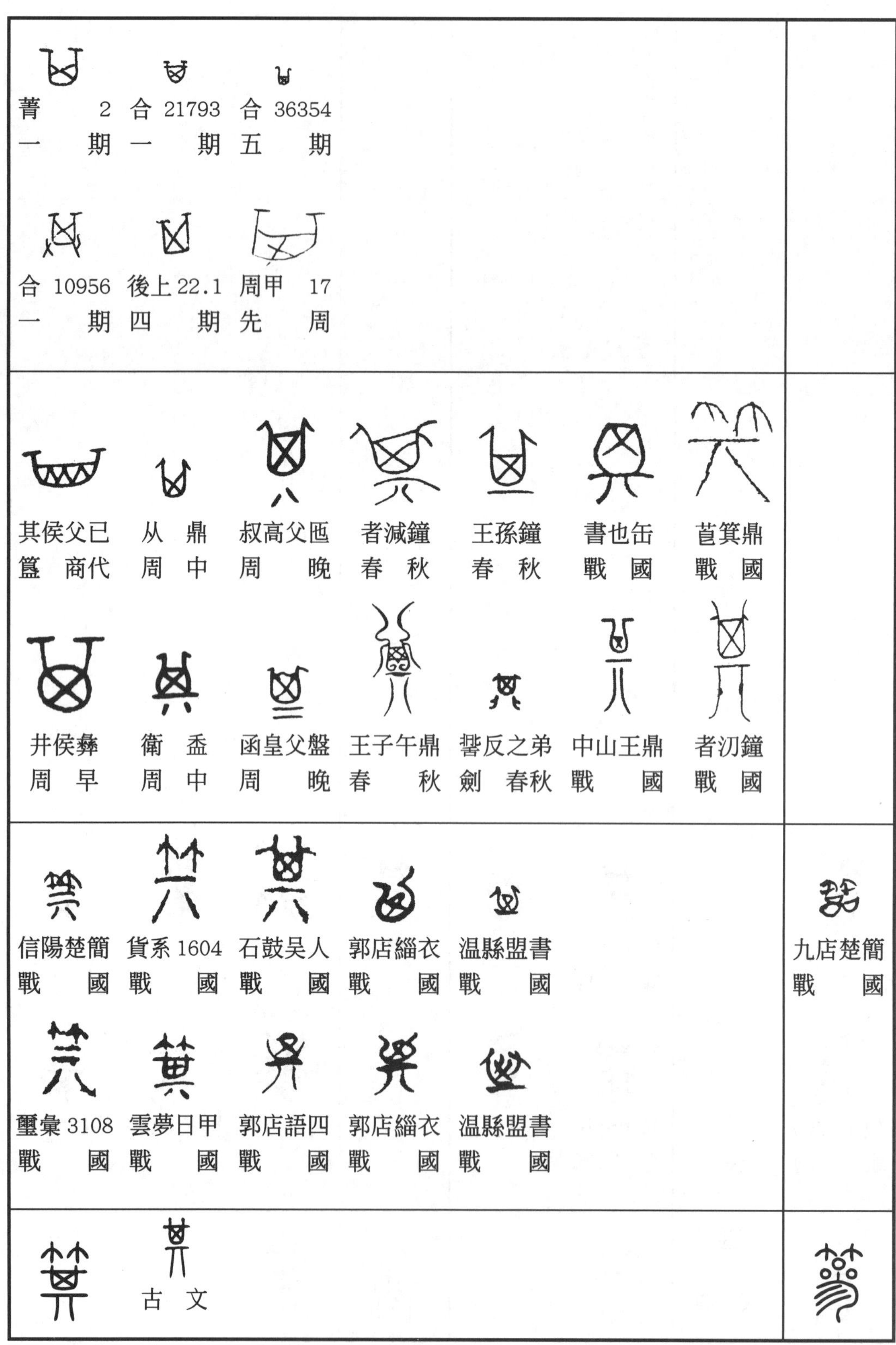

菁 2 一期　合 21793 一期　合 36354 五期

合 10956 一期　後上 22.1 四期　周甲 17 先周

其侯父已簋 商代　从鼎 周中　叔高父匜 周晚　者減鐘 春秋　王孫鐘 春秋　書也缶 戰國　莒箕鼎 戰國

井侯彝 周早　衛盉 周中　函皇父盤 周晚　王子午鼎 春秋　𧫸反之弟劍 春秋　中山王鼎 戰國　者汈鐘 戰國

信陽楚簡 戰國　貨系 1604 戰國　石鼓吴人 戰國　郭店緇衣 戰國　温縣盟書 戰國

九店楚簡 戰國

璽彙 3108 戰國　雲夢日甲 戰國　郭店語四 戰國　郭店緇衣 戰國　温縣盟書 戰國

古文

箴	⿱竹韋	箠	笙	籚	算	箇	筭
					 杕氏壺 戰 國		
 雲夢法律 戰 國	 天星觀簡 戰 國	 雲夢日甲 戰 國	 信陽楚簡 戰 國	 上博容成 戰 國	 新蔡楚簡 戰 國	 包山 120 戰 國	 雲夢日乙 戰 國

笞	箅	笑	簦
郭店窮達 戰國	信陽楚簡 戰國; 包山 256 戰國; 天星觀簡 戰國; 望山M2 簡 戰國; 信陽楚簡 戰國; 天星觀簡 戰國; 望山M2 簡 戰國	長沙帛書 戰國; 上博周易 戰國 簡寫文作笑芙; 郭店老乙 戰國	信陽楚簡 戰國

⿱⺮⿱丰口	箕	筑	第
	龍龕手鑑同箕		
曾侯乙鐘架　戰國 曾侯乙鐘架　戰國 曾侯乙鐘架　戰國 曾侯乙鐘架　戰國 曾侯乙鐘架　戰國 曾侯乙鐘架　戰國 曾侯乙鐘架　戰國 樂律名⿱⺮⿱丰口肄典籍作姑洗			
信陽楚簡　戰國 曾侯墓磬　戰國	仰天湖簡　戰國 信陽楚簡　戰國 包山 257　戰國 信陽楚簡　戰國	雲夢日乙　戰國	信陽楚簡　戰國

篚	篙	笭	笱	竺
 中山王壺 戰國	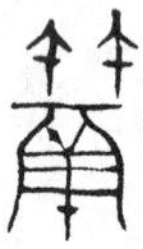 訇篙鐘 戰國	 訇簋 周早；征簋 周晚；笭觶 周早；笭戈 春秋   		
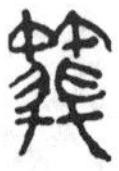 信陽楚簡 戰國			 仰天湖簡 戰國；雲夢日甲 戰國；十鐘印舉 戰國  	 仰天湖簡 戰國；侯馬盟書 戰國；郭店老甲 戰國  

𠂤　　　　　　　　　　𦣻　　　　　　　　　　師

𠂤	𦣻	師
鐵 207.2 一期　粹 191 三期　前 2.13.3 五期 合 4217 一期　屯 340 四期	後下 12.3 一期　乙 3317 一期　英 1948 二期 乙 2882 一期　合 4387 一期　粹 1219 四期	合 29376 三期　合 36804 五期 合 36756 五期　前 2.15.6 五期
小臣單觶 周早　公朱右自鼎 戰國 競卣 周中	小臣謎簋 周早 大保簋 周早	宰甫簋 商代　兮甲盤 周晚 乙亥鼎 周早
璽彙 3998 戰國 幣編 90 戰國		

第一編　古文字

身   肙

古身肙一字

合 822 一期　乙 3378 一期　乙 8504 一期　合 376 一期

合 10136 一期　合 17978 一期　周甲 61 先周　合 6477 一期

楷伯簋 周早　邾公華鐘 春秋　公子土斧壺 戰國　伯肙簋 周早

班簋 周中　徐王義楚鍴 春秋　中山王鼎 戰國　叔𧽊父卣 周早

侯馬盟書 戰國　包山 21 戰國　包山 227 戰國　郭店六德 戰國　璽彙 0885 戰國　璽彙 2700 戰國　璽彙 3027 戰國　侯馬盟書 戰國

望山M1簡 戰國　包山 213 戰國　包山 228 戰國　雲夢爲吏 戰國　璽彙 2336 戰國　璽彙 2705 戰國　璽彙 4661 戰國　璽彙 3309 戰國

躳	百	脜	面
	合 13614 一期		花東 113 一期 花東 53 一期
邾黝尹鼎 春秋 建信君鈹 戰國 邾黝尹鼎 春秋			
侯馬盟書 戰國 包山 226 戰國 璽彙 2681 戰國 璽彙 5192 戰國 望山M1 簡 戰國 新蔡楚簡 戰國 璽彙 2683 戰國 璽彙 5195 戰國	天星觀簡 戰國 曾侯墓簡 戰國	九店楚簡 戰國	郭店唐虞 戰國 上博容成 戰國 郭店尊德 戰國 雲夢法律 戰國
或體			

辛	言	談	謂	諒
	合 21631 一期 拾 8.1 一期 乙 766 四期 甲 499 一期 京津 3561 二期			
辛鼎 商代	伯矩鼎 周早 中山王鼎 戰國			
孴録 3.2 戰國	包山 126 戰國 郭店忠信 戰國 璽彙 3343 戰國 包山 157 戰國 璽彙 3076 戰國 璽彙 4285 戰國	陶三 198 戰國 璽彙 1418 戰國 郭店語四 戰國 十鐘印舉 戰國	石鼓吾水 戰國 雲夢語書 戰國	雲夢封診 戰國

語	誖	護	許
	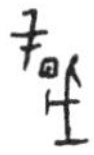 合 24425 二期 佚 680 二期 合 24426 二期 河 708 二期		
 余義鐘 春秋  中山王鼎 戰國	 誖父辛鼎 商代 盅子誖鼎 蓋 春秋 旅仲簋 周晚		 五祀衛鼎 周中  毛公鼎 周晚  中山王鼎 戰國  吕鼎 周中  琱生簋 周晚  二年戈 戰國
 郭店五行 戰國 璽彙 2774 戰國 郭店成之 戰國 璽彙 3193 戰國		 陶典 0201 戰國	 上博恒先 戰國 十鐘印舉 戰國 璽彙 1546 戰國
	  籀文		

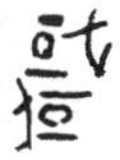

第一編 古文字

請	誣	謁	讎	辯	諸
中山王壺 戰國	史叀鼎 周晚		讎尊 周早 瓚比盨 周晚 文父卣 周中		
信陽楚簡 戰國 包山 180 戰國		守丘刻石 戰國 雲夢日乙 戰國 集證 134 戰國 雲夢秦律 戰國	陶三 301 戰國 十鐘印舉 戰國 雲夢秦律 戰國 郭店尊德 戰國	郭店五行 戰國 雲夢爲吏 戰國	陶五 389 秦代

晛 詩 畜 誨

晛	詩	畜	誨
		九年衛鼎 周中 令瓜君壺 戰國 畜簋 周中	牆盤 周中 𨿽叔簋 周中 王孫誥甬鐘 春秋 𨿽叔簋 周中 不嬰簋 周晚 王孫鐘 春秋
璽彙 1798 戰國	郭店語一 戰國 上博曹沫 戰國 上博詩論 戰國	郭店語三 戰國	

訓	詥	諭	詻
中山王壺 戰國			𦉢銅壺 戰國
長沙帛書 戰國 包山 210 戰國 天星觀簡 戰國 郭店緇衣 戰國 璽彙 3570 戰國 包山 179 戰國 包山 217 戰國 郭店尊德 戰國 璽彙 3130 戰國	上博競建 戰國	璽彙 2123 戰國	

謀	⿰言尚	訪	訛
	字匯補同讜		
中山王鼎 戰國 七年侖氏戈 戰國			
陶四 071 戰國 包山 157 戰國 郭店六德 戰國 郭店語二 戰國 郭店語四 戰國 雲夢法律 戰國 包山 157 戰國 郭店緇衣 戰國 郭店語三 戰國 天星觀簡 戰國	曾侯墓漆書 戰國	郭店五行 戰國	上博昭王 戰國
古文			

論	議	識	訊	誠
			合 36389 五　期	
	行議戈 戰　國		五祀衛鼎 周　中 師同鼎 周　中 晋侯穌鐘 周　晚 不嬰簋 周　晚 㺇　簋 周　中 虢季子白盤 周晚 晋侯穌鐘 周　晚	相邦疾戈 戰　國
雲夢效律 戰　國	雲夢秦律 戰　國	璽彙 0338 戰　國 雲夢秦律 戰　國	雲夢封診 戰　國	故宫 477 戰　國
論	議	識	訊	誠

信

花東 062
一期

梁上官鼎 戰國　信安君鼎 戰國

中山王鼎 戰國

包山 121 戰國　璽彙 0282 戰國　璽彙 0650 戰國　璽彙 4574 戰國　璽彙 5508 戰國　璽彙 5287 戰國　璽彙 3129 戰國　璽彙 5537 戰國

郭店忠信 戰國　璽彙 0323 戰國　璽彙 3701 戰國　璽彙 5283 戰國　幣編 142 戰國　璽彙 5427 戰國　璽彙 3125 戰國

信　古文

詾	誙	謞	訨	譸	諻
					 郘王子旃鐘 春秋  𩁹鐘 春秋  邵王簋 春秋  邵王鼎 春秋
 上博從政 戰國	 璽彙 2530 戰國  璽彙 2531 戰國	 雲夢日乙 戰國	 包山 007 戰國	 秦印彙編 秦代	 包山 060 戰國
  或體					

謹	諶	記	諱	誥
	 諶鼎 周中	 齊鎛 春秋	 屓敖簋 周晚  蔡侯申盤 春秋	 何尊 周早  王孫誥甬鐘 春秋  王孫誥鐘 春秋
 陶三 953 戰國  璽彙 1280 戰國  璽彙 2667 戰國  璽彙 0983 戰國  璽彙 2006 戰國  雲夢秦律 戰國			 侯馬盟書 戰國	 包山 133 戰國  郭店緇衣 戰國 汗簡作 

詔	誓	詁	詞	諫
詔爵 周早 詔使矛 戰國 吕不韋戈 戰國	散盤 周晚 番生簋 周中 𤅊攸比鼎 周晚			大盂鼎 周早 克鼎 周晚
	信陽楚簡 戰國 郭店緇衣 戰國 郭店老甲 戰國 郭店語四 戰國	璽彙 0824 戰國 璽彙 2809 戰國	郭店語一 戰國 郭店緇衣 戰國 郭店成之 戰國	璽彙 0820 戰國

諫	諫	諝	諴	課	試
番生簋 周 中 曾孟孄諫盆 春秋 諫 簋 周 晚			蛣公匝 周 晚		
上博内豊 戰 國	璽彙 3416 戰 國 璽彙 5284 戰 國 璽彙 3546 戰 國	璽彙 0008 戰 國		雲夢雜抄 戰 國	雲夢效律 戰 國

䚻	訢	⿰言𠂢	詑	説
同謠	屯 656 三期 屯 4544 三期			
	蔡侯申盤 春秋 胤嗣壺 戰國			
郭店性自 戰國 簡文歌謠	陶三 850 戰國 陶四 088 戰國 璽彙 2117 戰國 陶四 087 戰國 郭店五行 戰國 璽彙 3867 戰國	上博周易 戰國	雲夢封診 戰國	郭店成之 戰國 雲夢日甲 戰國 十鐘印舉 戰國

計	話	誘	諈	謐	詋	詡	詷
					或父己觚 商代		
上博緇衣 戰國 璽彙 2534 戰國	郭店緇衣 戰國	陝西鳳翔陶 戰國	雲夢日甲 戰國	天星觀簡 戰國 簡文從必聲	璽彙 2861 戰國	秦陶 348 戰國 珍秦 160 戰國	上博曹沫 戰國 雲夢日甲 戰國

誧	𧦝	諰	記	訋	譽		謝
			上都府匠 春　秋				
雲夢法律 戰　國	天星觀簡 戰　國	秦印彙編 秦　代	陶三 448 戰　國	上博昭王 戰　國	郭店老丙 戰　國 上博周易 戰　國	雲夢法律 戰　國	分域 2877 戰　國 璽印集粹 戰　國

詍	諺	詣	詒	譊	訧	𬣙
						合 4552 一期
獄簋 周中	羍諺鎗 春秋		中山王鼎 戰國		者汈鐘 戰國 者汈鐘 戰國	
	曾侯墓磬 戰國 曾侯墓磬 戰國	包山 156 戰國 雲夢封診 戰國	璽彙 3416 戰國	陶三 805 戰國 璽彙 0821 戰國 續齊魯 戰國 璽彙 1704 戰國		

講	譃	諧	詠	誣	誙	謗
			合 27878 三期 屯 699 三期			
		蔡侯申盤 春秋	咏尊 周早			
吉大 136 戰國	雲夢日甲 戰國			雲夢法律 戰國	雲夢語書 戰國	雲夢爲吏 戰國
			或體			

譌	詛	䜌	訛	註	誤
		周甲 153 周 早			
		無叀鼎 周晚 秦公簋 春秋 䜌左庫戈 戰國 中伯壺 周晚 宋公䜌戈 春秋 書也缶 戰國	中山王壺 戰國		
郭店忠信 戰國	侯馬盟書 戰國 雲夢法律 戰國	秦公石磬 春秋 璽彙 2539 戰國 璽彙 2535 戰國 包山 105 戰國 璽彙 2540 戰國	郭店語四 戰國	陶三 116 戰國	十鐘印舉 戰國 雲夢法律 戰國

詯	訾	訇	讙	讘	⿰言奇
					配兒句鑃 春秋
璽彙 2801 戰國 天星觀簡 戰國 玉篇或從面	陶三 1180 戰國 上博問孔 戰國 陶三 1033 戰國 雲夢秦律 戰國	郭店唐虞 戰國	包山 189 戰國	璽彙 0545 戰國	

訬	諅	諆	誁	諎	訏
	子諅盆 春秋	萬諆尊 周早 王孫壽甗 春秋 郗王子旃鐘 春秋 索諆爵 周中 王子午鼎 春秋 王孫鐘 春秋		二年寧鼎 戰國	杕氏壺 春秋
璽彙 0515 戰國		天星觀簡 戰國 上博三德 戰國	侯馬盟書 戰國	秦印彙編 秦代	郭店尊德 戰國 雲夢語書 戰國

詐	諾	讋	誼	訟	訶
 蔡侯申盤 春秋  曾侯乙鼎 戰國  中山王鼎 戰國  曾侯乙勺 戰國		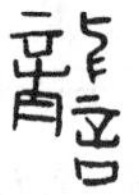 寺工讋戈 戰國  相邦呂戈 戰國		 揚簋 周中  𨽁簋 周晚	 王孫鐘 春秋  郘子受鐘 春秋  余義鐘 春秋  朝訶右庫戈 戰國
	 上博泊旱 戰國	 璽印集粹 戰國	 信陽楚簡 戰國  包山 131 戰國	 包山 080 戰國	 郭店窮達 戰國  璽彙 2741 戰國

訐	託	譴	諯	諥	譙	𧦝	誶
	蔡侯申盤 春　　秋			命父諥簋 周　　晚	三年付余令戈戰國	鄦　鐘 春　秋	寡子卣 周　中 器從 銘衣
璽彙 2532 戰　　國 上博周易 戰　　國		雲夢日乙 戰　　國 雲夢日乙 戰　　國	璽彙 3276 戰　　國		璽彙 1419 戰　　國		雲夢效律 戰　　國

讓		誘	譿	詰	詘	讂	誎
					高奴權 戰國		牆　盤 周　中
陶九 084 戰國 雲夢爲吏 戰國	璽彙 2781 戰國 璽彙 0514 戰國	雲夢秦律 戰國	上博曹沫 戰國	上博鮑叔 戰國 雲夢封診 戰國	郭店老乙 戰國	雲夢封診 戰國	

⿰言望		詆	誰	⿰言差	診	謱	訧
師覩鼎 周中 師望鼎 周中	伯作望子簋 周晚 卌二年逨鼎 周晚	中山王壺 戰國	大鼎 周中 大鼎 周中	鄧公簋 周晚		中山王鼎 戰國 鼎銘讀作數	郲訧鼎 春秋
			雲夢編年 戰國		雲夢封診 戰國 雲夢封診 戰國		陶四 131 戰國

諓	讌	謌	討	詬		譯	諜
		掇 2.132 四 期					
孟諓父壺 周 中	讌季獻盨 周 晚 叔讌父簋 周 晚		單䛩討戈 戰 國				
		璽彙 2155 戰 國		郭店五行 戰 國 新蔡楚簡 戰 國	雲夢日甲 戰 國	郭店成之 戰 國	㵐秋 26 戰 國 雲夢封診 戰 國
					或 體		

詢	詎	誇	讕	⿰言八	⿰言攴	訞	⿰言欠
後下 12.2 一期		戩 26.3 三期					
詢簋 周晚			大盂鼎 周早		者汈鐘 戰國		
上博詩論 戰國 雲夢語書 戰國	璽彙 5282 戰國	古聲文韵四作		雲夢語書 戰國		璽彙 2973 戰國	郭店性自 戰國

詁	詨			諹	詓	諀	䛩
				 郘王子旃鐘 春秋			
 郭店老甲 戰國	 集證 180 戰國 侯馬盟書 戰國	 上博采風 戰國 上博采風 戰國	 侯馬盟書 戰國 或從音	 上博容成 戰國 璽彙 5548 戰國	 上博容成 戰國	 上博詩論 戰國	 上博從政 戰國

善　譱

譱	善
鬲羌鐘 戰國 鐘銘增宀	卯簋 周中　此簋 周晚　毛公鼎 周晚　䍙諺鎗 春秋 善夫克鼎 周晚　此簋 周晚　克盨 周晚
	陶三 412 戰國　包山 145 戰國　郭店語一 戰國　璽彙 3088 戰國　璽彙 4494 戰國　璽彙 5581 戰國　璽彙 5387 戰國 陶四 104 戰國　望山M1簡 戰國　郭店忠信 戰國　璽彙 3379 戰國　璽彙 4548 戰國　璽彙 5354 戰國
譱	譱　或體

臼	興	晨
	甲 2124 一期；花東 028 一期；屯 641 三期；甲 1479 四期；屯 3752 四期	前 4.10.3 一期
	乙 5159 一期；合 31066 三期；甲 2356 三期；合 34428 四期	合 9477 一期
臼作衠觶 商代	興壺 商代；父辛爵 周早；鬲叔盨 周晚；之利殘器 春秋	伯晨鼎 周中；中山王壺 戰國
	興壺 商代；興鼎 周中；多友鼎 周晚；新郪虎符 戰國	都公鼎 春秋
	陶三 888 戰國；包山 159 戰國；郭店唐虞 戰國；上博從政 戰國；璽彙 3586 戰國	長沙帛書 戰國
	陶三 886 戰國；郭店唐虞 戰國；郭店窮達 戰國；璽彙 3290 戰國；温縣盟書 戰國	郭店五行 戰國

與

齊鎛 春秋

司馬成公權 戰國

喬君鉦 春秋

中山王鼎 戰國

陶三 816 戰國

曾侯墓簡 戰國

包山 038 戰國

包山 140 戰國

郭店老甲 戰國

郭店語三 戰國

璽彙 3997 戰國

貨系 2840 戰國

信陽楚簡 戰國

望山M2簡 戰國

包山 126 戰國

包山 141 戰國

郭店老甲 戰國

上博仲弓 戰國

温縣盟書 戰國

要	農	與
	佚 855 一期；乙 5329 一期；合 9495 一期；乙 282 一期；合 9477 一期；後上 7.11 二期	合 18004 一期；甲 806 一期
	令鼎 周早；農卣 周早；牆盤 周中；㳅其鐘 周晚；田農簋 周早；史農觶 周早；農簋 周早；散盤 周晚	聿與鼎 周早；傳與尊 周中；師與鐘 周中；格氏令戈 戰國
雲夢日甲 戰國	陶三 1234 戰國；雲夢秦律 戰國	璽彙 1733 戰國；河北臨城陶 戰國；雲夢日甲 戰國
	籀文；古文	

足	疋	跛	踔
甲 1640 五 期	足或 疋混 同用 源不 字別 合 191 一 期 合 4585 一 期 合 19956 一 期 合 4584 一 期 合 6976 一 期 花東 329 一 期		
長陵盉 戰 國 敚令長戈 戰 國	疋未鼎 商 代 疋父癸鼎 周 早 師兌簋 周 晚 亞疋簋 商 代 免 簋 周 中 疋鄙戈 戰 國		
望山M1簡 戰 國 包山 129 戰 國 貨文 33 戰 國 望山M1簡 戰 國 包山 155 戰 國 郭店尊德 戰 國	陶三 818 戰 國 包山 036 戰 國 璽彙 1871 戰 國 仰天湖簡 戰 國 璽彙0045 戰 國 三晉 78 戰 國	上博容成 戰 國	上博容成 戰 國 上博曹沫 戰 國

跪	⿰⻊寽	⿰⻊長	⿰⻊辰	踐	距
			 乙 3093 一期  粹 1204 五期		
			 ⿰⻊辰 卣 商代  旂 鼎 周 中		 㝵距末 春 秋  㝵距末 戰 國
 包山 263 戰 國  上博問孔 戰 國	 侯馬盟書 戰 國  侯馬盟書 戰 國	 郭店尊德 戰 國		 雲夢封診 戰 國  包山 238 戰 國  璽彙 3080 戰 國  包山 202 戰 國  郭店老甲 戰 國	

⿰足兑	⿰足虎	⿰足欠	踝	躊	跎
				甲 2602 三 期 合 30499 三 期 甲 524 三 期	
		夫⿰足欠申鼎 春 秋 兆域圖 戰 國			
陶三 1172 戰 國 郭店老乙 戰 國	秦印彙編 秦 代	侯馬盟書 戰 國 侯馬盟書 戰 國 侯馬盟書 戰 國 侯馬盟書 戰 國	足臂灸經 秦 代		陶三 685 戰 國

第一編 古文字

路		跭	跱	跖	踦	跽	踈
				花東 473 一期		英 2088 二期	
史懋壺 周中 庚嬴卣 周中							
珍秦 103 戰國 包山 003 戰國	包山 081 戰國 上博性情 戰國	雲夢秦律 戰國	上博君老 戰國	曾侯墓簡 戰國	璽彙 1684 戰國		雲夢封診 戰國 秦印彙編 秦代

走	趙	趣	趎
令鼎 周早 延盨 周中 伯中父簋 周晚 曾侯乙戈 戰國 井侯簋 周早 走父盨 周晚 走鐘 春秋 中山王鼎 戰國	衛盉 周中	莒侯簋 春秋	
太保玉戈 周早 包山 100 戰國 雲夢日甲 戰國 望山M1簡 戰國 包山 122 戰國		望山M1簡 戰國 包山 142 戰國 雲夢法律 戰國	石鼓車工 戰國

趮	赴	趐	起	趍	𧻓
	叔赴父爯 周 晚	趞 卣 周 早			儹 匜 周 中
璽印集粹 戰 國			香録 2.2 戰 國 璽彙 3952 戰 國 郭店語三 戰 國 璽彙 3320 戰 國 雲夢日乙 戰 國 包山 164 戰 國	石鼓鑾車 戰 國 鐵雲印續 戰 國	
			古 文		

越	⿺走豈	⿺走有	⿺走圭		⿺走巨	趞	⿺走皇
	 ⿺走豈簋 周中				 宅陽令矛 戰國	 七年趞曹鼎 周中  十五年趞曹鼎 周中	 王孫誥甬鐘 春秋  王孫誥鐘 春秋
 秦陶 449 秦代  雲夢雜抄 戰國		 秦印彙編 秦代	 陶五 030 戰國  侯馬盟書 戰國	 珍秦 153 戰國  包山 137 戰國		 包山 006 戰國	

⿺走孚	趩	趙	趑	⿺走瞿
合 137 一期				
	趩觶 周中 王子午鼎 春秋 逨盤 周晚 王孫鐘 春秋	趙氏戈 戰國 趙孟壺 春秋		毛公鼎 周晚
	石鼓車工 戰國	侯馬盟書 戰國 侯馬盟書 戰國 分域 2900 戰國 侯馬盟書 戰國 侯馬盟書 戰國 雲夢編年 戰國	包山 163 戰國	

⿺走與	⿺走豆	超	趡
⿺走與古文字從辵			
 曾子⿺辶與匜 春秋  曾侯用戟 戰國  曾侯⿺辶與戟 戰國			 趡疊 周晚
 望山M1簡 戰國  天星觀簡 戰國  包山 089 戰國  郭店六德 戰國  郭店緇衣 戰國  包山 276 戰國  包山 083 戰國  包山 141 戰國  上博彭祖 戰國  郭店性自 戰國	 曾侯墓簡 戰國  曾侯墓簡 戰國	 秦印彙編 秦代	

趛	趠	起	⿺走虘	趜	⿺走厈	⿺走豦
師趛鼎 周中 師趛盨 周中 伯趛父簋 周中 姬趛母鬲 周晚	趠鼎 周早	兆域圖 戰國		趜子彝 周早		
	上博性情 戰國 侯馬盟書 戰國		湖南 89 戰國		雲夢雜抄 戰國	雲夢日甲 戰國

⿺走樂	趫	䟊	⿺走甬	⿺走專	⿺走散
	 齊趫父鬲 春　秋	 叔多父簋 周　中  叔䟊父卣 周　晚  叔多父簋 蓋　周中	 ⿺走甬　劍 春　秋		
 石鼓田車 戰　國			 侯馬盟書 戰　國  侯馬盟書 戰　國  侯馬盟書 戰　國	 石鼓汧沔 戰　國	 石鼓汧沔 戰　國

趄　　趣

趄	趣
前4.37.3 三期；續3.31.2 五期；菁 9.12 五期	
父丁鼎 商代；瘨鐘 周中；禹鼎 周晚；尌仲簋 周晚；盨男鼎 周晚；者沪鐘 戰國；史趄簋 周早；牆盤 周中；虢季子白盤 周晚；逨盤 周晚；吴王光逗戈 春秋；中山王鼎 戰國	王孫鐘 春秋；沇兒鐘 春秋；王孫誥鐘 春秋
中山玉器 戰國；望山M1簡 戰國；包山 135 戰國；天星觀簡 戰國；上博恒先 戰國；曾侯墓簡 戰國；包山 055 戰國；郭店窮達 戰國；上博仲弓 戰國；新蔡楚簡 戰國	郭店緇衣 戰國；簡文從辵從臣

迹	迦	達	迬	遺
		河 519 四期		
師旋簋 周中 師寰簋 周晚 師寰簋 周晚 □侯戈 春秋	楚子迦鄴敦 春秋	小臣謎簋 周早 晉侯穌鐘 周晚 中山王鼎 戰國 㦰簋 周中 庚壺 春秋 左行議率戈 戰國		
		包山 194 戰國 上博周易 戰國 侯馬盟書 戰國 郭店六德 戰國 侯馬盟書 戰國	郭店老甲 戰國	石鼓車工 戰國
籀文				

邁	追	巡
		合 21526 一期 合 22430 一期 合 21744 一期 存下 585 五期
效卣 周早 師趛簋 周中 白大師盨 周中 伯正父匜 周晚 王孫誥甬鐘 春秋 庚嬴卣 周中 量侯簋 周中 晉侯穌鐘 周晚 姬丹盤 春秋		邦司寇劍 戰國
	包山 182 戰國	行气玉銘 戰國 璽彙 0997 戰國 璽彙 4139 戰國 璽彙 4022 戰國

𨘵	途	𨙻
	 合 916 一期 　佚 945 一期 　前6.25.2 一期 　合 6049 一期 　合 32897 四期 　合 6667 一期 　乙 3401 一期 　合 10579 一期 　合 32770 四期	
	 途盉 春秋	
 郭店語一 戰國 　郭店語一 戰國 　郭店語一 戰國 　郭店語一 戰國		 石鼓車工 戰國 　雲夢日甲 戰國

徒	迢	遶	逯
合 6573 一期 乙 8138 一期 乙 4926 一期			
揚簋 周中 南疆鉦 春秋 仲齊盤 春秋 鄂君車節 戰國 禹鼎 周晚 南疆鉦 春秋 仲齊簋 春秋			
石鼓鑾車 戰國 曾侯墓簡 戰國 璽彙 0011 戰國 温縣盟書 戰國 陶三 718 戰國 包山 228 戰國 璽彙 2620 戰國 雲夢雜抄 戰國	包山 167 戰國 璽彙 3323 戰國 璽彙 1540 戰國	包山 119 戰國 包山 175 戰國	陶九 007 戰國

隨 递 過

		過文簋 周早 過伯爵 周早 過伯簋 周早 蒷陽鼎 戰國
璽印集粹 戰國 雲夢語書 戰國	包山 240 戰國	郭店語三 戰國 郭店語二 戰國 包山 105 戰國 郭店老丙 戰國 上博性情 戰國 璽彙 2004 戰國 郭店老丙 戰國 上博周易 戰國 郭店性自 戰國 郭店太一 戰國 又或從心 簡文從化

述	遂	⿺辶舟
		花東 288 一期
大盂鼎 周早 子禾子釜 戰國 魚顛匕 戰國 史述簋 周中 中山王壺 戰國		夨令簋 周早 伯者父簋 周早
望山M1簡 戰國 郭店五行 戰國 上博恒先 戰國 璽印集粹 戰國 郭店語一 戰國 上博從政 戰國 璽彙 2629 戰國 璽彙 0333 戰國 雲夢日甲 戰國	新蔡楚簡 戰國 璽彙 3920 戰國	包山 086 戰國 郭店太一 戰國 包山 136 戰國

適	迷	速
		甲 3510 一期
		叔家父匡 春秋
曾侯墓簡 戰國 雲夢法律 戰國 温縣盟書 戰國	上博泊旱 戰國	石鼓車工 戰國 秦陶 398 戰國 秦陶 397 戰國 包山 135 戰國 郭店性自 戰國 陶五 159 戰國 秦陶 399 戰國 望山M1簡 戰國 包山 236 戰國 郭店尊德 戰國
		籀文

進	迄	辻	逋
 京津 4001 四期			
 [illegible][illegible]進鼎 周早  中山王壺 戰國  召卣 周中			 五祀衛鼎 周中  逋盂 周晚
 長沙帛書 戰國  曾侯墓簡 戰國  璽彙 2720 戰國  郭店尊德 戰國  璽彙 0510 戰國	 石鼓霝雨 戰國	 信陽楚簡 戰國  包山 051 戰國  包山 265 戰國  曾侯墓簡 戰國  包山 112 戰國  璽彙 3559 戰國	 咸陽秦墓陶 戰國  雲夢法律 戰國

造

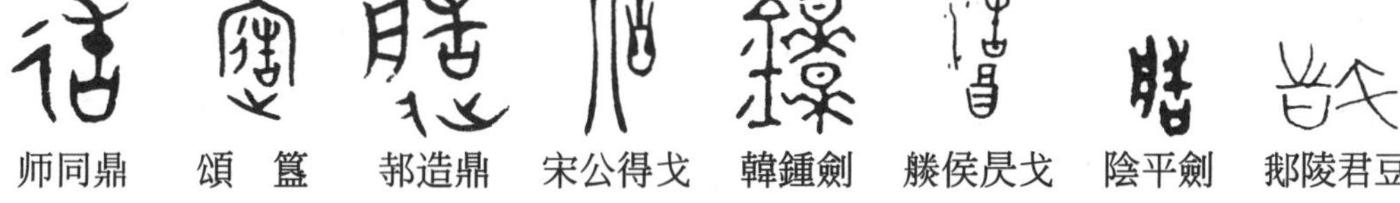

叔造尊 周早
頌簋 周中
頌鼎 周中
莒太史申鼎 春秋
宋公差戈 春秋
曹公子戈 春秋
上郡守戈 戰國
宜鑄戈 戰國

师同鼎 周中
頌簋 周中
郜造鼎 春秋
宋公得戈 春秋
韓鍾劍 春秋
犧侯昃戈 春秋
陰平劍 戰國
郪陵君豆 戰國

秦陶 479 戰國
雲夢日乙 戰國
曾侯墓簡 戰國
上博彭祖 戰國
望山M2簡 戰國

包山 137 戰國
陶三 896 戰國
曾侯墓簡 戰國
璽彙 0131 戰國

古文

	迊	逞	遝	逪
			合 28789 三期 合 29285 三期 合 29283 三期 屯 2851 三期	
十八年戈 戰國 㫒作造戈 戰國 高密戈 戰國 鬼之造戈 戰國	郤太子鼎 春秋 迊子壺 戰國	逞劍 春秋		番生簋 周中 毛公鼎 周晚
	陶三 814 戰國 陶六 028 戰國	侯馬盟書 戰國		望山M1簡 戰國 天星觀簡 戰國 郭店成之 戰國

逾 逨 迮 遄

逾	逨	迮	遄
鄂君舟節 戰國	逨觶 周早 逨盤 周晚 單伯鐘 周中	莒太史申鼎 春秋 屭羌鐘 戰國	楚簋 周中 洹子孟姜壺 春秋 楚簋 周中
包山 135 戰國 郭店老甲 戰國 包山 244 戰國 郭店尊德 戰國	上博周易 戰國 天星觀簡 戰國 郭店語四 戰國 天星觀簡 戰國 包山 132 戰國	郭店六德 戰國 郭店六德 戰國	

⿺辶合	⿺辶至	通
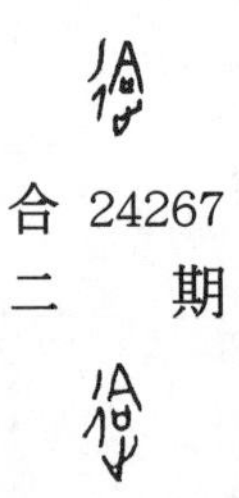 合 24267 二期 林 2.25.6 五期	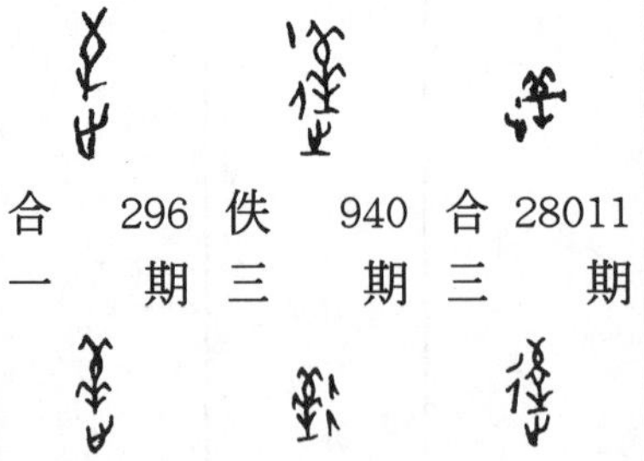 合 296 一期 佚 940 三期 合 28011 三期 存下 509 一期 佚 292 三期 前 5.30.1 五期	 合 19834 一期 合 20522 一期 京津 3136 一期 合 6529 一期 合 20510 一期 粹 293 一期 京津 4323 三期
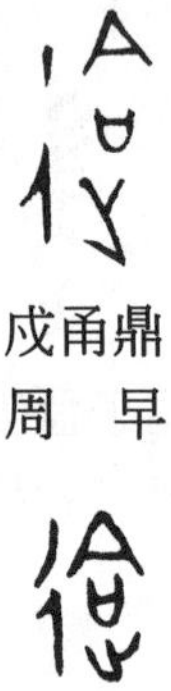 戍甬鼎 周早 牆盤 周中		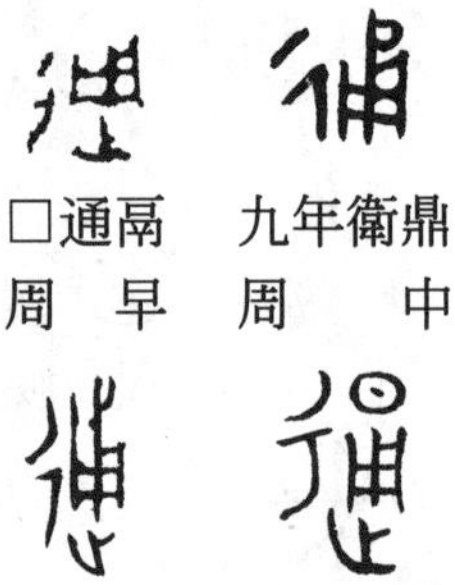 □通鬲 周早 九年衛鼎 周中 𤼈鐘 周中 頌壺 周中
		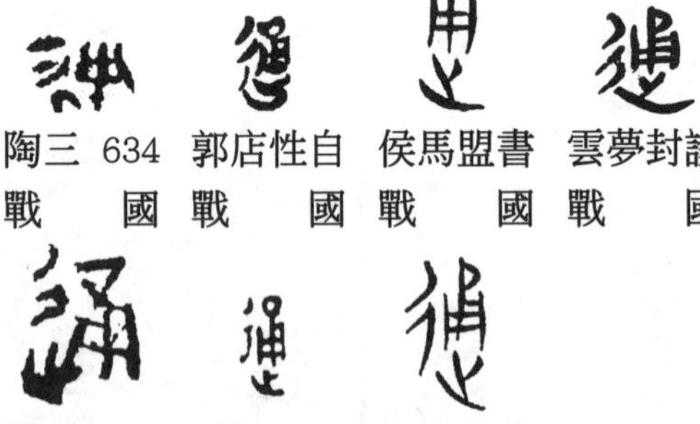 陶三 634 戰國 郭店性自 戰國 侯馬盟書 戰國 雲夢封診 戰國 陶五 050 戰國 璽彙 1713 戰國 侯馬盟書 戰國

适	逵	逆	迁
		合 4916 一期 合 17099 一期 合 22246 一期 甲 202 三期 合 5951 一期 合 17537 一期 合 26907 三期 合 32185 四期	
		逆父辛鼎 商代 逆尊 周早 保員簋 周早 九年衛鼎 周中 楚公逆鎛 周晚 逆父觶 周早 令簋 周早 仲爯簋 周早 多友鼎 周晚 中山王壺 戰國	連迂鼎 春秋 連迂鼎 春秋
璽彙 5677 戰國	雲夢法律 戰國	包山 075 戰國 郭店性自 戰國 璽彙 5281 戰國 雲夢雜抄 戰國 郭店性自 戰國 行气玉銘 戰國 侯馬盟書 戰國	曾侯墓簡 戰國

迎	遇	遞	違	逢
			 粹 1160 三期	 續 3.31.9 一期  後上 10.4 五期  合 36916 五期
	 遇甗 周中  子遇鼎 周晚	 遞從角 周早 遞冊卣 周早		 胤嗣壺 戰國
 十鐘印舉 戰國	 上博魯旱 戰國  璽彙 3071 戰國  侯馬盟書 戰國  上博周易 戰國  璽彙 2118 戰國  雲夢日乙 戰國			 石鼓吳人 戰國  雲夢日甲 戰國  郭店唐虞 戰國

迪	遘	逑	迷	遰
	 甲 1190 二期 合 26909 二期 甲 2187 二期 合 27047 三期			
	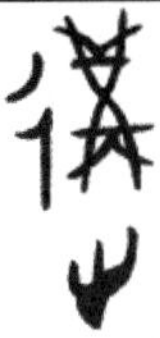 二祀𢀛其卣 商代  蠚鼎 周中  保卣 周早  克盨 周晚			 遰鼎 周早
 包山 129 戰國  郭店緇衣 戰國  郭店尊德 戰國		 陶三 305 戰國  𦅫録 2.3 戰國	 侯馬盟書 戰國  璽彙 1435 戰國  郭店語四 戰國	
 迪	 遘	 逑	 迷	 遰

迻	遷	還	適	逗	迣
		 合 9339 一期			
 包山 173 戰國 郭店語二 戰國	 璽印集粹 戰國 郭店五行 戰國 香續 76 戰國 雲夢秦律 戰國	 雲夢法律 戰國	 包山 068 戰國	 信陽楚簡 戰國 包山 219 戰國 包山 024 戰國 新蔡楚簡 戰國	 雲夢爲吏 戰國

遜	返	𨑹	遼	逮
		前 4.47.4 二期	合 28190 三期	
	鄂君舟節 戰國 胤嗣壺 戰國 酓章鎛 戰國 中山王壺 戰國 酓章鐘 戰國			
上博泊旱 戰國	天星觀簡 戰國 璽彙 2825 戰國 包山 122 戰國 貨系 2575 戰國			石鼓霝雨 戰國 璽彙 0802 戰國 郭店語一 戰國

還	纖	選	送	邐
 周甲 47 先周	同 趨		 合 18697 一期	
 穌還鼎 周中  噩侯鼎 周晚  駒父盨 周晚  遽伯簋 周中  散盤 周晚  亞行還戈 戰國	 多友鼎 周晚		 胤嗣壺 戰國	 邐簋 商代  保員簋 周早  乙亥鼎 周早
 包山 010 戰國  郭店成之 戰國  新蔡楚簡 戰國  包山 180 戰國  新蔡楚簡 戰國  雲夢日甲 戰國		 新蔡楚簡 戰國  璽彙 2167 戰國	 雲夢日甲 戰國  雲夢雜抄 戰國	

遺　　逯

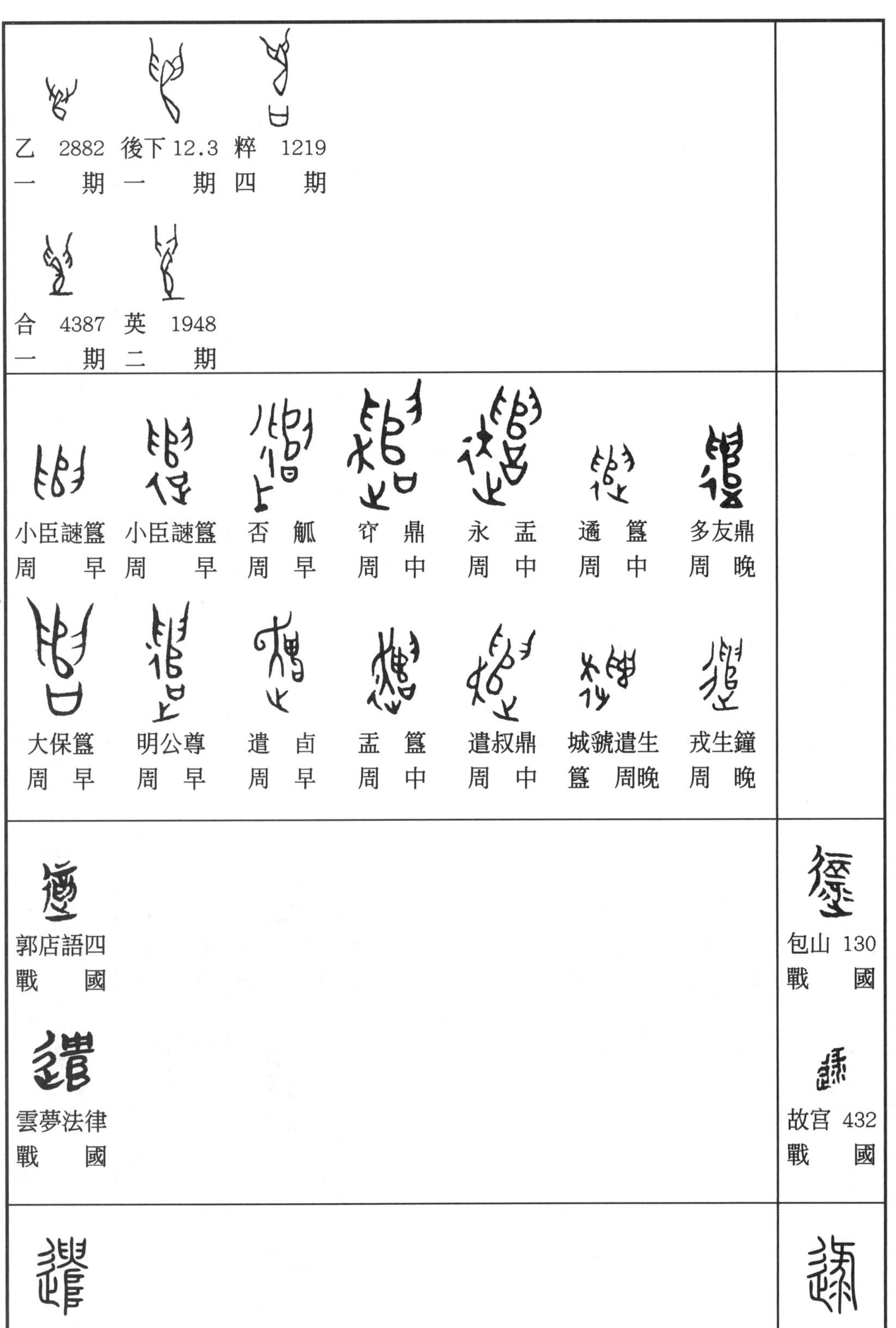

乙 2882 一期　後下 12.3 一期　粹 1219 四期

合 4387 一期　英 1948 二期

小臣謎簋 周早　小臣謎簋 周早　否觚 周早　穸鼎 周中　永盂 周中　適簋 周中　多友鼎 周晚

大保簋 周早　明公尊 周早　遺卣 周早　盂簋 周中　遺叔鼎 周中　城虢遣生簋 周晚　戎生鐘 周晚

郭店語四 戰國

雲夢法律 戰國

包山 130 戰國

故宫 432 戰國

遲	遟	迟	迡	避
合 14912 一期；粹 1255 三期；合 27972 三期；屯 3038 三期；掇 2.78 三期；合 27800 三期；合 28202 三期；前 5.30.1 五期	合 39787 一期；京津 2725 一期			
柞伯簋 周中；仲𪫠父簋 周晚；此簋 周晚；伯遟父鼎 春秋；瘐壺 周中；伊簋 周晚；王孫誥鐘 春秋；曾侯乙鐘 戰國				
新蔡楚簡 戰國；望山M1簡 戰國；郭店老乙 戰國；上博周易 戰國；望山M1簡 戰國；包山 202 戰國；天星觀簡 戰國	郭店尊德 戰國	包山 185 戰國；包山 185 戰國	陶三 926 戰國；郭店語一 戰國	郭店尊德 戰國；雲夢語書 戰國
籀文；或體				

達　　逃

達	逃
合 22303 一期；合 27745 三期	
子达觶 商代；達盨 周中；保子達簋 周晚；牆盤 周中；逨盘 周晚	兆域圖 戰國
包山 119 戰國；郭店窮達 戰國；郭店五行 戰國；璽彙 1340 戰國；璽彙 5331 戰國；郭店性自 戰國；郭店語一 戰國；上博詩論 戰國；上博民之 戰國；璽彙 1592 戰國；香續 51 戰國	長沙帛書 戰國；九店楚簡 戰國；包山 156 戰國；新蔡楚簡 戰國
或體	

遹	連
寧遹簋 周早 牆盤 周中 善夫克鼎 周晚 戎生鐘 周晚 晉侯穌鐘 周晚 大盂鼎 周早 善夫克鼎 周晚 翏生盨 周晚 㝬鐘 周晚	連迂鼎 春秋 兆域圖 戰國
	陶典 0107 戰國 包山 163 戰國 璽彙 1952 戰國 包山 006 戰國 璽彙 0145 戰國 雲夢日甲 戰國

遺	遊	逑	近
	讀作失		
 旂作父戊鼎 周早  追夷簋 周晚  中山王壺 戰國  應侯鐘 周中  王孫鐘 春秋			 鄭令思戈 戰國
 包山 018 戰國  故宮 422 戰國  郭店緇衣 戰國  雲夢效律 戰國	 包山 080 戰國  郭店語三 戰國	 陶三 1078 戰國  璽彙 2672 戰國  上博民之 戰國  璽彙 3055 戰國	 郭店五行 戰國  郭店尊德 戰國  郭店性自 戰國  上博性情 戰國
			  古文

追	⿺辶方	邇
佚 637 一期 甲 234 四期 前 5.27.1 一期 周甲 47 先周	粹 15 一期 合 33235 四期	
矢尊 周早 師酉鼎 周中 郘公鼎 春秋 陳肪簋 戰國 井侯簋 周早 追夷簋 周晚 余義鐘 春秋 胤嗣壺 戰國		𢾊馭簋 周早 克鼎 周晚 番生簋 周中 金文典籍作能能𢾊邇
新蔡楚簡 戰國 璽印集粹 戰國		郭店緇衣 戰國 上博緇衣 戰國 璽彙 3535 戰國 天星觀簡 戰國 璽彙 0221 戰國
		古文

逐	違	迴
合 10230 一期　佚 977 一期　屯 664 三期　粹 939 四期　前 6.46.3 一期　粹 931 三期　合 33375 四期　合 37537 五期		
逐簋 周早　逐鼎 周中　系方鼎 周中	臣卿簋 周早　班簋 周中　臣卿鼎 周早	
璽彙 0850 戰國　璽印集粹 戰國　璽彙 5592 戰國　雲夢日甲 戰國	香録 2.3 戰國	郭店老甲 戰國　璽彙 0335 戰國　上博容成 戰國

逸	𨑒	退	遠	遯
合 10294 一期 前 5.28.4 一期			屯 2061 三期 屯 3759 三期	
秦子矛 春秋 𠭯嗣壺 戰國			番生簋 周中 晉侯穌鐘 周晚 牆盤 周中 逨盤 周晚	
璽彙 1616 戰國 璽彙 2620 戰國 璽彙 2622 戰國	陶典 0125 戰國	陶典 0117 戰國	包山 207 戰國 郭店緇衣 戰國 郭店六德 戰國 郭店五行 戰國 郭店魯穆 戰國	包山 167 戰國
			古文	

建	迂	邍	⿺辶亡
	京津 3957 二期		
兆域圖 戰國	居簋 春秋	格伯簋 周中 史敖簋 周晚 饔邍父鼎 春秋 魯邍父簋 春秋 中邍父匜 周晚 晉侯對盨 周晚 陳公子甗 春秋 邍氏仲匿 春秋	中山王鼎 戰國
		石鼓鑾車 戰國 貨系 1807 戰國 幣編 123 戰國 璽彙 0862 戰國 三晉 79 戰國	郭店性自 戰國
			古文

第一編 古文字

道　逹

道	逹
	合 36359 五期　合 37844 五期　合 37835 五期
貉子卣 周早　散盤 周晚　曾伯匿 春秋　胤嗣壺 戰國　𠭯鼎 周晚　散盤 周晚　中山王鼎 戰國	册逹卣 商代　九年衛鼎 周中　册逹卣 商代
郭店語二 戰國　郭店尊德 戰國　郭店成之 戰國　上博性情 戰國　璽彙 3388 戰國　侯馬盟書 戰國　郭店老丙 戰國　郭店尊德 戰國　天星觀簡 戰國　青川犢 戰國　侯馬盟書 戰國　雲夢日甲 戰國	小臣系璧 商代　新蔡楚簡 戰國

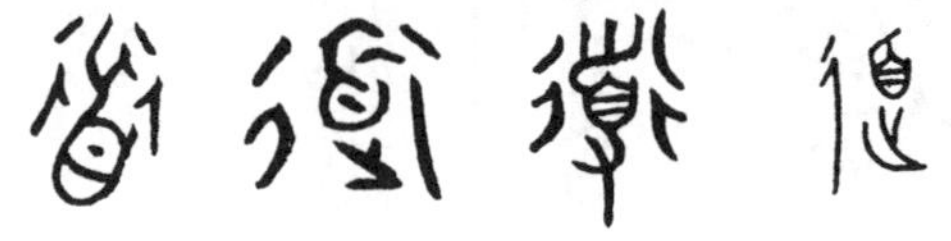

遽	邊	迖	遮
		合 36399 五期 合 36395 五期 合 36403 五期	
憻季遽父卣 周早 遽仲觶 周中 師遽簋 周中 般仲豦匜蓋 周晚 憻季遽父尊 周早 牆盤 周中 師遽方彝 周中	大盂鼎 周早 散盤 周晚	商尊 周早 商卣 周早	
雲夢日甲 戰國 秦印彙編 秦代	曾侯墓簡 戰國		郭店成之 戰國

古文字類編

這	迈	遛	迓	䢘	逳
					 逳公壺 春秋
 陶三 054 戰國  璽彙 3563 戰國  陶三 175 戰國	 包山 120 戰國  天星觀簡 戰國  包山 128 戰國	 璽彙 1490 戰國	 陶三 465 戰國  陶四 095 戰國	 包山 142 戰國  璽彙 3222 戰國	

逷	遏	遢	遳
		同 遝	
		 王子午鼎 春秋	 厶庫衡飾 戰國
 包山 087 戰國  璽彙 0999 戰國  包山 143 戰國  璽彙 4012 戰國	 上博周易 戰國	 包山 056 戰國  璽彙 3608 戰國  包山 192 戰國	 璽彙 0804 戰國  璽彙 2859 戰國  行气玉銘 戰國  璽彙 2636 戰國  吉大 50 戰國

辶會	迪	退
𨙨鐘 春秋 沇兒鐘 春秋 王子适匜 戰國 𨙨鐘 春秋 中山王壺 戰國		天亡簋 周早 兆域圖 戰國 中山王壺 戰國
 璽彙4075 戰國	 石鼓鑾車 戰國 上博緇衣 戰國 璽彙2456 戰國 郭店緇衣 戰國 璽彙1283 戰國	 長沙帛書 戰國 郭店老乙 戰國 郭店老甲 戰國 行气玉銘 戰國
		 古文

逬 從

屯 725
四 期
後下 25.9
一 期
英 2411
四 期
京津 1372
三 期
周甲 100
周 早
遽從角
商 代
作從彝卣
周 早
散 盤
周 晚
齊 鎛
春 秋
臧孫鐘
春 秋
蔡公子從劍
戰國
上官豆
戰 國
貞 簋
周 早
九年衛鼎
周 中
寵 鼎
春 秋
芮公鐘
春 秋
中山王壺
戰 國
兆域圖
戰 國
蔡公子從劍
戰國
包山 247
戰 國
郭店成之
戰 國
上博緇衣
戰 國
璽彙 1299
戰 國
雲夢編年
戰 國
璽彙 0453
戰 國
侯馬盟書
戰 國
陶徵 99
戰 國
郭店語二
戰 國
璽彙 0996
戰 國
雲夢編年
戰 國
包山 138
戰 國
璽彙 2929
戰 國

遻	遰	逘	遅	迨
 合 36426 五　期 卜辭作遻旅 典籍云振旅	同 躋	同 逘  合 12532 一　期	 合 40643 一　期  英 721 一　期	
 遻父乙簋 周　早  遻　鼎 周　中  師遻鼎 周　中  遻父乙角 周　早  師遻鼎 周　中	 洹子孟姜壺 春秋  齊　鎛 春　秋	 康侯簋 周　早  䀠逘鼎 周　早  逘　尊 周　早  䀠逘盉 周　早	 遅父庚爵 周　早  史頌簋 周　中	
			 包山 038 戰　國  包山 228 戰　國	 上博競建 戰　國

見　　　視

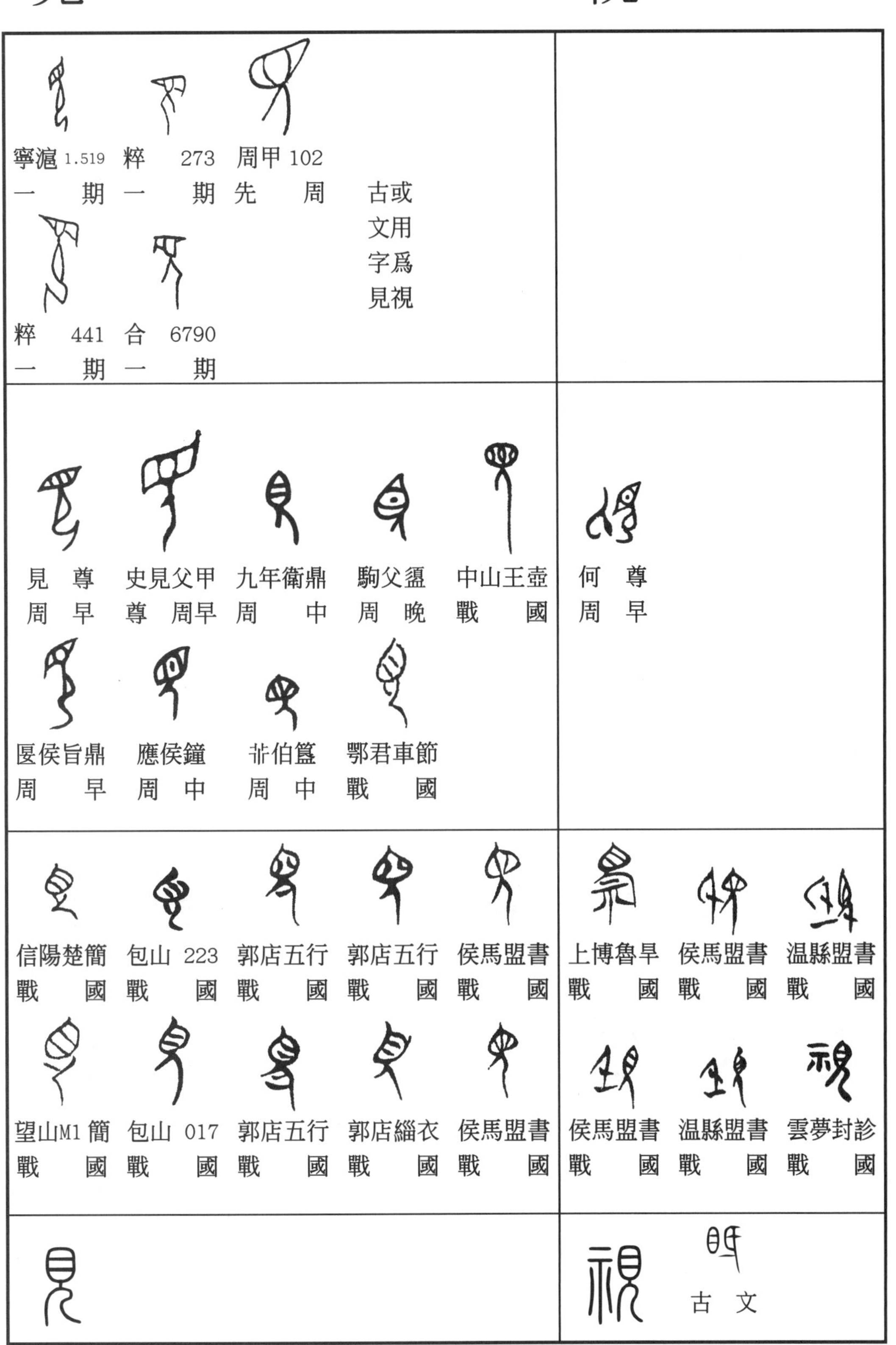

寧滬 1.519 一期　粹 273 一期　周甲 102 先周　古文字或用見爲視

粹 441 一期　合 6790 一期

見尊 周早　史見父甲尊 周早　九年衛鼎 周中　駒父盨 周晚　中山王壺 戰國　何尊 周早

匽侯旨鼎 周早　應侯鐘 周中　𦍒伯簋 周中　鄂君車節 戰國

信陽楚簡 戰國　包山 223 戰國　郭店五行 戰國　郭店五行 戰國　侯馬盟書 戰國　上博魯旱 戰國　侯馬盟書 戰國　温縣盟書 戰國

望山M1簡 戰國　包山 017 戰國　郭店五行 戰國　郭店緇衣 戰國　侯馬盟書 戰國　侯馬盟書 戰國　温縣盟書 戰國　雲夢封診 戰國

古文

觀	覓	覼	𧡮
觀鼎 周早 中山王壺 戰國	班簋 周中 晋鼎 周中	覼父戊卣 周早	
包山 230 戰國 包山 249 戰國 郭店老乙 戰國 雲夢爲吏 戰國 包山 244 戰國 郭店緇衣 戰國 上博内豊 戰國			郭店老甲 戰國 江陵磚廠簡 戰國 上博容成 戰國

覺	親	覲	親
	王臣簋 周中；中山王鼎 戰國；克鐘 周晚		親簋 周中；師𤸫簋 周中
雲夢法律 戰國	上博容成 戰國；上博曹沫 戰國；郭店語一 戰國；上博緇衣 戰國；包山 051 戰國；雲夢秦律 戰國；陶三 917 戰國；郭店語三 戰國；璽彙 3521 戰國	上博周易 戰國	

豕	豢	豨
合 12484 一期 粹 947 一期 乙 6674 四期 合 21380 一期 續 1.42.3 四期	合 7653 一期 合 10863 一期	
庚豕父乙爵 商代 亞豕鼎 商代 頌鼎 周中 函皇父簋 周晚 豕爵 商代 肄父乙簋 商代 函皇父盤 周晚	井侯簋 周早 克鐘 周晚 鄀公華鐘 春秋 彔伯簋 周中 師寰簋 周晚	
戰國 石鼓田車 戰國 包山 168 戰國 包山 246 戰國 璽彙 1218 戰國 望山M2簡 戰國 包山 227 戰國 上博周易 戰國 璽彙 1224 戰國	陶五 252 戰國 望山M2簡 戰國	秦印 戰編 644
古文		

豬	豭	豳
	花東 039 一期 合 2948 一期 合 11244 一期 合 11242 一期 英 1920 一期 花東 330 一期 合 22067 一期	
		豳王鬲 周晚
天星觀簡 戰國 包山 257 戰國 雲夢法律 戰國 天星觀簡 戰國 包山 257 戰國	包山 187 戰國 包山 207 戰國 包山 207 戰國 包山 219 戰國 簡文從古聲	

豢	猎	豦
 合 11267 一期		
 小子豢簋 周晚		 豦簋 周中  般仲豦匜 周晚  盠駒尊 周中
 望山M1簡 戰國  包山 200 戰國  包山 206 戰國  新蔡楚簡 戰國  天星觀簡 戰國  包山 203 戰國  包山 227 戰國	 包山 200 戰國  包山 210 戰國  包山 202 戰國  包山 244 戰國	 侯馬盟書 戰國

豪　豦　豚

豪	豦	豚
花東 039 一期；合 22133 一期；合 19362 一期；屯·附2 三期；粹 120 四期		合 11207 一期；合 29551 三期；前 3.23.6 三期；合 15857 一期；粹 1540 三期；周甲 1 先周
掫豪觚 商代；妣辛簋 商代；豪爵 商代；豪戈 商代	王姜鼎 周中；毛公鼎 周晚；番生簋 周中	臣辰卣 周早；豚卣 周中；豚鼎 周中
雲夢爲吏 戰國；陶三 925 戰國		上博周易 戰國；故宮 417 戰國；上博周易 戰國；雲夢日甲 戰國
籀文		

第一編　古文字

豝	豲	𧱰	豣
花東 039 一期 合 338 一期 合 6536 一期 屯 2291 三期 花東 324 一期 合 2263 一期 合 11246 一期 説文豝 牝豕也			合 10764 一期 甲 1008 一期 廣韻豣 大豕也
			豣妣辛簋 商代
	秦印彙編 秦代 秦印彙編 秦代	石鼓車工 戰國	十鐘印舉 戰國
豝			豣

殺 𣞤 𤕌

花東 076 一期	合 9338 一期 合 19772 一期 合 22066 一期 前 4.51.3 一期 合 11258 一期 合 19786 一期 合 22362 一期 乙 3400 一期	合 6536 一期 合 6577 一期 合 31133 三期 合 6571 一期 合 7418 一期 周甲 139 周早
	𣞤觚 商代 衛盉 周中 三年瘭壺 周中 庚壺 春秋	亞𤕌父乙角 商代 小臣系卣 商代
	侯馬盟書 戰國 五十二病方 秦代	
殺	𣞤	

第一編 古文字

亥

粹 1043 一 期	粹 1445 三 期	前1.20.7 五 期
粹 137 二 期	粹 1426 四 期	

乙亥鼎 商 代	師兑簋 周 晚	王孫誥甬鐘 春秋	臧孫鐘 春 秋		陳公子甗 春 秋	陳逆簋 戰 國	楚王領鐘 戰 國
晉 鼎 周 中	叔尃父盨 周 晚	 國差甔 春 秋	蔡侯申盤 春 秋	王子午鼎 春 秋	 王孫鐘 春 秋	陳肪簋 戰 國	者旨於睗戈 戰國

天星觀簡 戰 國	包山 019 戰 國	包山 071 戰 國	包山 265 戰 國	璽彙 2334 戰 國	璽彙 3564 戰 國
望山M1簡 戰 國	包山 027 戰 國	包山 185 戰 國	璽彙 0597 戰 國	璽彙 3468 戰 國	干支牙籌 戰 國

豤	豧	豩	㣇	𢑚
		甲 3634 一期 洹寶 238 一期 前 1.31.5 一期	 乙 442 一期	 合 6653 一期 合 19405 一期
	 欒子襄豧匜 春秋		 㣇商簋 周早	 天亡簋 周早  召卣 周早  𦾔簋 周中  召尊 周早  𩪊且乙鼎 周早
 雲夢秦律 戰國 秦印彙編 秦代	 曾侯墓簡 戰國 新蔡楚簡 戰國	 璽彙 1447 戰國	 郭店語二 戰國	 上博弟子問 戰國

豸 豺 貙 豻

合 20256 一期			
		貙卣 周早	
雲夢日甲 戰國	雲夢日甲 戰國	雲夢日甲 戰國	璽彙 3354 戰國　望山M2 簡 戰國　天星觀簡 戰國　曾侯墓簡 戰國　包山 271 戰國 雲夢日甲 戰國　天星觀簡 戰國　天星觀簡 戰國　曾侯墓簡 戰國　簡文從鼠

豹	貂	貘	貍
合 3303 一期 佚 375 一期 合 4620 一期 合 10208 一期		周甲 19 周早	
師酉鼎 周中 倏戒鼎 周晚		乍册孳卣 商代 貘父丁鼎 商代	貍父癸尊 周中
璽印集粹 戰國 雲夢雜抄 戰國	曾侯墓簡 戰國 曾侯墓簡 戰國	璽彙 1309 戰國 望山M2簡 戰國 璽彙 2872 戰國 包山 271 戰國	雲夢日乙 戰國 望山M2簡 戰國 包山 165 戰國 望山M2簡 戰國 曾侯墓簡 戰國

第一编 古文字

貔 貉 兕

貔	貉	兕
		合 10350 一期 合 10410 一期 合 28399 三期 合 30439 三期 屯 2579 三期 合 10407 一期 合 24358 二期 合 28401 三期 甲 3584 三期 合 32603 四期
	貉子卣 周早 伯貉尊 周中 穌貉豆 周晚	
十鐘印舉 戰國	陶三 1056 戰國 陶三 1057 戰國 雲夢日甲 戰國	雲夢日甲 戰國
		古文

豆　　　　登　　　　

豆	登	巹
乙 7978 一期　後上 6.4 四期　甲 1613 三期		
宰甫簋 商代　大師虘豆 周中　豆閉簋 周中　散盤 周晚		𢑟巹鼎 商代　上官豆 戰國　器銘或從金
陶三 028 戰國　陶三 508 戰國　陶三 548 戰國　郭店老甲 戰國　雲夢法律 戰國　陶三 302 戰國　陶三 519 戰國　陶三 606 戰國　幣編 101 戰國　信陽楚簡 戰國	望山M2簡 戰國	
古文		

第一編　古文字

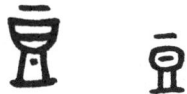

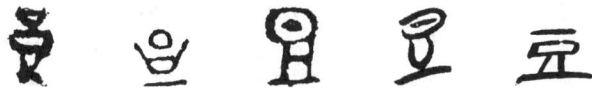

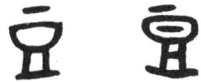

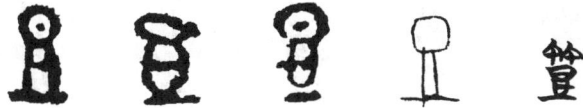

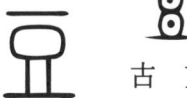

豈　豊

豈	豊
	合 14625 一期　合 27137 三期　甲 2744 四期　粹 540 三期　合 34611 四期
	天亡簋 周早　宅簋 周早　中山王壺 戰國　何尊 周早　長由盉 周中　客豊愆鼎 戰國
陶徵 222 戰國　雲夢爲吏 戰國　璽彙 2850 戰國	曾侯墓簡 戰國　郭店語一 戰國　郭店語二 戰國　郭店六德 戰國　郭店緇衣 戰國　璽彙 1883 戰國　曾侯墓簡 戰國　郭店語一 戰國　郭店五行 戰國　郭店尊德 戰國　上博緇衣 戰國　中山玉器 戰國
豈	豊

豎	壴
俗作竪	 周甲 113 先　周
郙陰令戈 戰　國 鄽王豎戈 戰　國	
 侯馬盟書 戰國；侯馬盟書 戰國；包山 094 戰國；十鐘 3.18 戰國；璽彙 1105 戰國；璽彙 1719 戰國；璽彙 3016 戰國；侯馬盟書 戰國；陶四 038 戰國；新蔡甲三 398 戰國；璽彙 0440 戰國；璽彙 1390 戰國；璽彙 2342 戰國；璽彙 3181 戰國	長沙帛書 戰　國
 籀　文	

豐	谷	谿
合 8262 一期；合 18592 一期；合 18591 一期；花東 501 一期	前 4.3.5 一期；後下 3.3 五期	
豐卣 周早；伯豐方彝 周早；豐尊 周早；夆簋 周晚；散盤 周晚；豐兮夷簋 周晚；豐公鼎 周早；豐易 周早；輔伯鼎 周晚；王盉 周晚；仲夏父鬲 周晚	啓卣 周早；格伯簋 周中	
太保玉戈 周早；包山 021 戰國；上博周易 戰國；陶徵 222 西周；包山 145 戰國；上博容成 戰國	郭店老甲 戰國；璽彙 3316 戰國	印風 37 秦代
古文		

貝　　財　貨　　贎

貝	財	貨	贎
合 11427 一期 合 11429 一期 鐵 104.4 一期 佚 835 一期 合 11428 一期 合 19442 一期 前 5.10.4 一期 甲 777 三期			
遹簋 商代 小臣豐鼎 商代 臣辰卣 周早 剌鼎 周中 小子射鼎 商代 貝隹觚 商代 吕鼎 周中 琱生簋 周晚			余義鐘 春秋
陶五 041 戰國 包山 274 戰國 曾侯墓簡 戰國 璽彙 5378 戰國 三晉 126 戰國 三晉 126 戰國	龍崗簡 秦代	九店楚簡 戰國 郭店老丙 戰國 貨編 81 戰國	郭店緇衣 戰國

⿰貝爲	資	⿰貝朋	賑	賁	貺	賴
					 佚 257 三期  佚 426 五期	
		 中山王鼎 戰國			 二祀卲其卣 商代  令簋 周早 保卣 周早 卣爾 銘雅 延貺 貺、 六賜 品也 	
 郭店語三 戰國	 雲夢爲吏 戰國		 璽彙 0764 戰國	 雲夢日甲 戰國	 新蔡楚簡 戰國	 雲夢爲吏 戰國

賢	負	⿰面貝
賢簋 周早 中山王壺 戰國 賢簋 周早 胤嗣壺 戰國		
包山 193 戰國 包山 122 戰國 包山 179 戰國 上博從政 戰國 上博子羔 戰國 雲夢爲吏 戰國 包山 082 戰國 包山 073 戰國 郭店五行 戰國 上博容成 戰國 璽彙 1609 戰國	雲夢法律 戰國	天星觀簡 戰國 簡文讀作賵

賀　　貸　腨

賀	貸	腨
中山王壺 戰國		復公子簋 周晚　䣄侯簋 周晚　季良父壺 周晚　鄧公簋 周晚　樊君鬲 春秋　弔妊甗 周晚　伯家父簋 周晚　季良父壺 周晚　蔡大師鼎 春秋　取膚匜 春秋
十鐘印舉 戰國　包山 007 戰國　雲夢日乙 戰國　或從言	璽彙 0304 戰國	曾侯墓簡 戰國　雲夢法律 戰國　曾侯墓簡 戰國

齎	貣	僨	賻
晉侯穌鐘 周晚	吕大叔斧 春秋 邵大叔斧 春秋 蔡侯申鐘 春秋	厚趠鼎 周早 晉侯穌鐘 周晚	公貿鼎 周中 器銘從父聲
陶三 034 戰國 包山 129 戰國 分域 2883 戰國 陶三 327 戰國 璽彙 3678 戰國 雲夢法律 戰國	包山 115 戰國 包山 157 戰國 璽印集粹 戰國 包山 150 戰國 璽彙 1761 戰國 阜陽藏印 戰國	包山 052 戰國 包山 055 戰國	陶三 186 戰國 或從夫聲

贛	賞	[illegible]
		合 29324 三期 合 29327 三期 合 29325 三期
鄭令戈 戰國	曶鼎 周中 中山王壺 戰國 旨賞鐘 春秋 鳳羌鐘 戰國	師旂鼎 周中 𠑹匜 周中
包山 175 戰國 天星觀簡 戰國 璽彙 5697 戰國 包山 244 戰國 天星觀簡 戰國 曾侯墓簡 戰國	陶三 353 戰國 包山 119 戰國 璽彙 3494 戰國 春録 6.3 戰國 郭店尊德 戰國 雲夢法律 戰國	

賜	贏	貭
庚壺 春秋 中山王鼎 戰國	庚贏卣 周中 贏氏鼎 周中 齊生魯彝 周中	居簋 春秋
陶五 148 戰國 包山 128 戰國 上博魯旱 戰國 璽彙 2201 戰國 包山 065 戰國 包山 143 戰國 璽彙 0944 戰國 雲夢日乙 戰國	曾侯墓簡 戰國 故宮 427 戰國 雲夢法律 戰國 續齊魯 6 戰國 雲夢秦律 戰國 雲夢效律 戰國	

賓	贅	貰
 林 2.1.12 一期 　乙 3274 一期 　戩 3.8 二期 　續 3.47.7 一期 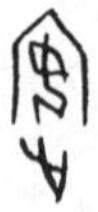　乙 3297 一期 　林 1.17.2 五期	同鼇	
 盂爵 周早 　蟎簋 周中 　伯賓父簋 周晚 　王孫誥鐘 春秋 　𨟭同子句鑃 春秋 　亢鼎 周早 　叔賓父盨 周晚 　配兒鉤鑃 春秋 　郤王鼎 春秋 　曾侯乙鐘 戰國	 師寰簋 周晚 　辛鼎 周晚 　克鼎 周晚 　多友鼎 周晚	
 郭店老甲 戰國 　上博容成 戰國 　新蔡楚簡 戰國 　璽彙 3324 戰國 　郭店性自 戰國 　上博詩論 戰國 　新蔡楚簡 戰國	 包山 28 戰國 　曾侯墓簡 戰國 　包山 168 戰國	 雲夢爲吏 戰國
  古文		

贅	質	賃	責	貿	贖
			合 21254 一期 合 22226 一期 乙 1545 一期 合 22226 一期 乙 124 一期 乙 8895 一期		
	井人妄鐘 周晚	郳叔鐘 春秋	旂作父戊鼎 周早 兮甲盤 周晚 缶鼎 商代 戎生鐘 周晚 秦公簋 春秋	公貿鼎 周中	
雲夢爲吏 戰國	雲夢法律 戰國	望山M1簡 戰國	包山 098 戰國 郭店太一 戰國 雲夢雜抄 戰國 包山 152 戰國 上博詩論 戰國 雲夢法律 戰國	雲夢法律 戰國 貨系 0479 戰國	雲夢法律 戰國

賤	貳	賓	䝨
相邦儀戈 戰國	琱生簋 周晚 中山王壺 戰國	成甬鼎 商代 矢方彝 周早 萬鼎 周早 小臣傳卣 周早 攸鼎 周早 御正衛簋 周早 叔卣 周早 御尊 周早	子䝨戈 春秋 玄翏夫䝨戈 春秋
郭店成之 戰國 雲夢日乙 戰國 上博緇衣 戰國	雲夢爲吏 戰國		
賤	貳	賓	䝨

買	賃	賍
 合 10976 一期 合 11434 一期 佚 462 一期 花東 098 一期 粹 1552 三期 合 11433 一期 合 21185 一期 乙 8738 一期 甲 276 三期		
 買車卣 商代 買車斝 商代 亢鼎 周早 盤公買匜 春秋 買車觚 商代 買王卣 周早 買簋 周晚 吴買鼎 春秋	王命龍節 戰國 胤嗣壺 戰國 中山王鼎 戰國	郪陵君豆 戰國
 陶三 1216 戰國 璽彙 0370 戰國 璽彙 1864 戰國 侯馬盟書 戰國 雲夢法律 戰國 曾侯墓簡 戰國 璽彙 1608 戰國 璽彙 3987 戰國 侯馬盟書 戰國	 郭店六德 戰國 雲夢爲吏 戰國	 上博曹沫 戰國

貯　賈

鐵 272.1 一期　合 4706 一期　乙 6752 一期　後下 18.8 三期

合 1822 一期　乙 6693 一期　花東 060 一期

貯爵 商代　頌簋 周中　胤嗣壺 戰國

貯鉦 商代　沈子它簋 周早　貯子己父匜 周晚

包山 122 戰國　璽彙 2993 戰國　璽彙 3009 戰國　侯馬盟書 戰國

包山 162 戰國　璽彙 3001 戰國　璽彙 3025 戰國

陶三 673 戰國　包山 225 戰國　璽彙 3677 戰國

陶三 1168 戰國　陶三 1169 戰國　璽彙 3107 戰國　雲夢法律 戰國

貴　　　　　　　　　　　　　　　　　　　　　　　　　　　　　　　　　　　朐

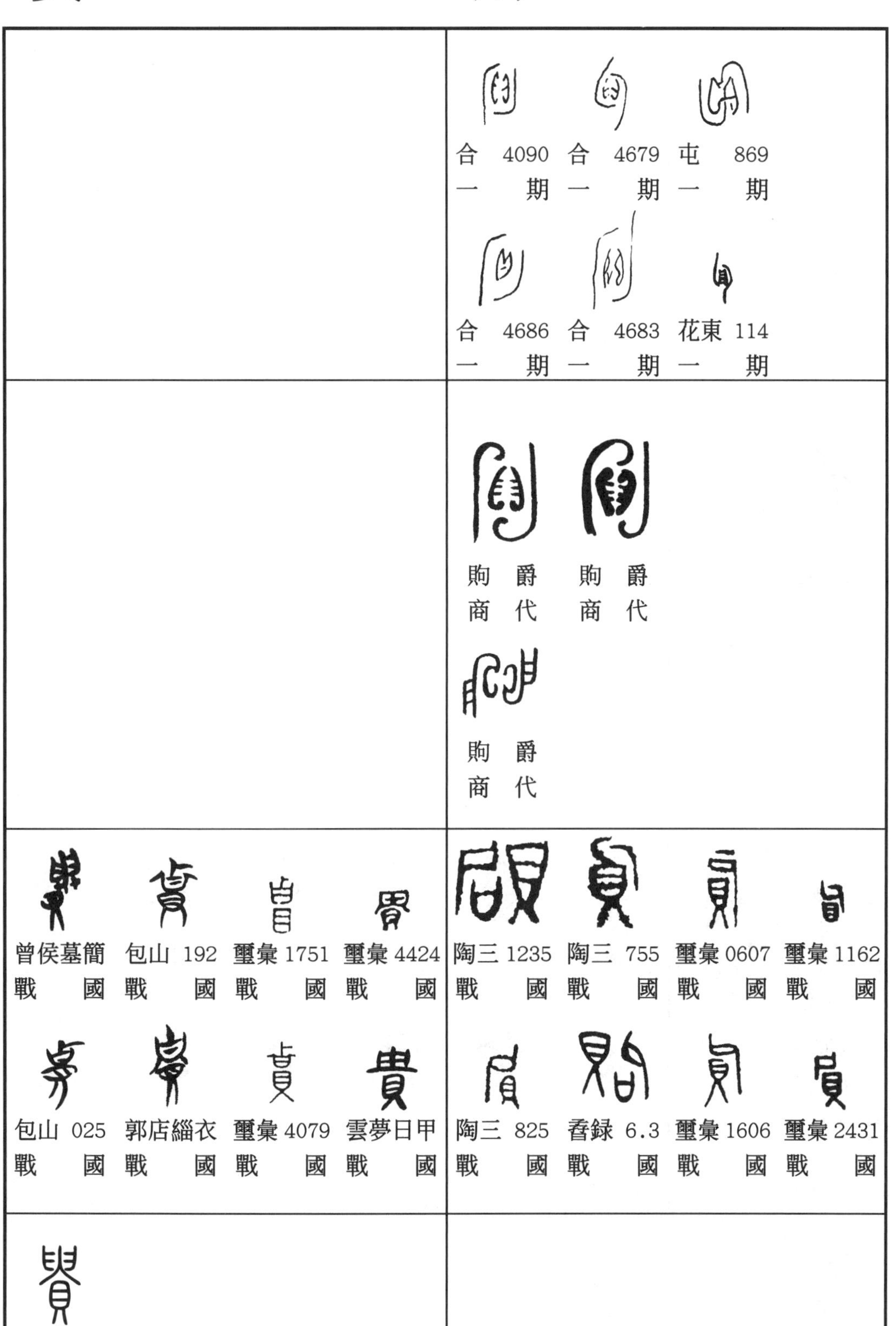

合 4090 一期　合 4679 一期　屯 869 一期
合 4686 一期　合 4683 一期　花東 114 一期

朐爵 商代　朐爵 商代
朐爵 商代

曾侯墓簡 戰國　包山 192 戰國　璽彙 1751 戰國　璽彙 4424 戰國　陶三 1235 戰國　陶三 755 戰國　璽彙 0607 戰國　璽彙 1162 戰國

包山 025 戰國　郭店緇衣 戰國　璽彙 4079 戰國　雲夢日甲 戰國　陶三 825 戰國　舂録 6.3 戰國　璽彙 1606 戰國　璽彙 2431 戰國

賦　　賽

賦	賽
毛公鼎 周 晚	
上博容成 戰國；雲夢雜抄 戰國；璽彙 3039 戰國	望山M1簡 戰國；望山M2簡 戰國；包山 106 戰國；包山 200 戰國；包山 213 戰國；上博容成 戰國；望山M1簡 戰國；天星觀簡 戰國；包山 150 戰國；包山 208 戰國；郭店老乙 戰國

購	⿱北貝	貪	⿰貝寺	賅	賣
					 師𩛥鼎 周 中
 雲夢法律 戰 國	 陶三 190 戰 國  雲夢效律 戰 國  璽印集粹 戰 國	 郭店語三 戰 國  上博從政 戰 國	 包山 181 戰 國	 天星觀簡 戰 國  天星觀簡 戰 國  天星觀簡 戰 國	

賧	貤	賷	朋	賰	暖	賦
			 合 11441 一期  合 21773 一期  合 11445 一期  後下 8.5 三期		 前 4.28.7 一期  前 8.3.4 一期	
		 晋鼎 周中  晋鼎 周中	 寧朋觚 商代  衛盉 周中  中作且癸鼎 周早  㣎刼尊 周中			 鄂君舟節 戰國
 上博從政 戰國	 上博容成 戰國		 秦公石磬 春秋  包山 074 戰國	 陶三 965 戰國  郭店語四 戰國		

質	貫	贊	貧	贔
安平守鈹 戰國 頓丘戈 戰國				
璽彙 1044 戰國 璽彙 3211 戰國 侯馬盟書 戰國 璽彙 1610 戰國 侯馬盟書 戰國 侯馬盟書 戰國	足臂灸經 秦代	珍秦 106 戰國	曾侯墓簡 戰國 郭店性自 戰國 郭店緇衣 戰國	包山 150 戰國 璽彙 3796 戰國

賹	臓	賚
賹戈 商代 長沙銅量 戰國		
陶三 126 戰國 包山 110 戰國 璽彙 1068 戰國 陶三 549 戰國 郭店老甲 戰國 貨系 4107 戰國	信陽楚簡 戰國 郭店老甲 戰國 上博詩論 戰國 郭店太一 戰國 仰天湖簡 戰國	包山 168 戰國 包山 028 戰國 包山 157 戰國

費	貽	贈	䝼	䝢
				 合 29712 三期 周甲 13 先周 屯 2442 三期 讀作餽
 新城大令戈 戰國				
 雲夢秦律 戰國 郭店老甲 戰國 十鐘印舉 戰國 簡從文弼或聲	 陶三 679 戰國 陶九 014 戰國 陶三 786 戰國	 上博詩論 戰國	 包山 027 戰國	

第一編 古文字

皀	即
合 1096 一期；前5.48.2 一期；合 30499 三期；合 3823 一期；花東 025 一期；粹 919 四期	簠·典 99 一期；合 21999 一期；粹 16 三期；合 32924 四期；合 151 一期；後上27.13 二期；合 29707 三期；合 32277 四期
皀且辛爵 商代；窒叔簋 周晚	大盂鼎 周早；駒父盨 周晚；中山王壺 戰國；競卣 周中；秦公鎛 春秋
三晋 44 戰國	秦公石磬 春秋；天星觀簡 戰國；郭店語一 戰國；貨系 2476 戰國；幣編 137 戰國；信陽楚簡 戰國；望山M2簡 戰國；貨系 0949 戰國；幣編 137 戰國；雲夢法律 戰國

既　　　　　　　　　　　　　　　　　　　　　　皀

既	皀
合 795 一期；合 18013 一期；京津 4020 二期；周甲 13 先周；合 18012 一期；乙 6672 一期；粹 493 三期	戩 6.8 二期
保卣 周早；休盤 周中；曾伯從寵鼎 周晚；吴王光鐘 春秋；杕氏壺 戰國；大鼎 周中；尹改鼎 周中；無叀鼎 周晚；吴王光鑑 春秋	伯晨鼎 周中；師兑簋 周晚；彔伯䧹簋 周中；賓車父壺 周晚
石鼓車工 戰國；望山M1簡 戰國；包山 206 戰國；郭店緇衣 戰國；上博緇衣 戰國；侯馬盟書 戰國；望山木烙印 戰國；包山 137 戰國；包山 221 戰國；上博民之 戰國；天星觀簡 戰國；雲夢爲吏 戰國	

𠦒	畢	禽	糞
合 17 一期 合 33404 四期	合 7038 一期 明藏 502 一期 周甲 86 周早 合 17387 一期 周甲 45 先周	合 9225 一期	合 18181 一期 合 33374 四期
𠦒爵 商代	史𩝔簋 周早 虎簋蓋 周中 邵鐘 春秋 北鄉鼎 戰國 段簋 周中 召卣 周中 郘公華鐘 春秋 陳肪簋 戰國	禽簋 周早 多友鼎 周晚 𠱫鼎 周中 不𡢁簋 周晚	
小臣系石簋 商代	陶三 673 戰國	石鼓鑾車 戰國 上博周易 戰國	璽彙 5290 戰國 雲夢日甲 戰國
𠦒	畢	禽	糞

古文字類編

棄　　　　　离　離

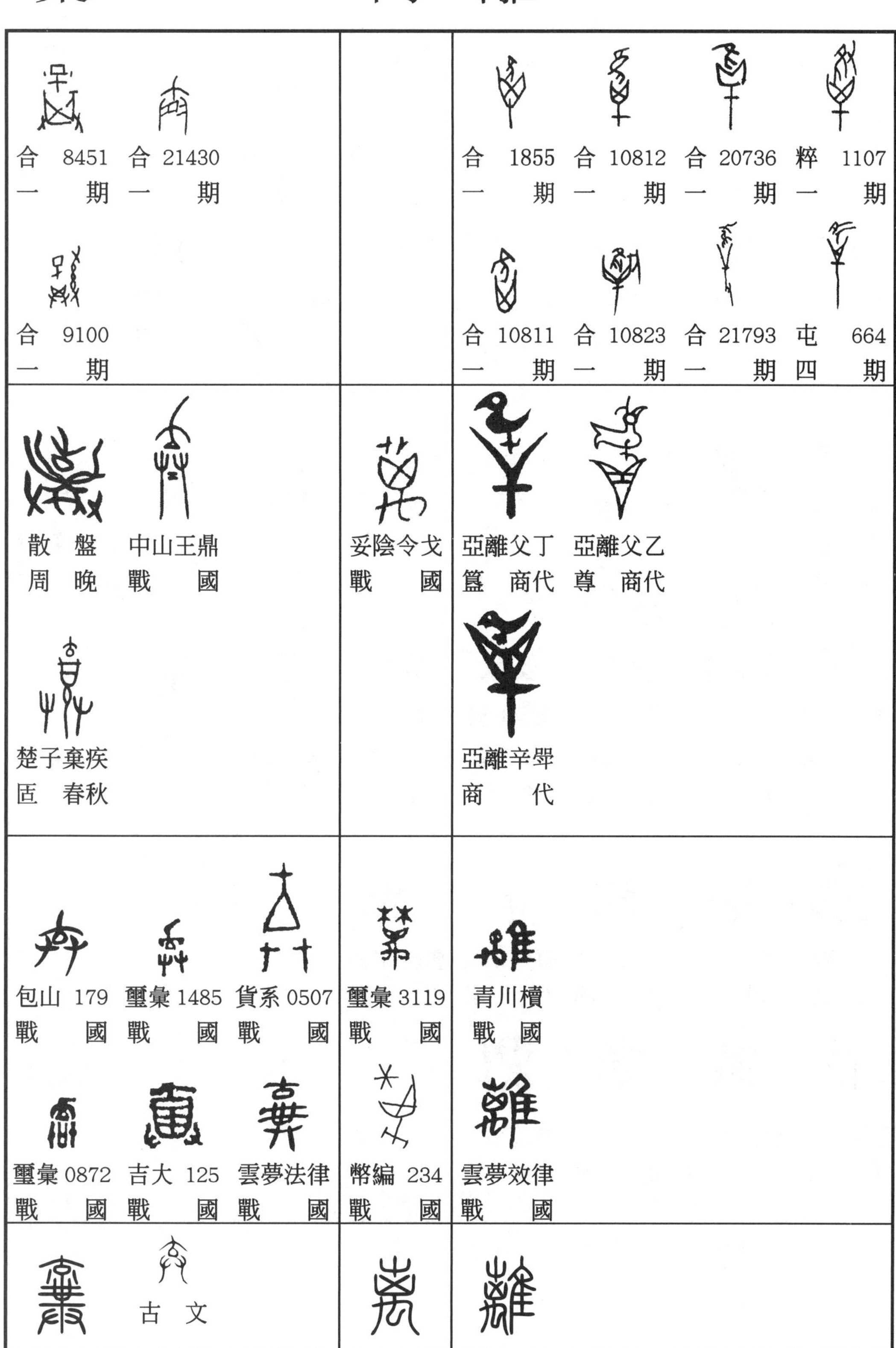

合 8451 一期
合 21430 一期
合 9100 一期
合 1855 一期
合 10812 一期
合 20736 一期
粹 1107 一期
合 10811 一期
合 10823 一期
合 21793 一期
屯 664 四期
散盤 周晚
中山王鼎 戰國
楚子棄疾匿 春秋
妥陰令戈 戰國
亞離父丁簋 商代
亞離父乙尊 商代
亞離辛斝 商代
包山 179 戰國
璽彙 1485 戰國
貨系 0507 戰國
璽彙 3119 戰國
青川櫝 戰國
璽彙 0872 戰國
吉大 125 戰國
雲夢法律 戰國
幣編 234 戰國
雲夢效律 戰國
古文

車

古文字類編

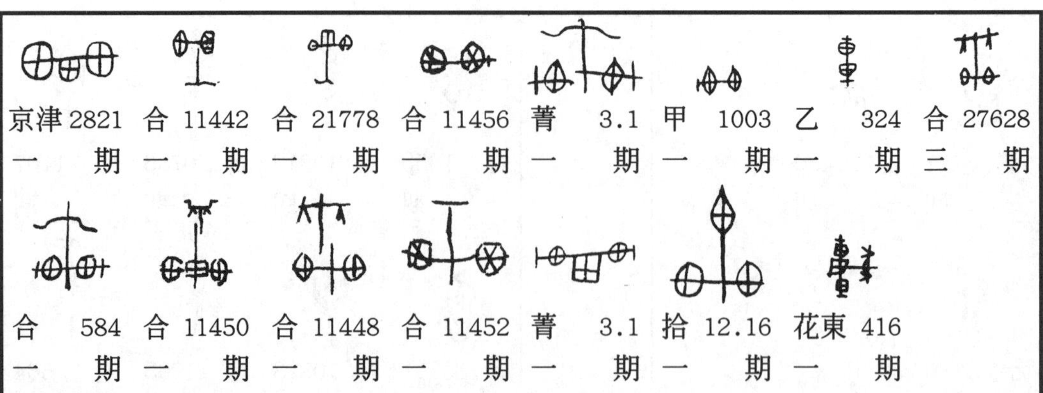

京津 2821 一期　合 11442 一期　合 21778 一期　合 11456 一期　菁 3.1 一期　甲 1003 一期　乙 324 一期　合 27628 三期

合 584 一期　合 11450 一期　合 11448 一期　合 11452 一期　菁 3.1 一期　拾 12.16 一期　花東 416 一期

買車卣 商代　叔車觚 商代　車父丁豆 商代　作尊車簋 商代　楷伯簋 周早　應公簋 周早　晉侯穌鐘 周晚

父己車鼎 商代　車父辛尊 商代　車卣 商代　車[illegible]罍 商代　大盂鼎 周早　揚鼎 周早　彔伯𢦚簋 周中　中山帳桿 戰國

陶一 0049 商代　包山 157 戰國　璽彙 0553 戰國　璽彙 5525 戰國

石鼓鑾車 戰國　望山M2簡 戰國　包山 271 戰國　璽彙 5270 戰國

籀文

⿱敄車	轋	軒	轇	軌	輿
	 宰父辛鼎 周早  九年衛鼎 周中			 軌敦 戰國	 閼輿戈 戰國
 雲夢秦律 戰國		 天星觀簡 戰國  璽彙 0308 戰國  上博泊旱 戰國  璽彙 2496 戰國	 璽彙 1254 戰國		 望山M1簡 戰國  雲夢日乙 戰國  包山 203 戰國

輕	軺	輅	軹	輒
		子犯鐘 春秋 舡叔子戟 戰國 四年邘令戈 戰國		
集證163 戰國 包山189 戰國 郭店五行 戰國 雲夢法律 戰國 郭店緇衣 戰國 簡文或從羽	龍崗簡 秦代	璽彙2491 戰國 璽彙2495 戰國	秦封泥 秦代	十鐘印舉 戰國 雲夢法律 戰國
輕	軺	輅	軹	輒

輯	𨏈	軫	轂	較	輨	軥
		番生簋 周中		毛公鼎 周晚 吳方彝 周中 師克盨 周晚 彔伯㦽簋 周中		
陶五 384 戰國	上博泊旱 戰國	郭店五行 戰國 雲夢日乙 戰國	曾侯墓簡 戰國 雲夢日甲 戰國		璽彙 2497 戰國	望山M2簡 戰國

軝	輣	輻	載
叔趯父卣 周早			 坪夜君鼎 戰國  尚司君鼎 戰國  中山王壺 戰國  鄂君車節 戰國  郾侯載簋 戰國
	包山 157 戰國	雲夢秦律 戰國	 曾侯墓簡 戰國  天星觀簡 戰國  包山 273 戰國  郭店尊德 戰國  雲夢秦律 戰國  曾侯墓簡 戰國  包山 269 戰國  包山牘 1 戰國  上博曹沫 戰國  雲夢封診 戰國

軥	⿰車卿	輡	轄	⿰車間	輸
		番生簋 周中 毛公鼎 周晚 師克盨 周晚			
天星觀簡 戰國 天星觀簡 戰國	天星觀簡 戰國		曾侯墓簡 戰國 天星觀簡 戰國 天星觀簡 戰國 天星觀簡 戰國	天星觀簡 戰國	璽印集粹 戰國 雲夢秦律 戰國

軍	輈	輗
庚壺 春秋 郾右軍矛 戰國 中山侯鉞 戰國 中山王鼎 戰國		
陶四 133 戰國 郭店語三 戰國 璽彙 0349 戰國 璽彙 5708 戰國 璽彙 0095 戰國 包山 087 戰國 郭店成之 戰國 璽彙 0126 戰國 璽彙 0210 戰國 雲夢雜抄 戰國	曾侯墓簡 戰國	曾侯墓簡 戰國
		或體

輪	轓	轉	軴	斬
輪鼎 商代 輪觚 商代			君軴車軎 戰國	
曾侯墓簡 戰國 望山M2簡 戰國 曾侯墓簡 戰國 雲夢秦律 戰國	曾侯墓簡 戰國	雲夢爲吏 戰國	曾侯墓簡 戰國 包山 145 戰國 望山M1簡 戰國	郭店六德 戰國 雲夢秦律 戰國 璽彙 3818 戰國 雲夢日甲 戰國

輔	輦	軔	⿰車留	⿰車㔾
	合 29693 三期			
師嫠簋 周中 輔伯鼎 周晚 師嫠簋 周中 中山王壺 戰國	輦卣 商代 輦作妣癸卣 商代			子犯鐘 春秋 子犯鐘 春秋
曾侯墓簡 戰國 璽彙 5706 戰國 璽彙 2496 戰國 侯馬盟書 戰國		望山M2 簡 戰國 璽彙 2452 戰國	上博曹沫 戰國	望山M1 簡 戰國 包山 168 戰國 璽彙 3517 戰國 包山 071 戰國 上博從政 戰國
輔	輦			

軋	軞	輤	⿱䜌車	轎
			長子盉 戰國 中山圓壺 戰國 中山扁壺 戰國 中山墓燈 戰國 東庫盉 戰國 中山扁壺 戰國 中山墓盉 戰國 中山墓箕 戰國	
璽彙 1363 戰國	包山 179 戰國	璽彙 0196 戰國	郭店忠信 戰國 郭店尊德 戰國 璽彙 2505 戰國 璽彙 2508 戰國 郭店性自 戰國 璽彙 2503 戰國 璽彙 2507 戰國	璽印集粹 戰國 珍秦 96 戰國

𨊻	軲	軨	𨌘	𨍱
				言令戈 戰國
陶三 1050 戰國 陶三 1051 戰國 上博詩論 戰國	雲夢秦律 戰國	璽彙 2501 戰國 璽彙 2502 戰國 璽文從金聲	郲國故城陶 戰國 璽彙 1126 戰國 曾侯墓簡 戰國 璽彙 3026 戰國	

軛	輮	轅	轉
彔伯㦰簋 周中			師轉鎣 周中 師克盨 周晚 師克盨 周晚 轉盤 周晚
曾侯墓簡 戰國 天星觀簡 戰國 曾侯墓簡 戰國 天星觀簡 戰國	曾侯墓簡 戰國 天星觀簡 戰國 曾侯墓簡 戰國 包山 275 戰國	雲夢法律 戰國 侯馬盟書 戰國 或從爰聲 包山 176 戰國	

古文字類編

角	觭	觹
合 671 一期　粹 1244 一期　乙 2048 一期 合 20533 一期　菁 1.1 一期　合 34712 四期		
角戊父鼎 商代　牆盤 周中　叔角父簋 周晚　羊角戈 戰國　曾侯乙鐘 戰國　曾侯乙鐘 戰國 伯角父盉 周中　𪊨侯鼎 周晚　翏生盨 周晚　曾侯乙鐘架 戰國　西庫圓壺 戰國　曾侯乙鐘 戰國		
石鼓田車 戰國　鐵雲藏陶 戰國　包山 260 戰國　璽彙 3306 戰國　貨系 0338 戰國　侯馬盟書 戰國 陶三 802 戰國　陶五 070 戰國　璽彙 2495 戰國　貨系 0337 戰國　幣編 101 戰國　雲夢日甲 戰國	分域 2848 戰國	新蔡楚簡 戰國

觸	衡	贏
玉篇或作觸 㸷		
丞相觸戈 戰國 東庫盉 戰國 平國君鈹 戰國 羊觸親戈 戰國	番生簋 周中 毛公鼎 周晚	曾侯乙鐘架 戰國 曾侯乙鐘架 戰國
陶三 820 戰國 璽彙 2060 戰國 璽彙 0664 戰國	曾侯墓簡 戰國 天星觀簡 戰國 天星觀簡 戰國 天星觀簡 戰國 曾侯墓簡 戰國 天星觀簡 戰國 天星觀簡 戰國 雲夢法律 戰國	望山M2簡 戰國 上博從政 戰國 天星觀簡 戰國 德山簡 戰國

第一編 古文字

觟	觠	觿	觹
望山M2簡 戰國 分域2858 戰國 璽彙集粹 戰國	新蔡楚簡 戰國	璽彙1111 戰國 侯馬盟書 戰國 侯馬盟書 戰國 侯馬盟書 戰國 璽彙1760 戰國 侯馬盟書 戰國 侯馬盟書 戰國 雲夢秦律 戰國	包山204 戰國 秦印彙編 秦代

解	觽	衡	觴	觟
後下 21.5 一期				
解子鼎 周早 中山王鼎 戰國 解子甗 周早		戴伯匜 春秋	觴仲多壺 周中 觴姬簋 周晚	
望山M1簡 戰國 包山 157 戰國 包山 248 戰國 郭店老甲 戰國 天星觀簡 戰國 包山 246 戰國 包山 250 戰國 雲夢日甲 戰國	秦印彙編 秦代		包山 259 戰國	上博詩論 戰國

酉	酭	酒	醢	醥
後上31.5 一期 粹307 二期 後上26.15 四期 合6049 一期 後上8.4 三期 前1.20.7 五期		甲2121 一期 合28231 三期	合6025 一期	花東161 一期
酉爵 商代 永盂 周中 莒平鐘 春秋 陳喜壺 戰國 臣辰卣 周早 師酉鼎 周中 宜桐盂 春秋 商鞅方升 戰國				大盂鼎 周早 應侯簋 周早
陶五384 戰國 包山100 戰國 青川櫝 戰國 璽彙1168 戰國 望山M1簡 戰國 新蔡楚簡 戰國 干支牙籌 戰國 温縣盟书 戰國	包山255 戰國 郭店窮達 戰國	陶徵245 戰國 雲夢日甲 戰國		
酉		酒		

酋	酴	醴	酷
豐兮夷簋蓋 周晚		三年瘐壺 周中 師遽方彝 周中 大鼎 周中 曾伯陭壺 春秋 三年瘐壺 周中 觴仲多壺 周中 伯公父壺 周晚	
上博容成 戰國 璽彙 5268 戰國	包山 018 戰國	雲夢日乙 戰國	陶三 439 戰國 包山 124 戰國 陶三 751 戰國 包山 125 戰國

配	醘	酌	酟	醰	酸
合 5007 一期 英 1864 一期 花東 005 一期 合 14238 一期 花東 005 一期 合 31841 三期					
婦配咸簋 商代 配兒鉤鑃 春秋 郘子受鐘 春秋 南宮乎鐘 周晚 蔡侯申盤 春秋 陳逆簠 戰國				亢鼎 周早 鼎銘從𠙵	酸棗戈 戰國
秦公石磬 春秋 新蔡楚簡 戰國	雲夢日甲 戰國	璽彙 3670 戰國	雲夢秦律 戰國		五十二病方 秦代

醫　酢　畬

第一編　古文字

醫	酢	畬
		 乙 8710 一期；花東 355 一期；粹 1316 四期；花東 016 一期；花東 495 一期；周甲 132 周早     
	 王子姪鼎 春秋；郘王義楚鍴 春秋 	 遷簋 商代；番伯畬匜 春秋；畬章戈 戰國；畬肯盤 戰國；伯㦰壺 周中；畬忎鼎 戰國；畬章鐘 戰國；楚王畬章劍 戰國       
 津藝 80 戰國；雲夢封診 戰國；故宫 467 戰國  	 陶五 384 戰國；雲夢雜抄 戰國 	 陶三 686 戰國；包山 179 戰國；包山 246 戰國；陶三 1184 戰國；望山M1簡 戰國；包山 237 戰國；上博周易 戰國      

醬	酰	酷
	合 19771 一期 合 30946 三期	
鄦子盟吕鎛 春秋 兆域圖 戰國 中山王壺 戰國	馭八卣 商代 酰父乙觶 商代 酰簋 商代	師楷鼎 周早
陶六 020 戰國 望山M1簡 戰國 包山 253 戰國 璽彙 0177 戰國 侯馬盟書 戰國 守丘刻石 戰國 包山 147 戰國 璽彙 0093 戰國 璽彙 0307 戰國 雲夢日甲 戰國		
古文		

酌	⿰酉齊	⿰酉彡	醘	畐
		 前 7.4.1 一　期  後上 8.14 四　期		 京津 4241 三　期  合 30065 三　期  佚 925 三　期  屯 4197 三　期
 伯公父勺 周　晚	 宋右師延敦 春秋  中山王壺 戰　國  鄦侯簋 戰　國	 戊寅鼎 商　代  ⿰酉彡尊 商　代		 畐父辛爵 商　代  士父鐘 周　晚  季㝬尊 周　早
 上博周易 戰　國	 燕下都陶 戰　國  包山 255 戰　國  信陽楚簡 戰　國		 天星觀簡 戰　國  璽彙 0001 戰　國	 璽彙 4559 戰　國  雲夢日乙 戰　國  璽彙 4698 戰　國 倒書 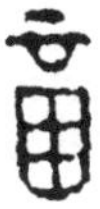 璽彙 4560 戰　國

赤	赫	赭
合 15679 一期；合 28195 三期；合 19801 一期；菁 9.5 五期		
麥鼎 周早；柳鼎 周中；此簋 周晚；郑公華鐘 春秋；柞伯簋 周中；吕服余盤 周中；師克盨 周晚；赤角匠 春秋；玄鏐赤鏞戈 春秋		
陶三 822 戰國；包山 276 戰國；雲夢日乙 戰國；璽彙 2624 戰國；貨系 4046 戰國；望山M2簡 戰國；郭店老甲 戰國；璽彙 2420 戰國；璽彙 2986 戰國	秦封泥 秦代	信陽楚簡 戰國；包山 261 戰國；望山M2簡 戰國；簡文從色

辛　　辜

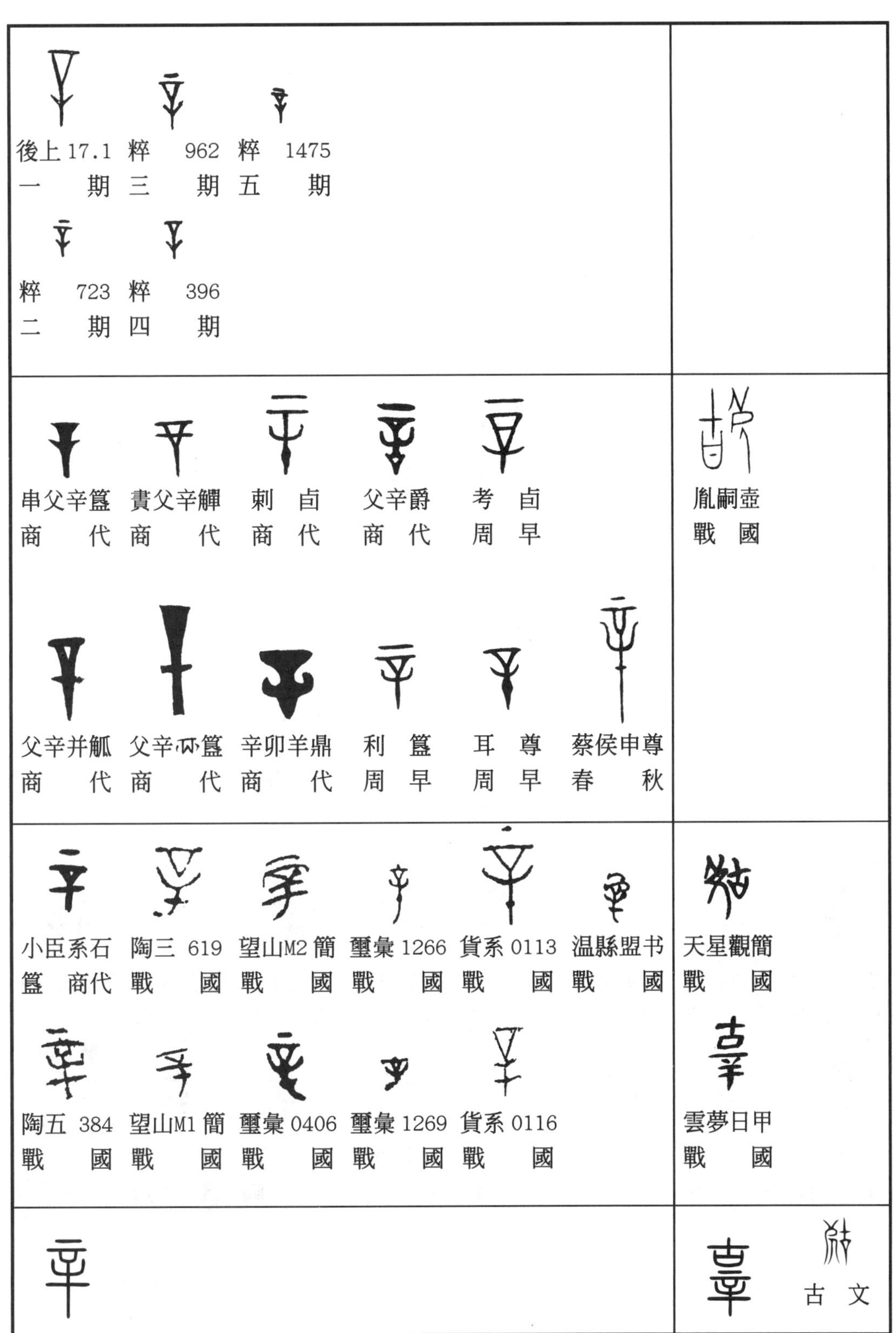

後上17.1 一期　粹 962 三期　粹 1475 五期

粹 723 二期　粹 396 四期

串父辛簋 商代　費父辛觶 商代　剌卣 商代　父辛爵 商代　考卣 周早

父辛并觚 商代　父辛𠙵簋 商代　辛卯羊鼎 商代　利簋 周早　耳尊 周早　蔡侯申尊 春秋

小臣系石簋 商代　陶三 619 戰國　望山M2簡 戰國　璽彙 1266 戰國　貨系 0113 戰國　温縣盟书 戰國

陶五 384 戰國　望山M1簡 戰國　璽彙 0406 戰國　璽彙 1269 戰國　貨系 0116 戰國

胤嗣壺 戰國

天星觀簡 戰國

雲夢日甲 戰國

古文

皐　童

皐	童
	屯 650 三期；英 1886 三期；合 30178 三期
中山王鼎 戰國	童鼎 商代；童鼎 商代；番生簋 周中；武王之童戈 戰國；童且辛卣 商代；牆盤 周中；毛公鼎 周晚
郭店五行 戰國；上博競建 戰國；璽彙 3253 戰國；上博容成 戰國；璽彙 3250 戰國；雲夢日甲 戰國	陶五 384 戰國；信陽楚簡 戰國；包山牘 1 戰國；璽彙 3645 戰國；望山M1簡 戰國 楚故以先增神祖示化名旁之；長沙帛書 戰國；包山 039 戰國；郭店語四 戰國；璽彙 1277 戰國
皐	童

辭

花東 286
一期

合 41614
四期

令鼎
周早

康侯簋
周早

師奎父鼎
周中

窄鼎
周中

𤔲匜
周中

善夫山鼎
周晚

魯仲齊盤
春秋

庚壺
春秋

司工丁爵
周早

𢼸司徒斧
周早

𤔲匜
周中

衛盉
周中

無叀鼎
周晚

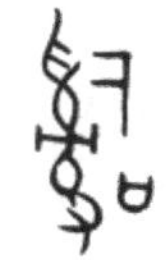
滎有司爯鼎
周晚

大司馬匿
春秋

中山王壺
戰國

陶二 004
西周

雲夢雜抄
戰國

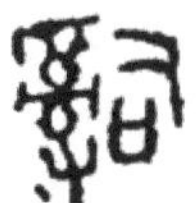
石鼓乍原
戰國

籀文

辭	辥	章
 周甲 137 周 早	 合 767 一 期  合 3984 一 期  鐵 23.4 一 期  合 3984 一 期  合 8840 一 期  合 31071 三 期	
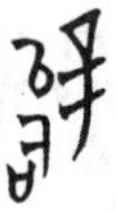 伯六辭鼎 周 中  邾公牼鐘 春 秋  戎生鐘 周 晚  齊 鎛 春 秋	 叔趞父卣 周 早  毛公鼎 周 晚  晉公盞 春 秋  何 尊 周 早  克 鼎 周 晚  庚 壺 春 秋	 乙亥簋 商 代  大 簋 周 中  宜章矛 戰 國  衛 盉 周 中  大 簋 周 中  九年鄭令 矛 戰國
	 璽彙 2261 戰 國  雲夢爲吏 戰 國  吉林 200 戰 國  雲夢爲吏 戰 國	 包山 077 戰 國  上博周易 戰 國  郭店語三 戰 國  璽彙 0490 戰 國
  籀 文		

邑　　　　郝　邙　郊

邑	郝	邙	郊
 合 13525 一期 　京津 1605 三期 　前 4.15.1 五期 　菁 2.1 一期 　甲 2311 四期 　周甲 42 先周	氏名同亦		
  小臣邑斝 商代 　臣卿簋 周早 　旬邑權 戰國 　邑爵 商代　辛邑矛 商代 　晋鼎 周中			
 陶五 136 戰國 　上博容成 戰國 　璽彙 0198 戰國 　雲夢法律 戰國 　包山 003 戰國 　上博周易 戰國 　璽彙 0104 戰國 　貨系 0711 戰國 　貨系 1278 戰國	 珍秦 55 戰國	 陶三 788 戰國	 包山 182 戰國 　璽彙 3997 戰國

邦

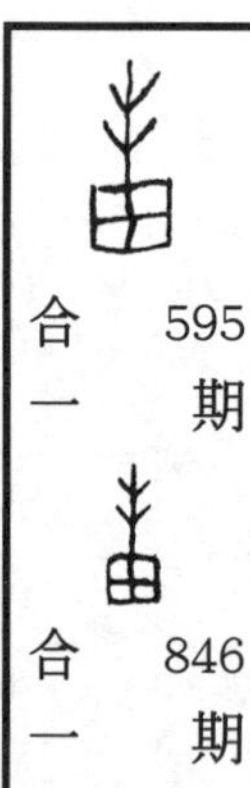

合 595 一期

合 846 一期

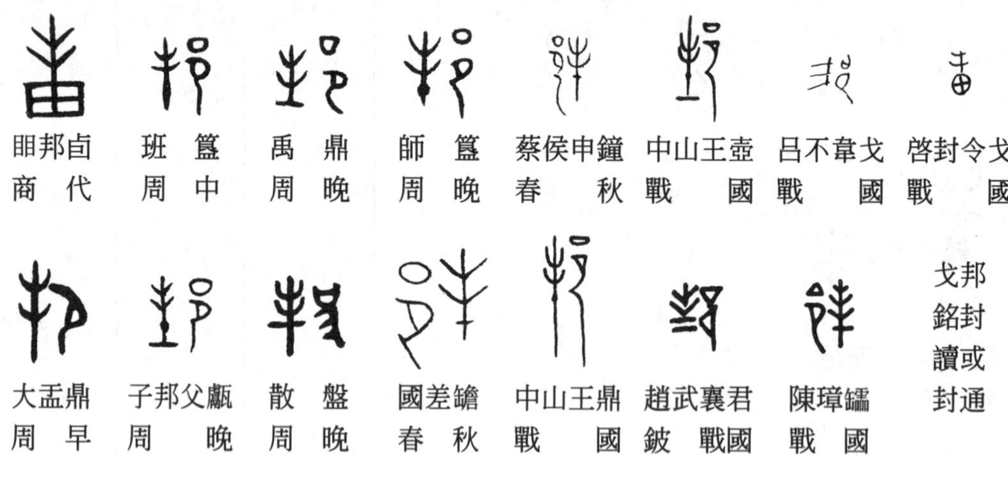

眲邦卣 商代

班簋 周中

禹鼎 周晚

師簋 周晚

蔡侯申鐘 春秋

中山王壺 戰國

吕不韋戈 戰國

啓封令戈 戰國

大盂鼎 周早

子邦父甗 周晚

散盤 周晚

國差罎 春秋

中山王鼎 戰國

趙武襄君鈹 戰國

陳璋鐳 戰國

戈銘邦讀封或通封

陶三 040 戰國

包山 242 戰國

郭店語四 戰國

璽彙 0143 戰國

璽彙 1810 戰國

吉大 28 戰國

幣編 99 戰國

幣編 99 戰國

包山 007 戰國

郭店緇衣 戰國

上博民之 戰國

璽彙 0276 戰國

璽彙 3936 戰國

貨系 2575 戰國

幣編 99 戰國

雲夢秦律 戰國

古文

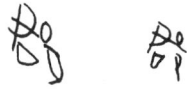

揶	郡	邸	郝
			同秦
揶戈 戰國	上郡守慶戈　戰國 上郡守壽戈　戰國 上郡守戈 戰國		
陶六 147 戰國 璽彙 2227 戰國 陶六 148 戰國	集證 140 戰國 雲夢法律 戰國	包山 162 戰國 集證 140 戰國 天星觀簡 戰國	陶九 008 戰國 璽彙 1369 戰國 曾侯墓簡 戰國 璽彙 0777 戰國

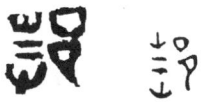

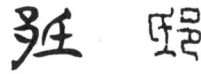

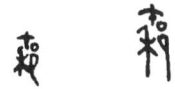

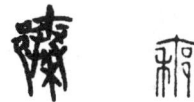

都

𪒠鐘 周晚	晉都尹定匜 春秋	庚都司馬鐓 戰國

齊鎛 春秋	高都令戈 戰國	中都戈 戰國

陶三 703 戰國	陶九 019 戰國	包山 102 戰國	上博曹沫 戰國	璽彙 0188 戰國	分域 2943 戰國	璽彙 3419 戰國	三晉 99 戰國
陶四 151 戰國	陶九 020 戰國	包山 113 戰國	璽彙 0082 戰國	璽彙 0281 戰國	璽彙 2487 戰國	璽彙 5196 戰國	雲夢法律 戰國

鄰	竈	鄙	⿰生阝	郛
			龍龕手鑑同卻	
中山王鼎 戰國				
望山M2簡 戰國 雲夢日乙 戰國 郭店窮達 戰國	包山 132 戰國 雲夢爲吏 戰國 新蔡楚簡 戰國	雲夢爲吏 戰國 雲夢爲吏 戰國	天星觀簡 戰國	包山 167 戰國 璽彙 2154 戰國 璽彙 0180 戰國

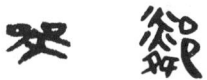

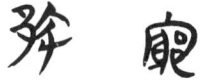

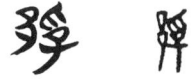

郵	郲	酆	䢼	邽	⿰肖阝		郁
			國名同江				
	田齊銅量 戰　國		江叔⿰虫欠鬲 春　秋				
官印 0090 戰　國	錢典 262 戰　國	陶五 384 戰　國		集證 223 戰　國	陶六 156 戰　國	侯馬盟書 戰　國	秦封泥 秦　代
雲夢語書 戰　國		璽彙 1885 戰　國		陝西臨潼 陶　戰國	璽彙 2969 戰　國		

郃	鄭	⿰镸阝	部
		地名同長	
 丞相啓狀戈 戰國	 哀成叔鼎 春秋  十九年殳 戰國  鄭左庫戈 戰國	 ⿰镸阝湯伯匜 春秋	
	 曾侯墓簡 戰國  璽彙 1618 戰國  璽彙 1621 戰國  璽彙 1627 戰國  新蔡楚簡 戰國  璽彙 1619 戰國  璽彙 1623 戰國  雲夢日甲 戰國	 侯馬盟書 戰國  幣編 175 戰國	 故宮 431 戰國  雲夢秦律 戰國  雲夢法律 戰國  秦印彙編 秦代

郖	邙	郇	鄆	邗
	邙令差戈 戰國 相邦邙皮戈 戰國		鄆戈 戰國 鄆左戈 戰國	邗令戈 戰國 非釪戈 戰國
璽彙 2146 戰國 璽彙 2149 戰國 璽彙 2147 戰國	包山 129 戰國 璽彙 2117 戰國 璽彙 2114 戰國 璽彙 2247 戰國	璽彙 2140 戰國 璽彙 2238 戰國		包山 115 戰國 璽彙 5555 戰國 璽彙 2050 戰國

邵	⿰御阝	鄔	祁	⿰枇阝	鄧
中山王壺 戰國 陳侯因齊敦 戰國					鄧子午鼎 春秋 鄧公乘鼎 春秋 以鄧鼎 春秋 鄧公乘鼎 春秋
侯馬盟書 戰國 侯馬盟書 戰國	包山 132 戰國	幣編 205 戰國 幣編 206 戰國 幣編 205 戰國	三晉 73 戰國	璽彙 1923 戰國	璽彙 1934 戰國 雲夢編年 戰國

邢	邯	鄲	鄬
同邢			
		鄲孝子鼎 戰國	鄬戈 春秋 鄬子白受鐸 春秋 鄬伯受匿 春秋
陶六 36 戰國 陶六 40 戰國 璽彙 1901 戰國 璽彙 1892 戰國	侯馬盟書 戰國 璽彙 2145 戰國 陶四 159 戰國 雲夢編年 戰國	璽彙 2137 戰國 侯馬盟書 戰國 或從丹聲 分域 2938 戰國	曾侯墓簡 戰國 曾侯墓簡 戰國

邮 部 鄾 鄒

			同蔡
		中山王壺 戰國 鄾王職戈 戰國 胤嗣壺 戰國 鄾侯𨍏簋 戰國	王孫霝匜 春秋 鄂君車節 戰國
新蔡楚簡 戰國	包山 115 戰國	遯庵 2.14 戰國 璽彙 1976 戰國 璽彙 4099 戰國 包山 186 戰國 璽彙 1420 戰國 璽彙 3857 戰國 香續 102 戰國 津藝 21 戰國	包山 066 戰國 璽彙 0097 戰國 包山 202 戰國 璽彙 2188 戰國

第一編 古文字

鄦	郪	鄎	⿰豕阝	⿰襄阝	鄸
盨姬鬲 周早 盨男鼎 周晚 蔡大師鼎 春秋 盨仲尊 周晚 鄦子臣 春秋	新郪虎符 戰國	鄎子行盆 春秋 曾侯乙鐘 戰國	⿰豕阝州戈 春秋		
仰天湖簡 戰國 包山 098 戰國 望山M1 簡 戰國 包山 087 戰國 包山 131 戰國			璽彙 0010 戰國	包山 155 戰國 包山 189 戰國	璽彙 3247 戰國

[illegible]	郢	[illegible]	郭	鄂	郫
	郢侯戈 春秋 鄂君車節 戰國 魚郢率鐸 戰國	長沙戈 戰國	左郭矛 戰國	鄂君舟節 戰國	
璽彙 0183 戰國	望山M1簡 戰國 包山 169 戰國 貨系 4209 戰國 包山 126 戰國 璽彙 2052 戰國 貨系 4241 戰國	包山 078 戰國 簡文長[illegible]讀作長沙		包山 164 戰國	包山 121 戰國 新蔡楚簡 戰國

第一編 古文字

郲	邡	邴
郲大司馬戟 春秋 郲公鈁鐘 春秋	鄂君車節 戰國	
陶三 620 戰國 包山 149 戰國 璽彙 1578 戰國 璽彙 1583 戰國 陶三 1068 戰國 包山 156 戰國 璽彙 1580 戰國 璽彙 1585 戰國	陶三 1232 戰國 新蔡楚簡 戰國 曾侯墓簡 戰國 璽彙 2073 戰國	璽彙 2098 戰國 璽彙 2209 戰國 璽彙 2100 戰國

鄱	鄍	邻	䣝	䘏	鄑	鄄
鄱伯龠匜 春秋 疋鄱戈 戰國	鄍公湯鼎 春秋 鄍公白韭簋 春秋					
包山 153 戰國 璽彙 1660 戰國 新蔡楚簡 戰國 温縣盟書 戰國		曾侯墓簡 戰國	包山 116 戰國 包山 166 戰國	雲夢爲吏 戰國	陶三 1325 戰國	璽彙 2598 戰國

第一編 古文字

鄶	⿰余阝	⿰弓阝
		氏名同弓
	⿰余阝諧尹鉦 春秋 沇兒鐘 春秋 ⿰余阝王耑 春秋 庚兒鼎 春秋	
陶三 825 戰國	陶三 329 戰國 包山 084 戰國 璽彙 1940 戰國 璽彙 1943 戰國 璽彙 1950 戰國 璽彙 1954 戰國 陶九 040 戰國 包山 172 戰國 璽彙 1941 戰國 璽彙 1946 戰國 璽彙 1952 戰國 山東 170 戰國	璽彙 2109 戰國

邛	祁	鄒	邿	郰	郕	郎
邛季戈 春秋 叔姬匜 春秋 孫叔師父壺 春秋 槁朝鼎 戰國			邿召匜 春秋 邿伯祀鼎 春秋			
	璽彙 2135 戰國	封成 873 戰國 十鐘印舉 戰國	璽彙 2096 戰國 璽彙 2097 戰國	璽彙 0263 戰國	曾侯墓簡 戰國	官印 0003 戰國

鄣	邗	⿰羕阝	郯	郚	⿰御阝	⿰蒿阝
	邗王是野戈 春秋 趙孟壺 春秋 州句劍 戰國			郚令戈 戰國		
官印 0041 戰國	包山 183 戰國	包山 040 戰國	包山 179 戰國 璽彙 0190 戰國	包山 206 戰國 包山 240 戰國	十鐘印舉 戰國	包山 171 戰國

邪	郑	邱
丞相啓狀戈 戰國		
璽彙 2142 戰國 雲夢語書 戰國 三晋 48 戰國 貨系 0879 戰國 貨系 0886 戰國	陶三 174 戰國 璽彙 1436 戰國 璽彙 2068 戰國 包山 120 戰國 璽彙 2066 戰國 湖南 1 戰國	陶五 384 戰國

郭	鄴	郳	郇
郭公子戈 春秋 郭大夫銛 戰國	鄴下庫戈 戰國	郳右戈 春秋 郳左疋戈 春秋 郳始鬲 春秋	
雲夢爲吏 戰國 分域 2879 戰國 璽印集粹 戰國 璽彙 5672 戰國		璽彙 2127 戰國 璽彙 3233 戰國	陶三 813 戰國 包山 056 戰國 璽彙 2063 戰國 包山 028 戰國 璽彙 2061 戰國

⿰桼阝	⿰壴戈	郤	⿰几阝	⿰求阝	⿰尚阝	⿰徵阝
 多友鼎 周　晚	 陳侯因齊 敦　戰國	 郤氏左戈 戰　　國				
	 陶三　706 戰　　國  陶三 1231 戰　　國		 璽彙 2212 戰　　國	  包山　167 戰　　國  璽彙 2105 戰　　國 璽彙 2104 戰　　國 璽彙 2204 戰　　國	 包山　165 戰　　國  包山　180 戰　　國	 十鐘印舉 戰　　國

郱 鄝 邨 邒 鄿

郱	鄝	邨	邒	鄿
	鄝子妝戈 春秋	頓丘戈 戰國		東庫盉 戰國；中山神獸 戰國；切相鈹 戰國；中山神獸 戰國；曾侯乙鐘 戰國
璽彙 1926 戰國	包山 029 戰國；包山 153 戰國；包山 105 戰國		璽彙 1691 戰國	曾侯墓簡 戰國；璽彙 1599 戰國；璽彙 2248 戰國；天星觀簡 戰國；璽彙 1603 戰國；璽彙 3498 戰國

郙	厶阝	郊
	同 部	
郙王劍 春　秋		
包山 006 戰國　包山 226 戰國　包山 230 戰國　包山牘 1 戰國 包山 145 戰國　包山 228 戰國　包山 242 戰國	陶三 328 戰國　璽彙 2203 戰國 璽彙 2202 戰國	包山 066 戰國　包山 157 戰國 包山 157 戰國

⿰土阝	⿰白阝	⿰冬阝	⿰弗阝	⿰正阝
璽彙 1667 戰國 雲夢日甲 戰國	璽彙 2150 戰國 璽彙 2152 戰國 璽彙 2151 戰國	包山 186 戰國 貨系 2460 戰國 璽彙 2138 戰國	璽彙 2126 戰國 貨系 0560 戰國 貨系 0557 戰國 侯馬盟書 戰國	包山 150 戰國

䢵	邻	邳	郃	那	郄	邟	郘
 鄂君舟節 戰　國							 郘大叔斧 春　秋
 包山 030 戰　國  包山 151 戰　國	 包山 023 戰　國  包山 023 戰　國	 璽彙 2153 戰　國	 十鐘印舉 戰　國	 陶六 030 戰　國  上博容成 戰　國	 雲夢日乙 戰　國	 包山 186 戰　國	 郭店窮達 戰　國  璽彙 1642 戰　國

𨛜	郱	𨜒	𨛯	𨛭	䣧
 𨛜戈 戰國					
 包山 188 戰國	 包山 221 戰國	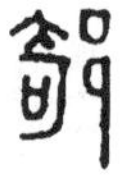 璽彙 1687 戰國	 璽彙 1424 戰國	 包山 159 戰國  璽彙 1981 戰國 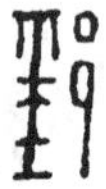 璽彙 1983 戰國  包山 162 戰國  璽彙 1982 戰國  璽彙 4014 戰國	 包山 050 戰國

⿰馬阝	⿰罠阝	鄩	⿰鬲阝	⿰與阝	𨞺
					地名同龍
		 齊鎛 春秋			 𨞺公戈 戰國
 璽彙 2134 戰國  璽彙 2369 戰國	 望山M1簡 戰國  包山 145 戰國	 新蔡楚簡 戰國  新蔡楚簡 戰國	 曾侯墓簡 戰國  包山 110 戰國  包山 168 戰國  包山 068 戰國  包山 118 戰國	 貨系 1210 戰國	 包山 174 戰國

⿰昔阝	⿰石阝	⿰奄阝	⿰虒阝	廓	⿰崩阝	⿰畬阝	⿰予阝
 蔀嬰簋 周 晚  蔀嬰簋 周 晚							 郙令戈 戰 國
 印 典 戰 國	 戰編 438 戰 國	 曾侯墓簡 戰 國 從弇聲	 曾侯墓簡 戰 國	 侯馬盟書 戰 國	 包山 172 戰 國  包山 190 戰 國	 璽印集粹 戰 國  璽彙 2132 戰 國	 三晉 53 戰 國  三晉 53 戰 國

鄻	鄟	𨛫	鄘	𨞥	鄙	鄵
				乙 5394 一期		
				𨞥戈 戰國		鄂君車節 戰國
新蔡楚簡 戰國 侯馬盟書 戰國	璽彙 1870 戰國 璽彙 1872 戰國	璽彙 1912 戰國 璽彙 1916 戰國 璽彙 1915 戰國 璽彙 1917 戰國	包山 174 戰國 包山 190 戰國	包山 164 戰國	璽彙 0086 戰國	包山 063 戰國

鄬	⿰化阝　⿰虒阝	鄀	⿰戉阝
	⿰化阝或作⿰虒阝		同越
 姬丹盤 春秋	 ⿰化阝子倗缶 春秋  ⿰虒阝子倗缶 春秋  ⿰化阝子匠 春秋	 鄀公鼎 春秋  鄀公匠 春秋  鄀公簋 春秋  上鄀府匠 春秋	 越王句踐劍 春秋  曾侯⿰戉阝戈 春秋  者旨於睗劍 戰國  越王劍 春秋  曾侯⿰戉阝戈 春秋  者旨於睗劍 戰國
	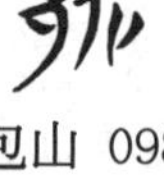 包山 098 戰國		 仰天湖簡 戰國  包山 055 戰國

鄉	卲	巷	鄉
讀作鬭			
		建信君鈹 戰國 相邦鈹 戰國 相邦劍 戰國	鄂君舟節 戰國
陶三 833 戰國 包山 124 戰國	璽彙 1690 戰國	包山 142 戰國 郭店緇衣 戰國 上博魯旱 戰國 雲夢法律 戰國 包山 144 戰國 上博采風 戰國 璽彙 1882 戰國 秦封泥 秦代	包山 157 戰國 包山 167 戰國 包山 166 戰國 新蔡楚簡 戰國
		或體	

古文字類編

郜	酄	鄠	郢	鄬	⿰足或
				地名同爲	
洹子孟姜壺 春秋 析君戟 戰國 新郜戈 春秋 羕陵公戈 戰國		蒷陽鼎 戰國	鄂君舟節 戰國		師寰簋 周晚 師寰簋 周晚 章子戈 春秋
包山 012 戰國 新蔡楚簡 戰國	曾侯墓簡 戰國		包山 003 戰國 包山 089 戰國	三晉 79 戰國 三晉 79 戰國	包山 003 戰國 璽彙 0204 戰國 郭店老乙 戰國 璽彙 0310 戰國

⿰巾阝	⿰梁阝	⿰魚阝	鄴	⿰旦阝
	同梁		同業	氏名同旦
 ⿰巾阝子䰃缶 春秋	 ⿰梁阝戈 春秋  大⿰梁阝司寇鼎 戰國	 晉侯穌鐘 周晚		
 仰天湖簡 戰國	 璽彙 1701 戰國  璽彙 1710 戰國  幣編 178 戰國  包山 169 戰國  璽彙 1704 戰國  三晉 114 戰國  包山 163 戰國  包山 179 戰國	 璽彙 2081 戰國  璽彙 2083 戰國	 包山 170 戰國  新蔡楚簡 戰國	 包山 076 戰國  璽彙 0120 戰國

鄫	鄶	鄭	鄨	鄺
同曹	同魯			同盧
		 鄭子蒷夷鼎 春秋		
 璽彙 0304 戰國  璽彙 1616 戰國  璽彙 1613 戰國	 璽彙 1594 戰國  璽彙 1596 戰國  璽彙 1595 戰國		 包山 063 戰國  包山 186 戰國  包山 182 戰國	 璽彙 2106 戰國  璽彙 2107 戰國

⿰焦阝	⿰雁阝	⿰集阝	⿰車阝	⿰盌阝
		同集	氏名同車	地名同鑄
	曾侯乙鐘 戰國 曾侯乙鐘 戰國	鑄客盤 戰國		
璽彙 2075 戰國 璽彙 2079 戰國 璽彙 2077 戰國	包山 204 戰國 包山 191 戰國 包山 183 戰國	曾侯墓簡 戰國 曾侯墓簡 戰國 曾侯墓簡 戰國	陶四 035 戰國 璽彙 1928 戰國	三晉 117 戰國 三晉 117 戰國

𨞛	𨛬	郋	𨟚	𨚕	𨚗
	邑名同申	氏名同系	同緐		氏名同任
𨞛王戟 春　秋	𨛬陰令戈 戰　國		曾伯霥𠤳 春　秋	𨚕相鈹 戰　國	
		新蔡楚簡 戰　國 陶三 021 戰　國	璽彙 2129 戰　國	璽彙 0002 戰　國 璽彙 2218 戰　國 幣編 96 戰　國 璽彙 0096 戰　國 幣編 96 戰　國 幣編 96 戰　國	璽彙 2056 戰　國 璽彙 5265 戰　國

郵	[易阝]	[屈阝]	𨙨	鄉
	地名同易	同屈		
	[易阝]戈 戰國			
陶四 162 戰國 璽彙 2031 戰國 璽彙 2002 戰國 侯馬盟書 戰國	包山 157 戰國 包山 177 戰國 包山 169 戰國	陶五 072 戰國 陶五 075 戰國 璽彙 0182 戰國	璽彙 2090 戰國 璽彙 2091 戰國	官印 0081 戰國 官印 0083 戰國

古文字類編

門	閈	閽	闈	闠
 合 22239 一期  佚 582 一期 甲 1180 三期  前 4.16.1 一期  佚 468 二期 粹 733 四期				
 門且丁簋 商代  散盤 周晚  師酉簋 周中  逨鼎 周晚	 毛公鼎 周晚  中山王鼎 戰國		 闈簋 周中	
 陶三 006 戰國  包山 233 戰國  璽彙 0168 戰國  貨系 2477 戰國  包山 036 戰國  郭店性自 戰國  璽彙 2656 戰國		 雲夢日乙 戰國	 雲夢爲吏 戰國  雲夢日甲 戰國	 雲夢秦律 戰國

閭	閮	閑	闕	閬
 閭丘戈 戰國		 同簋 周中		
 十鐘印舉 戰國；陶三 422 戰國；故宮 415 戰國；璽彙 5330 戰國；陶三 419 戰國    	 陶三 406 戰國；璽彙 4013 戰國；陶三 414 戰國  		 珍秦 139 戰國	 璽印集粹 戰國；雲夢語書 戰國 

闢　閒

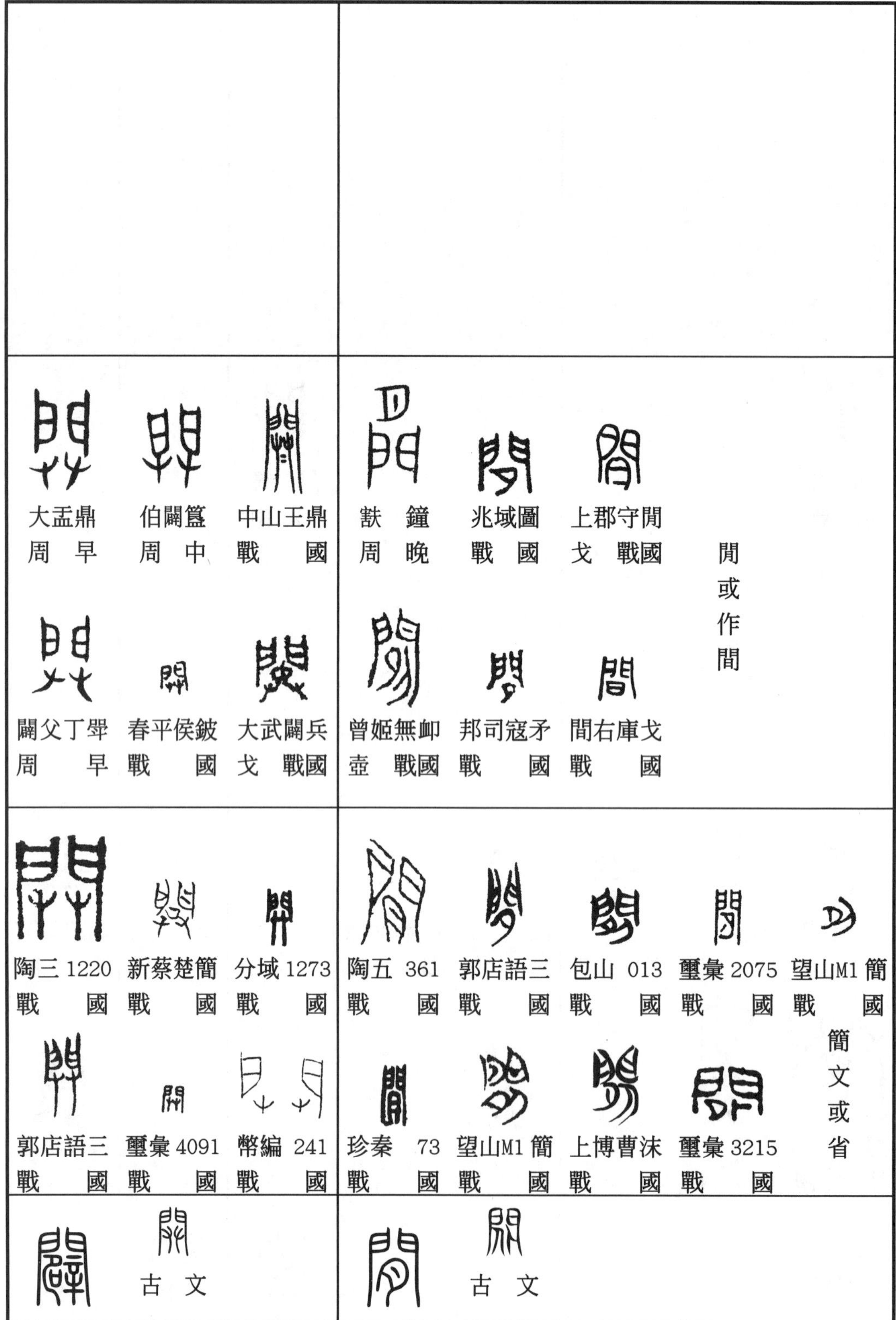

開 闌 　　　　 闟 閡

開	闌	闟	閡
			合 26927 三 期 合 26927 三 期
春平侯矛 戰 國	亞古父己簋 商代 宰椃角 商 代 利 簋 周 早 𨟭侯鼎 周 晚 王孫鐘 春 秋 戍嗣鼎 商 代 闌 卣 商 代 闌監鼎 周 中 王孫誥鐘 春 秋 王子午鼎 春 秋		婦閡甗 商 代
鐵雲印續 戰 國 雲夢日乙 戰 國	雲夢法律 戰 國	文博 1998.1 戰 國	
開	闌	闟	

閟 閉 闗 闇

閟	閉	闗	闇
	 豆閉簋 周中  子禾子釜 戰國	 利之元子缶 春秋  陳純釜 戰國  鄂君舟節 戰國  左關鉌 戰國  子禾子釜 戰國	
 郭店語四 戰國	 雲夢日甲 戰國  雲夢日乙 戰國	 璽印集粹 戰國  璽彙 0175 戰國  錢典 333 戰國  上博詩論 戰國  上博詩逸 戰國  陶三 380 戰國  璽彙 0177 戰國  包山 149 戰國  璽彙 0295 戰國  雲夢爲吏 戰國	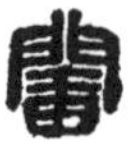 璽印集粹 戰國  秦印彙編 秦代

閲 闇 闊 閔

閲	闇	闊	閔
	師𩕢鼎 周 晚	兆域圖 戰 國	仲閔父盨 周 晚 兆域圖 戰 國
雲夢法律 戰 國 秦印彙編 秦 代	陶三 041 戰 國		璽彙 1674 戰 國 璽彙 3075 戰 國 郭店語一 戰 國 郭店語三 戰 國 璽彙 2563 戰 國 璽彙 3498 戰 國 郭店語三 戰 國 古文四聲韻作

閠	闖	⿵門女	⿵門子	⿵門戈	閨
		合 18064 一期			
璽彙 2662 戰國	秦印 戰編 783		璽彙 1402 戰國 璽彙 2013 戰國	璽彙 0734 戰國 郭店老甲 戰國 包山 233 戰國 簡文同閉	上博周易 戰國 上博泊旱 戰國 上博昭王 戰國

⿵門夾	閐	⿵門黑	⿵門龜	⿵門非	閤	⿵門曷	⿵門有
			龍龕同闡	 合 15844 一期			
 兆域圖 戰國 讀作狹							
	 印風 117 秦代	 雲夢法律 戰國	 璽彙 1982 戰國		 上博君老 戰國 簡文從會	 璽彙 1206 戰國	 包山 128 戰國  郭店忠信 戰國

虍	虎					虒	
合 462 一期	前 4.44.5 一期	合 10198 一期	合 17849 一期	合 21386 一期	合 21388 一期		
合 10948 一期	合 10196 一期	合 10201 一期	合 20708 一期	合 21387 一期	合 37362 五期		
		九年衛鼎 周中	大師虘簋 周中	散盤 周晚	師兌簋 周晚	内史亳觚 周早	同簋 周中
	虎簋 商代	封虎鼎 周中	琱生簋 周晚	旅虎𠤳 周晚	受戈 春秋	十三年𤼈壺 周中	奢虒𠤳 周晚
錢典 1219 戰國	秦公石磬 春秋	包山牘 1 戰國	中山玉器 戰國	三晉 48 戰國	曾侯墓簡 戰國	雲夢日甲 戰國	
陶徵 208 戰國	望山M2簡 戰國	雲夢日甲 戰國	中山玉器 戰國	三晉 66 戰國	簡增文肉或旁	故宫 432 戰國	

虖 虐

虖	虐
	合 2307 一期；合 17853 一期；合 17946 一期；合 14315 一期；合 17192 一期；合 40048 一期
何尊 周早；寡子卣 周中；禹鼎 周晚；沈子它簋 周早；毛公鼎 周晚；中山王鼎 戰國	量侯簋 周中；塱盨 周晚
陶三 816 戰國；郭店語三 戰國；郭店忠信 戰國；侯馬盟書 戰國；侯馬盟書 戰國；郭店語一 戰國；郭店唐虞 戰國；珍秦 65 戰國；侯馬盟書 戰國；侯馬盟書 戰國	

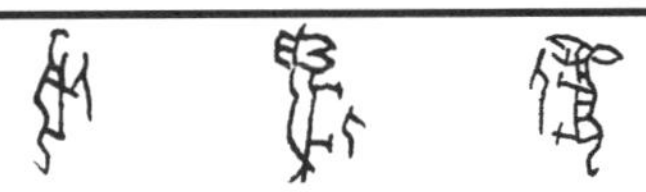

皆　　　　　　　　　　　　　　　　 饡　 虢

皆	饡	虢
合 25228 二期　合 27445 三期　屯 1092 三期　屯 1021 三期　合 31182 三期　合 27748 三期　合 28096 三期		
皆壺 周中　郐𨟻尹鼎 春秋　郐𨟻尹鼎 春秋　中山王鼎 戰國	饡母鬲 周晚	毛公鼎 周晚　晋公𥂴 春秋　秦公鎛 春秋
望山M2簡 戰國　包山 270 戰國　郭店語一 戰國　雲夢封診 戰國　望山M2簡 戰國　郭店忠信 戰國　上博子羔 戰國		包山 015 戰國　郭店五行 戰國　上博緇衣 戰國　包山 162 戰國　郭店緇衣 戰國　新蔡楚簡 戰國

虡𨏑	虡	虢
 合 8205 一期  後下 3.8 三期  合 40019 一期 同虢		 合 5516 一期  合 10206 一期  乙 2661 一期  合 27887 三期
 即簋 周中  叔𨏑簋 周晚	 郘钟 春秋  蔡侯殘鐘 春秋  吴王光鐘 春秋  虡公劍 春秋  吉日壬午劍 春秋  吴王光鐘 春秋  吴王光鐘 春秋  燕節 戰國	 虢觚 商代  虢父乙觚 商代
		 璽彙 3994 戰國

𪊋	𧇽	𧈅
 合 18356 一期  合 18358 一期	同肰	讀作吾
 父丁觶 周早  工𪊋矛 春秋  者減鐘 春秋  杕氏壺 戰國  兮甲盤 周晚  工𪊋大叔盤 春秋  中山王鼎 戰國  書也缶 戰國		 曾姬無卹壺 戰國
 侯馬盟書 戰國  三晉 115 戰國  侯馬盟書 戰國  三晉 115 戰國  幣編 230 戰國	 郭店語一 戰國  郭店語一 戰國	 郭店語一 戰國  上博緇衣 戰國  璽彙 3411 戰國  郭店老甲 戰國 璽彙 3056 戰國  璽彙 3433 戰國

虢	虘	虞
	鄴3下43.4 三期 京津3451 三期	
班簋 周中 虢叔匜 周晚 虢叔大父鼎 周晚 虢季氏簋 周晚 頌簋 周中 虢叔匜 周晚 公臣簋 周晚 虢太子元戈 周晚	虘簋 周早 大師虘豆 周中 虘爵 周早 喬君鉦 春秋	恒簋 周中 虞司寇壺 春秋 散盤 周晚 虞侯政壺 春秋
	上博緇衣 戰國 璽彙0260 戰國	十鐘印舉 戰國 雲夢秦律 戰國 珍秦 32 戰國

虔	彪	虜
 追簋 周中  秦公鎛 春秋  吳王光鐘 春秋  吳王光鑑 春秋  者沏鐘 戰國  師寰簋 周晚  蔡侯申鐘 春秋  吳王光鐘 春秋  者沏鎛 戰國  者沏鐘 戰國	 毛叔盤 周晚  鄦伯彪戈 春秋  訇鼎 周晚	 登孫虜匠 春秋  登孫虜鼎 春秋
 陶三 1357 戰國 秦印彙編 秦代		 包山 019 戰國

處	虛
臣諫簋 周早　牆盤 周中　井人妄鐘 周晚　姑發劍 春秋　胤嗣壺 戰國 晉鼎 周中　瘭鐘 周中　南疆鉦 春秋　魚顛匕 戰國	
石鼓汧沔 戰國　璽彙 0414 戰國　璽彙 3145 戰國　貨系 2487 戰國　雲夢日甲 戰國 陶五 132 戰國　璽彙 1726 戰國　十鐘印舉 戰國　雲夢法律 戰國	郭店老甲 戰國　新蔡楚簡 戰國　雲夢日乙 戰國 上博恒先 戰國　璽彙 5559 戰國　雲夢日甲 戰國
或體	

兔	毚	象	魯	魯	㝅
甲 270 一期 合 137 一期		合 7239 一期 乙 3380 二期 後上 9.4 五期 合 12439 一期 合 38718 五期	前 2.4.1 五期 燕 602 五期	佚 177 一期 續 3.19.4 五期	
兔戈 商代 函皇父鼎 周晚		子象爵 商代 師酉簋 周中 訇簋 周中 子象觶 商代 善鼎 周中 晉侯穌鐘 周晚	葡父癸角 商代 遣小子簋 周晚	柞伯簋 周中 季魯簋 周中	井季㝅卣 周中 季㝅簋 周晚
石鼓田車 戰國 上博詩論 戰國	雲夢法律 戰國				石鼓汧沔 戰國 十鐘印舉 戰國

䑍 隹

同逸	合 1108 一期；合 20613 一期；合 21742 二期；佚 276 四期；甲 3941 五期；合 5244 一期；乙 6672 一期；合 34479 四期；後下 36.6 四期；周甲 55 先周
卯簋 周中；者汈鐘 戰國；多友鼎 周晚	宰椃角 商代；井侯簋 周早；王子午鼎 春秋；拍敦蓋 春秋；亓北古劍 戰國；胤嗣壺 戰國；隹壺 商代；盂爵 周早；吴王光鑑 春秋；番君鬲 春秋；中山王鼎 戰國
上博性情 戰國；魏逸石寫經作 ；簡讀文作䑍逸蕩蕩	石鼓汧沔 戰國；曾侯墓簡 戰國；長沙帛書 戰國；郭店緇衣 戰國

奮	堆	睢	霍	雅
	合 36567 五期 前 2.9.6 五期 後上 9.12 五期		乙 7746 一期 前 2.15.7 五期 菁 10.5 一期 珠 493 五期	
令鼎 周早 中山王鼎 戰國	堆叔簋 周中 散盤 周晚		霍鼎 周中 叔男父匜 周晚	
郭店性自 戰國 雲夢日甲 戰國 郭店性自 戰國	璽彙 1017 戰國 上博周易 戰國	璽彙 0617 戰國	璽印集粹 戰國	雲夢法律 戰國
	或體			

廣韵同鶾

乙 8570	合 22226	合 24529	佚 426
一期	一期	二期	五期
粹 1307	合 24448	合 37447	佚 427
一期	二期	五期	五期

隻父癸爵	西隻單簋	隻爵	矢伯隻卣	柞伯簋	哀成叔鼎	酓忎鼎	吴買鼎
商代	商代	周早	周早	周中	春秋	戰國	春秋

隻卣	亚隻父丁	師隻卣	丂隻鼎	姑發劍	陳璋鐳	上官豆
商代	商代	周早	周早	春秋	戰國	戰國

陶三 315	範家坡簡	山東 163
戰國	戰國	戰國
陶三 414	璽彙 3914	
戰國	戰國	

萑	雚	巂	雀			奞	雕
合 9594 一　期 合 21538 一　期	字彙同鵲	合 8716 一　期 合 29694 三　期	合 20174 一　期 乙 6637 一　期	甲 2590 三　期 粹 1553 三　期	戩 47.8 四　期 合 33072 四　期		
		巂　卣 周　早 逹盨蓋 周　中	魚父己卣 商　代 雀父己卣 周　早	卌三年逨鼎　周晚		兄丁奞觶 商　代 鼉季奞父簋　周早	雕陰鼎 戰　國
陶三 317 戰　國 璽彙 1852 戰　國	上博詩論 戰　國 雲夢日甲 戰　國		包山 202 戰　國 郭店緇衣 戰　國	郭店尊德 戰　國 郭店太一 戰　國	包山 255 戰　國 或從鳥		

雉　雄　雁

雉	雄	雁
前7.24.1 一期　合 8874 一期　合 26879 三期　合 26884 三期　合 26897 三期　寧滬1.511 四期　乙 8751 一期　合 10514 一期　合 26882 三期　合 26891 三期　屯 2064 三期	合 8659 一期　後下 6.4 二期	
石鼓馬薦 戰國		包山 165 戰國

雞

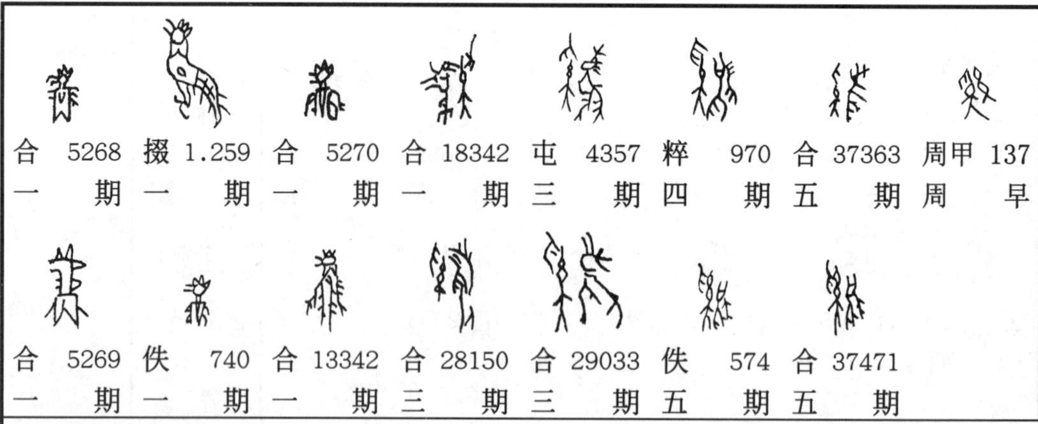

合 5268 一期　掇 1.259 一期　合 5270 一期　合 18342 一期　屯 4357 三期　粹 970 四期　合 37363 五期　周甲 137 周早

合 5269 一期　佚 740 一期　合 13342 一期　合 28150 三期　合 29033 三期　佚 574 五期　合 37471 五期

鷄父辛尊 商代　鷄父丁觶 商代

鷄父丁豆 商代　天冊雞尊 周早

陶三 306 戰國　包山 258 戰國

包山 257 戰國　雲夢秦律 戰國

籀文

雗	雛	雒	𤸰	𢧵
	乙 1052 一 期 乙 1052 一 期			屯 2232 三 期 玉篇同截
雗叜父鼎 周 中		周雒盨 周 晚	應公觶 周 早 應公簋 周 早 毛公鼎 周 晚 應叔鼎 周 早 大 鼎 周 中 秦公鎛 春 秋	
	秦印彙編 秦 代		包山 091 戰 國 天星觀簡 戰 國 包山 123 戰 國	
	籀 文		籀 文	

雝　雋　蒦

雝	雋	蒦
 合 6016 一期  合 6016 一期  佚 252 一期  佚 684 二期  合 119 一期  前 2.28.7 一期  後下 21.11 一期		
 雝姛簋 周早  辛鼎 周中  逋盂 周晚 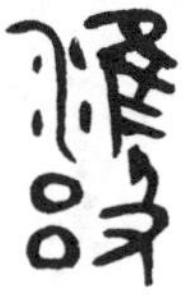 𧾷𢦏簋 周晚  東姬匜 春秋  相邦冉戈 戰國  大盂鼎 周早  逨鐘 周晚  𧾷𢦏鐘 周晚  雝之田戈 春秋  雝工壺 戰國  雝鼎 戰國		 中山王鼎 戰國
 秦公石磬 春秋  天星觀簡 戰國  天星觀簡 戰國  璽彙 1517 戰國  雲夢秦律 戰國  陶五 374 戰國  天星觀簡 戰國  上博詩論 戰國  璽彙 3188 戰國  三晉 120 戰國  貨系 1709 戰國	 陶五 309 戰國  十鐘印舉 戰國	

雄	雌	雒
	 合 4726 一期  合 10983 一期  前 5.9.3 三期  合 8720 一期  合 20369 一期 或從止 集韵雌	 合 19781 一期  合 20770 一期  屯 2866 四期  合 20717 一期  合 20769 一期
 包山 70 戰國  雲夢日甲 戰國  郭店語四 戰國	 郭店語四 戰國 聲韵作 古文四	

第一編 古文字

集　　　　雇

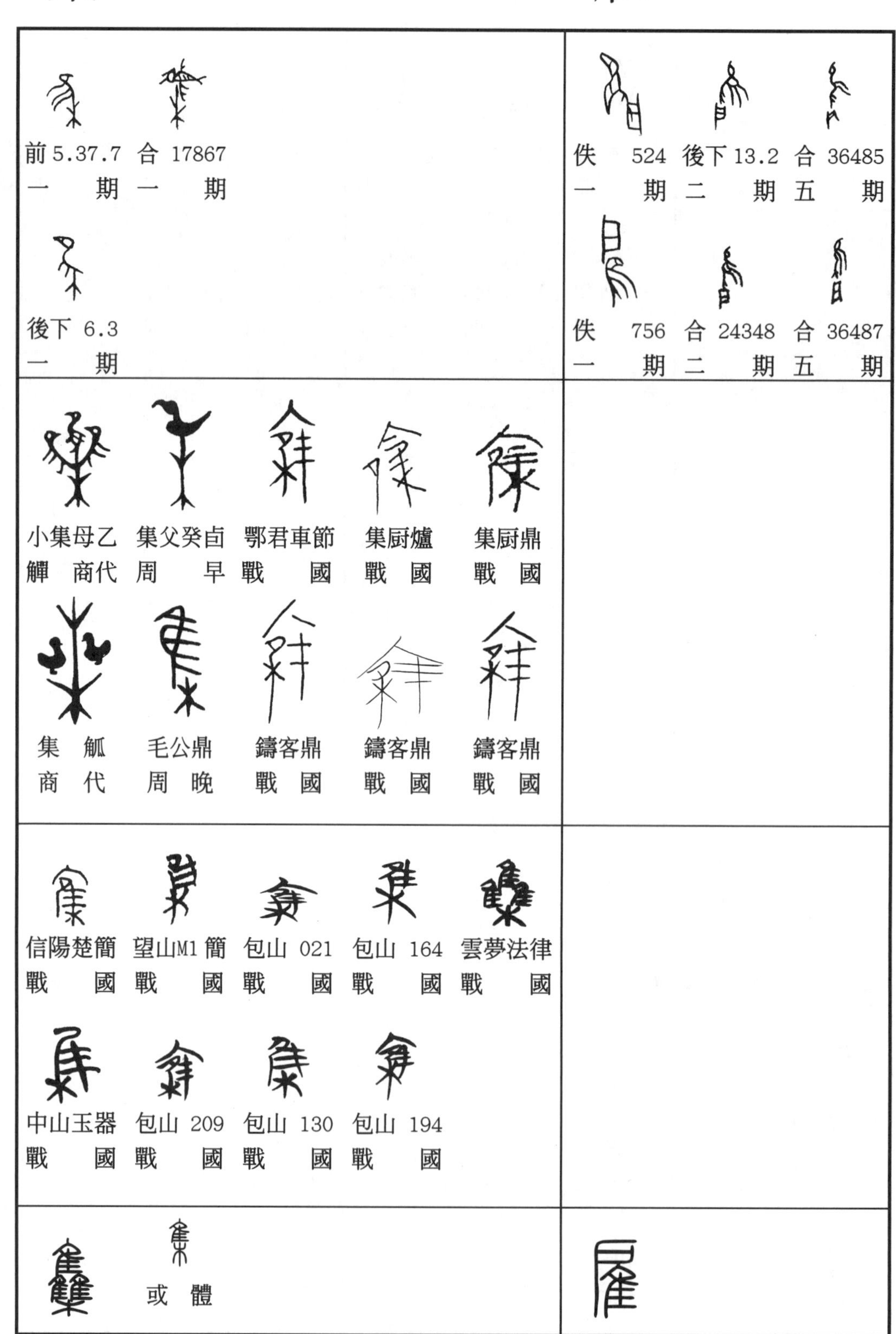

前 5.37.7 一期　合 17867 一期
後下 6.3 一期

佚 524 一期　後下 13.2 二期　合 36485 五期
佚 756 一期　合 24348 二期　合 36487 五期

小集母乙觶 商代　集父癸卣 周早　鄂君車節 戰國　集厨爐 戰國　集厨鼎 戰國
集觚 商代　毛公鼎 周晚　鑄客鼎 戰國　鑄客鼎 戰國　鑄客鼎 戰國

信陽楚簡 戰國　望山M1簡 戰國　包山 021 戰國　包山 164 戰國　雲夢法律 戰國
中山玉器 戰國　包山 209 戰國　包山 130 戰國　包山 194 戰國

或體

舊　　　　難

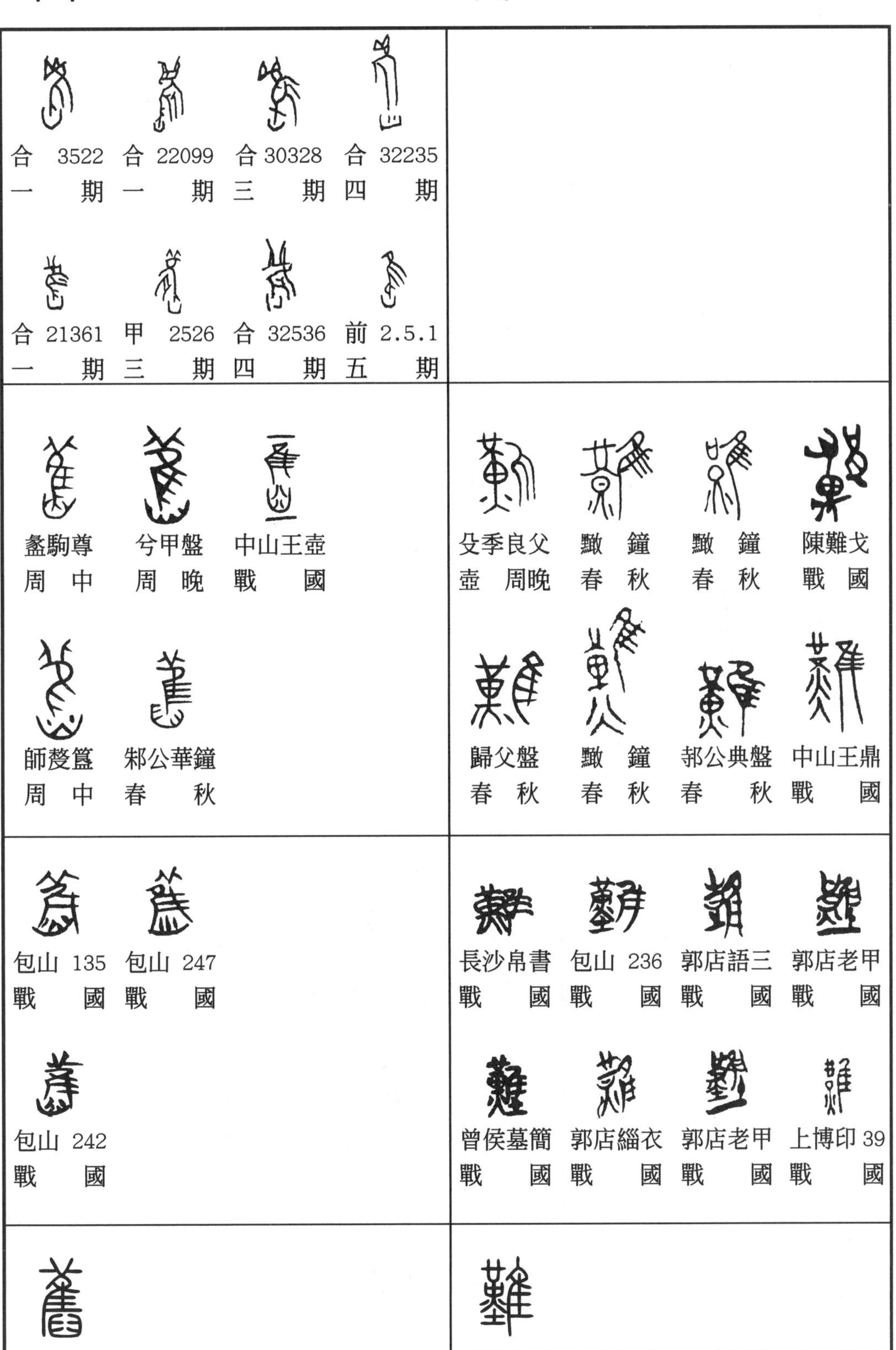

合 3522 一期　合 22099 一期　合 30328 三期　合 32235 四期

合 21361 一期　甲 2526 三期　合 32536 四期　前 2.5.1 五期

盠駒尊 周中　兮甲盤 周晚　中山王壺 戰國

師嫠簋 周中　邾公華鐘 春秋

包山 135 戰國　包山 247 戰國

包山 242 戰國

殳季良父壺 周晚　㺇鐘 春秋　㺇鐘 春秋　陳難戈 戰國

歸父盤 春秋　㺇鐘 春秋　郜公典盤 春秋　中山王鼎 戰國

長沙帛書 戰國　包山 236 戰國　郭店語三 戰國　郭店老甲 戰國

曾侯墓簡 戰國　郭店緇衣 戰國　郭店老甲 戰國　上博印 39 戰國

雚	雔	雙	雥	燕
合 24426 二期 合 30909 三期 合 32138 四期 合 28201 三期 合 32137 四期 合 38310 五期			合 27151 三期 今作 字雜	合 5288 一期 合 41337 三期 合 5280 一期 合 27846 三期
御尊 商代 史密簋 周晚 雚母觶 商代 王人甗 周中	雔父癸爵 商代 雔父丁觶 商代		雥兹鼎 周中	
望山M1簡 戰國 郭店六德 戰國 璽彙 0432 戰國 郭店性自 戰國 璽彙 0431 戰國		陶徵 261 戰國 望山M2簡 戰國	包山 182 戰國	秦印彙編 秦代

非	靡	卂	飛
花東 401 一期			屯 2169 一期
小臣傳卣 周早 毛公鼎 周晚 中山王鼎 戰國 班簋 周中 蔡侯申鐘 春秋		卂伯簋 周早	九里墩鼓座 春秋
長沙帛書 戰國 望山M2簡 戰國 郭店語一 戰國 貨系 0496 戰國 望山M1簡 戰國 包山 040 戰國 璽彙 3080 戰國	秦玉牘 戰國 雲夢秦律 戰國		曾侯墓簡 戰國 曾侯墓簡 戰國 曾侯墓簡 戰國 上博周易 戰國

京　　亭　　亳

京	亭	亳
合 20299 一期；鐵 93.4 二期；合 24400 二期；合 21703 一期；合 22616 二期；佚 184 五期		合 7061 一期；合 7841 一期；合 32675 四期；合 22276 一期；合 28110 三期；前 2.2.4 五期
臣辰卣 周早；伯吉父匜 周晚；𩰬羌鐘 戰國；師酉簋 周中；芮公鬲 春秋		亳父乙鼎 商代；亳鼎 周中；亳册戈 商代；陳璋鐳 戰國
陶五 438 戰國；璽彙 3093 戰國；陶六 048 戰國；貨系 0391 戰國	陶五 317 戰國；陶七 004 戰國；陶五 311 戰國；幣編 283 戰國	陶三 027 戰國；陶六 129 戰國；璽彙 0225 戰國；陶六 121 戰國；郭店語一 戰國；雲夢日甲 戰國

享　　𦎫

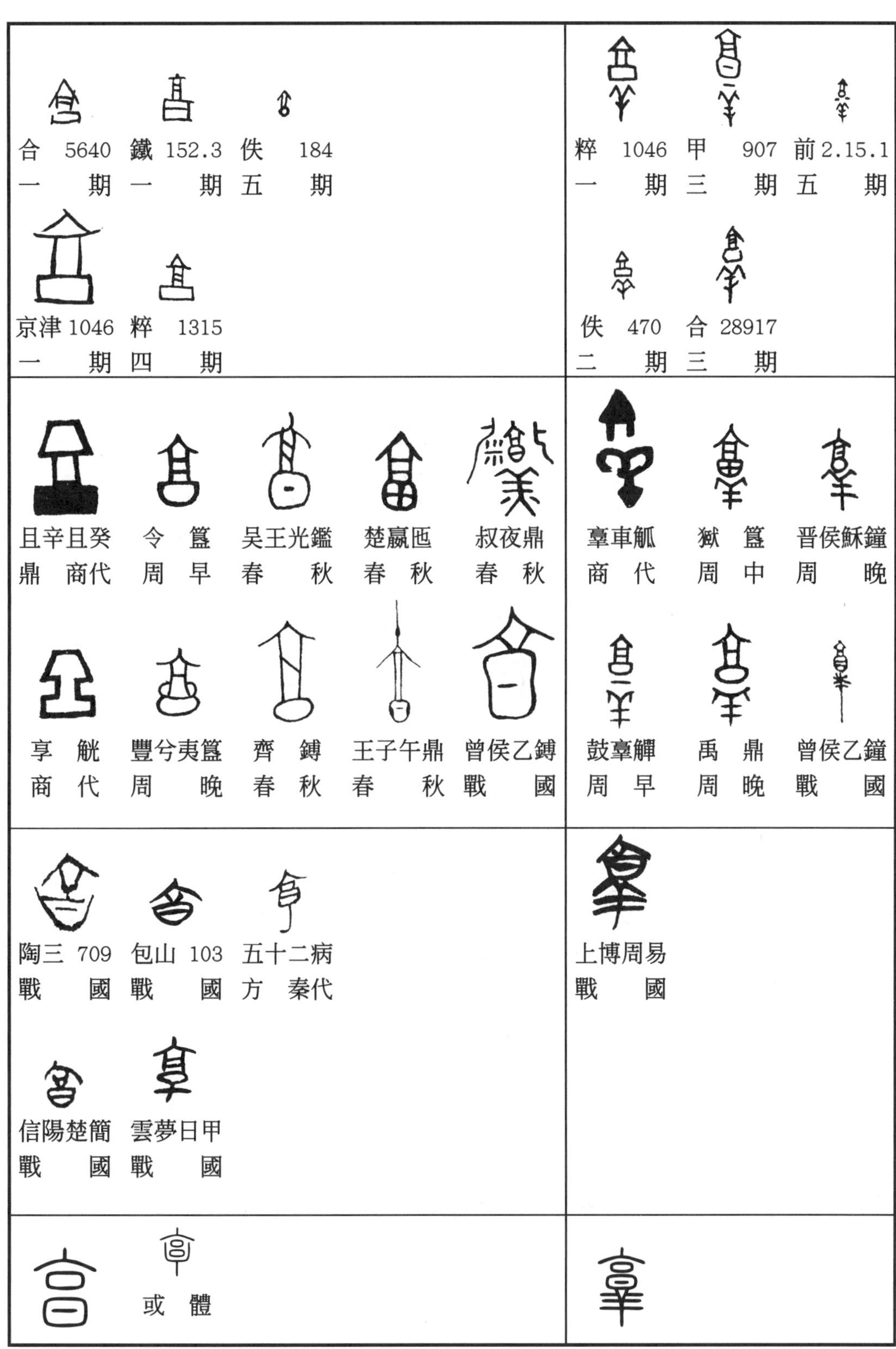

合 5640 一期
鐵 152.3 一期
佚 184 五期
京津 1046 一期
粹 1315 四期
粹 1046 一期
甲 907 三期
前 2.15.1 五期
佚 470 二期
合 28917 三期
且辛且癸鼎 商代
令簋 周早
吴王光鑑 春秋
楚嬴匜 春秋
叔夜鼎 春秋
𦎫車觚 商代
𤞞簋 周中
晉侯穌鐘 周晚
享觥 商代
豐兮夷簋 周晚
齊鎛 春秋
王子午鼎 春秋
曾侯乙鎛 戰國
鼓𦎫觶 周早
禹鼎 周晚
曾侯乙鐘 戰國
陶三 709 戰國
包山 103 戰國
五十二病方 秦代
上博周易 戰國
信陽楚簡 戰國
雲夢日甲 戰國
或體

高　就

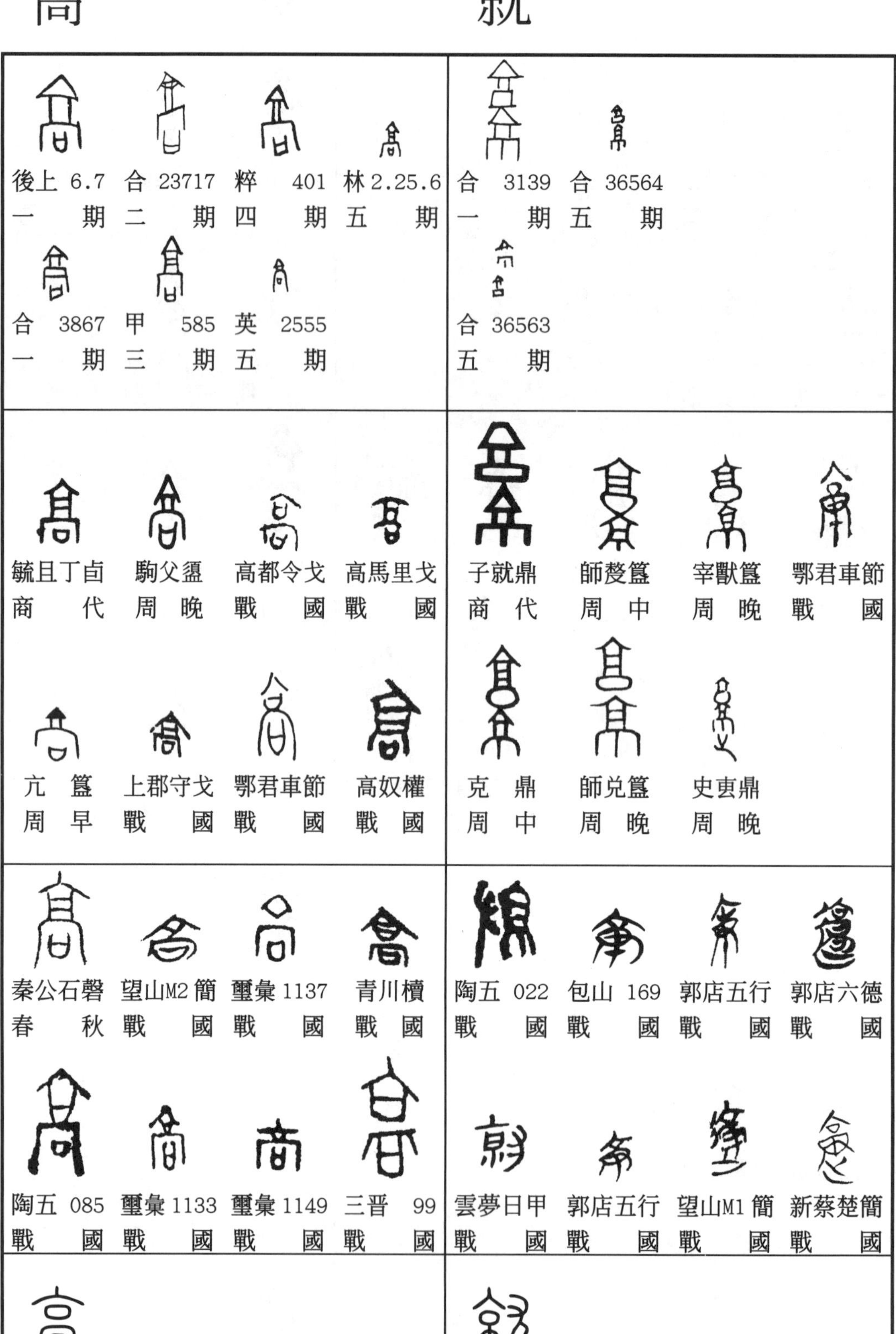
高	就
後上 6.7 一期；合 23717 二期；粹 401 四期；林 2.25.6 五期；合 3867 一期；甲 585 三期；英 2555 五期	合 3139 一期；合 36564 五期；合 36563 五期
毓且丁卣 商代；駒父盨 周晚；高都令戈 戰國；高馬里戈 戰國；亢簋 周早；上郡守戈 戰國；鄂君車節 戰國；高奴權 戰國	子就鼎 商代；師嫠簋 周中；宰獸簋 周晚；鄂君車節 戰國；克鼎 周中；師兑簋 周晚；史叀鼎 周晚
秦公石磬 春秋；望山M2簡 戰國；璽彙 1137 戰國；青川櫝 戰國；陶五 085 戰國；璽彙 1133 戰國；璽彙 1149 戰國；三晉 99 戰國	陶五 022 戰國；包山 169 戰國；郭店五行 戰國；郭店六德 戰國；雲夢日甲 戰國；郭店五行 戰國；望山M1簡 戰國；新蔡楚簡 戰國

亩　　啚　　亶　　牆

亩	啚	亶	牆
合 490 一期；合 584 一期；合 28070 三期；合 583 一期；合 4873 一期；合 33236 四期	合 309 一期；合 7872 一期；合 7074 一期；菁 1.1 一期		合 36481 五期
亩斝 商代；亩册父乙尊 周早	康侯啚簋 周早；齊鎛 春秋；楚簋 周中；越王大子矛 戰國		牆父乙爵 周早；師寰簋 周晚；師酉簋 周中；師寰簋 周晚
陶六 108 戰國；璽彙 0324 戰國；陶六 154 戰國；璽彙 3327 戰國		璽印集粹 戰國	雲夢日乙 戰國；郭店語四 戰國；包山 170 戰國；簡文从章聲
或體	古文		籀文

稟 嗇

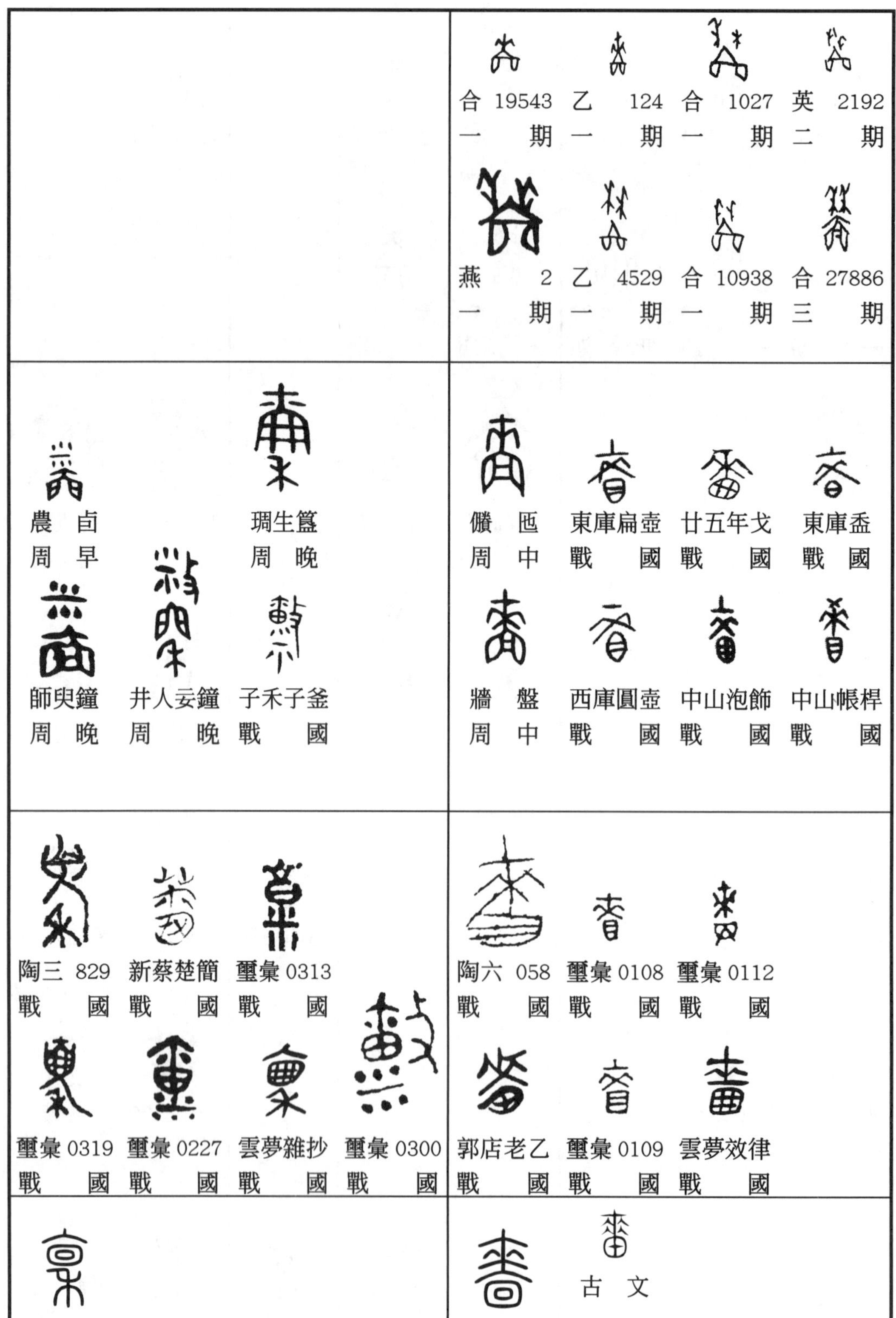

合 19543 一期；乙 124 一期；合 1027 一期；英 2192 二期
燕 2 一期；乙 4529 一期；合 10938 一期；合 27886 三期

農卣 周早；琱生簋 周晚
師臾鐘 周晚；井人妄鐘 周晚；子禾子釜 戰國

𧷊匜 周中；東庫扁壺 戰國；廿五年戈 戰國；東庫盉 戰國
牆盤 周中；西庫圓壺 戰國；中山泡飾 戰國；中山帳桿 戰國

陶三 829 戰國；新蔡楚簡 戰國；璽彙 0313 戰國
璽彙 0319 戰國；璽彙 0227 戰國；雲夢雜抄 戰國；璽彙 0300 戰國

陶六 058 戰國；璽彙 0108 戰國；璽彙 0112 戰國
郭店老乙 戰國；璽彙 0109 戰國；雲夢效律 戰國

古文

阜	阬	阿	阪
 甲 3372 四期  合 7860 一期  甲 2327 四期  菁 3.1 一期			
	 鄂君車節 戰國	 元阿左戈 戰國  阿武戈 戰國  平阿左戈 戰國  平阿右戈 戰國	 廿年鄭令戈 戰國
 貨文 209 戰國		 璽彙 0313 戰國  璽彙 0993 戰國  璽彙 0317 戰國  貨系 2489 戰國	 石鼓乍原 戰國  上博曹沫 戰國  雲夢日甲 戰國  上博周易 戰國

阬	陵	陜	陻
		楚文字讀作陵	
	陵方罍 周早 陵尊 周早 陵叔鼎 周中 新郪虎符 戰國 陵作父庚鼎 周早 三年瘐壺 周中 高陵君弩 戰國 長陵盉 戰國	鄂君車節 戰國 東陵鼎 戰國 曾姬無卹壺 戰國 羕陵公戈 戰國	陳喜壺 戰國
曾侯墓漆書 戰國 雲夢語書 戰國	陶三 023 戰國 郭店尊德 戰國 雲夢爲吏 戰國 璽彙 1128 戰國	望山M1簡 戰國 包山 075 戰國 包山 054 戰國 新蔡楚簡 戰國	

陰

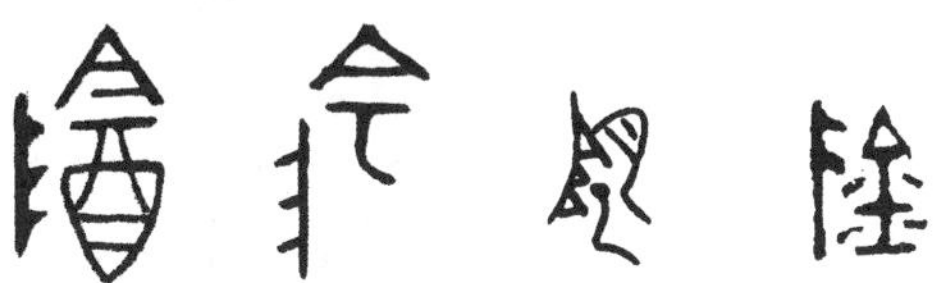

敔簋 周中　曩伯盨 春秋　敬事天王鐘 春秋　陰平劍 戰國

曩伯盨 春秋　敬事天王鐘 春秋　南疆鉦 春秋　雝陰鼎 戰國

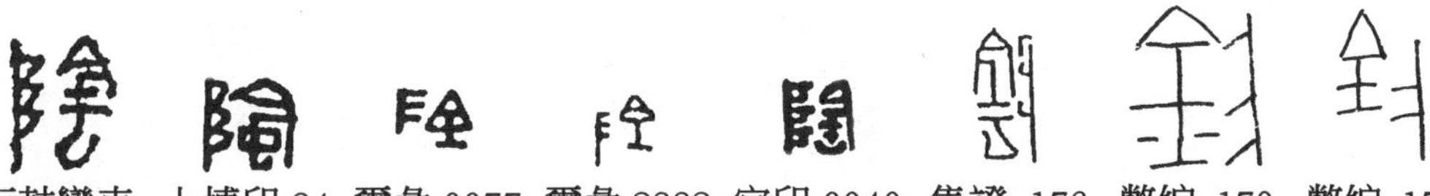

石鼓鑾車 戰國　上博印 34 戰國　璽彙 0077 戰國　璽彙 2332 戰國　官印 0040 戰國　集證 176 戰國　幣編 170 戰國　幣編 171 戰國

秦陶 488 戰國　璽彙 0073 戰國　璽彙 0187 戰國　璽彙 3378 戰國　璽彙 3134 戰國　貨系 1422 戰國　三晋 54 戰國　幣編 170 戰國

	陜	隗	階	隄
	蜀守戈 戰國		亞階鼎 商代 階侯匜 戰國	
幣編 171 戰國 包山 131 戰國 包山 180 戰國 雲夢日乙 戰國 包山 132 戰國 或從邑	陶六 054 戰國	十鐘印舉 戰國 分域 2943 戰國 十鐘印舉 戰國 故宮 430 戰國	上博昭王 戰國	青川櫝 戰國 雲夢秦律 戰國

陽

合 948
一 期

農卣 周早
柳鼎 周中
叔姬鼎 周晚
吳王光鐘 春秋
㠱伯盨 春秋
高馬里戈 戰國
成陽戈 戰國
中陽戈 戰國

應侯簋 周早
陽飤生簋 周晚
虢季子白盤 周晚
敬事天王鐘 春秋
南疆鉦 春秋
平陽戈 戰國
新郪虎符 戰國
鄂君舟節 戰國

秦公石磬 春秋
天星觀簡 戰國
璽彙 3420 戰國
璽印集粹 戰國
侯馬盟書 戰國
三晉 115 戰國
包山 169 戰國
璽彙 1679 戰國

陶六 023 戰國
包山 180 戰國
璽彙 4043 戰國
分域 1394 戰國
貨系 1041 戰國
三晉 90 戰國
璽彙 1678 戰國
或從邑

陸　　險　陷　阬

陸	險	陷	阬
合 36825 五期			
陸册父乙卣 商代；陸父乙角 商代；邾公釛鐘 春秋；𨗨邟鐘 春秋；陸册父庚卣 商代；陸婦簋 商代；義伯簋 周中；庚壺 春秋；或從邑			
陶典 1184 戰國；燕下都陶 戰國；雲夢編年 戰國；璽彙 2318 戰國；包山 181 戰國；陶八 001 戰國；包山 062 戰國；上博周易 戰國；吉大 6 戰國；或從邑	上博從政 戰國；雲夢日甲 戰國	青川牘 戰國；雲夢日甲 戰國	陶三 907 戰國
陸　籀文	險	陷	阬

陮	隰	隊	陴	隣
 合 9504 一期  屯 994 四期  乙 5034 一期  粹 1034 四期			合 36775 五期  合 36962 五期	
		遹 周 盂 晚		瀕史鬲 周早 趞 周 簋 中 師覩鼎 周中
	 上博詩論 戰國			 上博詩論 戰國
			  籀文	

隥	障	限	隊	隤
			 合 10405 一期 粹 1580 一期 合 18752 一期 英 1923 二期	
 單叔鬲 周晚		 伯限爵 周早 瓚比盨 周晚 晉鼎 周中	 卯簋 周中 新郪虎符 戰國	
 侯馬盟書 戰國 侯馬盟書 戰國 侯馬盟書 戰國 侯馬盟書 戰國	 上博曹沫 戰國		 包山 168 戰國 分域 1397 戰國	 秦印彙編 秦代

陟	阝㬰	阝心	阝企
 合 102 一期  合 20271 一期  摭續 20 四期  合 14792 一期  合 30756 三期  邢臺卜骨 周早		 合 8039 一期  花東 288 一期  合 29098 一期  屯 4195 三期	 合 7153 一期  花東 349 一期  合 22099 一期  花東 205 一期
 沈子它簋 周早  瘐鐘 周中  蔡侯申盤 春秋  班簋 周中  㝬簋 周晚  中山王壺 戰國	 阝㬰仲鼎 周早  阝㬰仲孝簋 周中		
 陶三 1291 戰國  陶三 1293 戰國			
  古文			

第一編　古文字

降	陶	防
合 808 一期 合 13737 一期 合 16478 一期 甲 2383 四期 合 7852 一期 乙 6960 一期 合 34712 四期 周甲 137 周早	珠 443 一期 前 6.3.4 一期	
毓且丁卣 商代 大保簋 周早 晉侯穌鐘 周晚 中山王鼎 戰國 天亡簋 周早 虢叔鐘 周中 函皇父盤 周晚 不降矛 戰國	陶子盤 周早 不嬰簋 周晚 伯陶鼎 周中	
陝西臨潼陶 戰國 郭店五行 戰國 陝西臨潼陶 戰國 長沙帛書 戰國 雲夢日乙 戰國	秦印彙編 秦代 舂録 6.5 戰國 秦封泥 秦代 或從邑	璽彙 1334 戰國
		或體

隕	隅	墮	陭	⿰阝卷
		合 34239 四　期 屯 2260 四　期 合 33223 四　期		
中山王鼎 戰　國		小臣單觶 周　早 五祀衛鼎 周　中 庸伯馭簋 周　早 燹公盨 周　中	曾伯陭壺 春　秋 陭氏戈 戰　國	⿰阝卷　簋 周　晚
上博三德 戰　國	雲夢日甲 戰　國 秦印彙編 秦　代	包山 168 戰　國 郭店老甲 戰　國 上博周易 戰　國 新蔡楚簡 戰　國 包山 170 戰　國 郭店唐虞 戰　國 上博周易 戰　國 璽彙 2549 戰　國		
		或　體		

陘	隧	隱	陵	阼	隝
			續 5.6.8 一期 讀作隮		
			速盤 周晚	乍冢壟戈 戰國	
陶三 427 戰國 十鐘印舉 戰國 秦陶 532 戰國 雲夢日甲 戰國	秦封泥 秦代	陶五 370 戰國 十鐘印舉 戰國 珍秦 194 戰國 雲夢法律 戰國	石鼓田車 戰國		金符 35 戰國

陀	陂	陕	陧	附	隃
		合 556 一期 合 17586 一期 合 556 一期 合 20630 一期			
㝬簋 周晚 中山王壺 戰國	微䜌鼎 周晚	辛邑矛 商代		中山王壺 戰國 付余令戈 戰國	
		石鼓田車 戰國	陶九 045 戰國	包山 049 戰國 璽彙 1875 戰國 璽彙 1461 戰國 璽彙 5512 戰國	雲夢秦律 戰國

陳	墬	敶
九年衛鼎 周中 陳逆簠 戰國 陳侯鬲 周晚 高都令戈 戰國	齊陳曼匠 戰國 長沙銅量 戰國 潮子鎛 戰國 陳難戈 戰國 陳肪簋 戰國 陳窒車軎 戰國 子禾子釜 戰國 陳侯午敦 戰國	陳大喪史鐘 春秋 陳伯元匜 春秋 陳侯鼎 春秋 陳侯簋 春秋
璽彙 1450 戰國 雲夢日甲 戰國 璽彙 1455 戰國	陶三 006 戰國 陶三 051 戰國 包山 135 戰國 上博昭王 戰國 陶三 024 戰國 包山 007 戰國 包山 239 戰國 璽彙 1456 戰國	

隦	⿰阝关	⿰阝昔	阩	陞
	同⿰山关	同⿰山昔		
中方鼎 周早	散盤 周晚			
		上博子羔 戰國	包山 023 戰國　包山 041 戰國　侯馬盟書 戰國　包山 038 戰國　包山 055 戰國　侯馬盟書 戰國	曾侯墓簡 戰國　璽彙 2266 戰國　上博緇衣 戰國　璽彙 2314 戰國

第一編　古文字

隃	除		陛	陸	阱		隲
卣中 隃伯 周 從谷							宅陽令矛 戰國
	石鼓乍原 戰國 青川櫝 戰國	青川櫝 戰國 雲夢效律 戰國	雲夢爲吏 戰國	雲夢爲吏 戰國	陶六 035 戰國 璽彙 3021 戰國	貨系 2484 戰國	

䧇	院	䦷	䧅	阣	𨺚	陣
				屯 1445 四期		
䧇公克敦 春秋						
陶六 060 戰國 璽彙 5622 戰國	雲夢法律 戰國	雲夢秦律 戰國 雲夢秦律 戰國	侯馬盟書 戰國		陶五 384 戰國	郭店成之 戰國 璽彙 3113 戰國 璽彙 1541 戰國

陠	陵	陼	陙
	 合 4776 一期  合 5709 一期  合 5708 一期  屯 1066 四期		
 郭店唐虞 戰國  侯馬盟書 戰國  郭店語一 戰國  侯馬盟書 戰國  侯馬盟書 戰國  侯馬盟書 戰國  山東 001 戰國 或從土		 江陵磚廠簡 戰國	 璽彙 2329 戰國

金

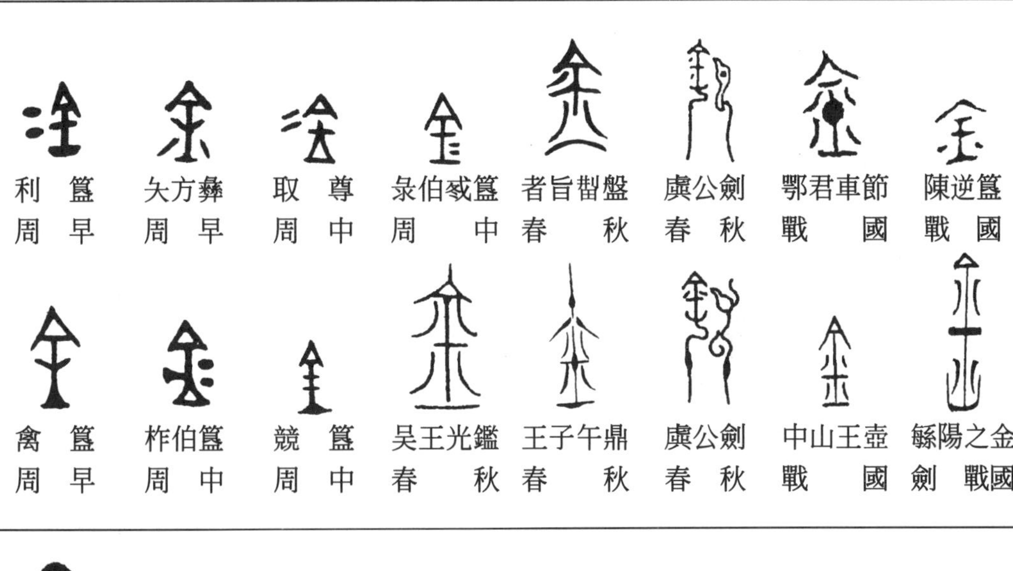

利簋 周早	夨方彝 周早	取尊 周中	彔伯㦰簋 周中	者旨𦣻盤 春秋	虡公劍 春秋	鄂君車節 戰國	陳逆簋 戰國
禽簋 周早	柞伯簋 周中	競簋 周中	吴王光鑑 春秋	王子午鼎 春秋	虡公劍 春秋	中山王壺 戰國	緐陽之金劍 戰國

陶典 1155 戰國	望山M2簡 戰國	仰天湖簡 戰國	包山 254 戰國	郭店五行 戰國	璽彙 3346 戰國	璽彙 4490 戰國	幣編 105 戰國
信陽楚簡 戰國	仰天湖簡 戰國	包山 150 戰國	包山 266 戰國	璽彙 0363 戰國	璽彙 4479 戰國	璽彙 5410 戰國	

銨	銈	銅	鎋	鐵	鏫
			同轄		
		酓志鼎 戰國 上官豆 戰國 長子盉 戰國			
包山 271 戰國	望山M2簡 戰國	信陽楚簡 戰國 雲夢秦律 戰國 曾侯墓簡 戰國	曾侯墓簡 戰國	集證 143 戰國 雲夢雜抄 戰國	曾侯墓簡 戰國 曾侯墓簡 戰國
				或體	

鈌	錫	鎊	鎏	鍺	鍇	鏤
	生史簋 周中 曾伯霥𠤳 春秋 曾伯霥𠤳 春秋			邾公牼鐘 春秋		
信陽楚簡 戰國	天星觀簡 戰國	包山 260 戰國	雲夢法律 戰國 雲夢封診 戰國		璽彙 5488 戰國	璽彙 3687 戰國 秦印彙編 秦代

鋚	銷	鋆	鑪
彔伯𢦚簋 周中 康鼎 周中 曾伯陭壺 春秋 吕服余盤 周中 多友鼎 周晚		𠇗伯簋 周中 從赤聲	莒平鐘 春秋 莒平鐘 春秋 曾伯霥匿 春秋 配兒鈎鑃 春秋 玄鏐赤鏞戈 春秋
石鼓田車 戰國	雲夢秦律 戰國		信陽楚簡 戰國 璽彙 3057 戰國

鐈	釚	鍾	鉉
多友鼎 周晚；伯公父匿 周晚；鄧子午鼎 春秋；伯公父匿 周晚；曾伯陭壺 春秋；鄧子午鼎 春秋		邾公牼鐘 春秋；韓鍾劍 春秋；邾公華鐘 春秋；楚公鐘 戰國；驫羌鐘 戰國	配兒鉤鑃 春秋
	包山 266 戰國；璽彙 5503 戰國	香續 66 戰國	信陽楚簡 戰國

鑄

合 29687
三 期

英 2567
五 期

大保鼎
周 早

師同鼎
周 中

虢叔盨
周 中

仲殷父簋
周 晚

夫差盉
春 秋

余卑盤
春 秋

作册大鼎
周 早

榮伯鬲
周 中

周乎卣
周 中

仲鑠盨
周 晚

叔皮父簋
周 晚

王人甗
周 晚

盤子匜
春 秋

宜 戈
春 秋

陶徵 251
西 周

璽彙 0161
戰 國

璽彙 3760
戰 國

雲夢封診
戰 國

包山 018
戰 國

璽彙 1252
戰 國

幣編 232
戰 國

三晋 117
戰 國

讀作韓

韓鍾劍 春秋

公子土斧壺 春秋

大司馬孌盤 春秋

玄夫戈 春秋

鼄鐘 春秋

𨥍忐鼎 戰國

中山王壺 戰國

旅虎匿 春秋

耳公劍 春秋

鑄子鼎 春秋

鼄鐘 春秋

子孔戈 戰國

公朱左自鼎 戰國

𨥍肯盤 戰國

包山 168 戰國

鈚	鑑	鐳	銗
			同缶
喪史賓鈚 春秋 蔡侯申鈚 春秋 纕安君鈚 戰國	智君子鑑 春秋 吴王光鑑 春秋	癲鐘 周中 南宫乎鐘 周晚 兮仲鐘 周晚 柞鐘 周晚 兮仲鐘 周晚	書也缶 戰國
	天星觀簡 戰國 包山 263 戰國 仰天湖簡 戰國 包山 277 戰國		

鉦	鉥	鑊	鉙	鍰	錍
		乙 2762 一期 前6.45.8 一期 屯 341 一期 甲 8165 一期 後下31.11 一期 合 15944 一期			
南疆鉦 春秋 西替鐘 戰國		彈䑧 周早 彈鼎 周早 哀成叔鼎 春秋			土勻錍 戰國 重金扁壺 戰國
	雲夢法律 戰國		信陽楚簡 戰國	貨編 182 戰國	

鎬	銎	鏑	鉛	銳
		乙 7842 一期 京津 2566 一期		
大子鎬 戰國 太府鎬 戰國				
信陽楚簡 戰國 仰天湖簡 戰國	陶三 650 戰國 璽彙 0355 戰國		郭店語四 戰國	天星觀簡 戰國 包山 077 戰國 包山 010 戰國 包山 167 戰國 包山 067 戰國 包山 142 戰國 包山 150 戰國 簡文或從戈
				古文

錯	鎮	鈹	鏨
			合 18380 一期
	三斗鼎 戰國	邦司寇劍 戰國	
秦陶 965 戰國 十鐘印舉 戰國 璽印集粹 戰國 雲夢日甲 戰國		雲夢法律 戰國	侯馬盟書 戰國 侯馬盟書 戰國 侯馬盟書 戰國 雲夢日甲 戰國 侯馬盟書 戰國 侯馬盟書 戰國 侯馬盟書 戰國 九店楚簡 戰國
錯		鈹	鏨

錢	銍	鏐
		 莒平鐘 春秋 邾公華鐘 春秋 邾公牼鐘 春秋 之利殘器 春秋  配兒鈎鑃 春秋 吉日壬午劍 春秋 玄鏐赤鏞戈 春秋
 包山 265 戰國 璽彙 5505 戰國  上博鮑叔 戰國 雲夢秦律 戰國	 天星觀簡 戰國 包山 276 戰國  仰天湖簡 戰國	

銆　鈞　　鐃　鐸

銆	鈞	鐃	鐸
	幾父壺 周中 㝬敖簋 周晚 楚公逆鐘 周晚 小臣守簋 周晚 楚公逆鎛 周晚 子禾子釜 戰國		外卒鐸 春秋 中山王鼎 戰國 鄦子伯鐸 春秋 曾侯乙鐘 戰國 曾侯乙鐘 戰國
曾侯墓簡 戰國	故宮 413 戰國 雲夢效律 戰國 上博子羔 戰國	包山 270 戰國	雲夢日甲 戰國
銆	鈞 古文	鐃	鐸

鈦	鋸	鍉	鈴	鎣	鉼
 郾王喜劍 戰國	 郾王職戈 戰國		 班簋 周中  毛公鼎 周晚  邾公求鐘 春秋  番生簋 周中  師寰簋 周晚  楚王領鐘 戰國	 晉鼎 周中  伯百父鎣 周晚	
 包山 273 戰國		 望山M1簡 戰國			 包山 252 戰國

銖	鎢	錘	鏄	錟	錞
			余義鐘 春秋 邾公孫班鏄 春秋 鑞鏄戈 春秋 曾侯乙鐘 戰國		阸公克敦 春秋 梁伯可忌豆 戰國 陳侯午敦 戰國
鐵雲藏印 戰國	包山 254 戰國 用作鄔	雲夢秦律 戰國		信陽楚簡 戰國	

鐘

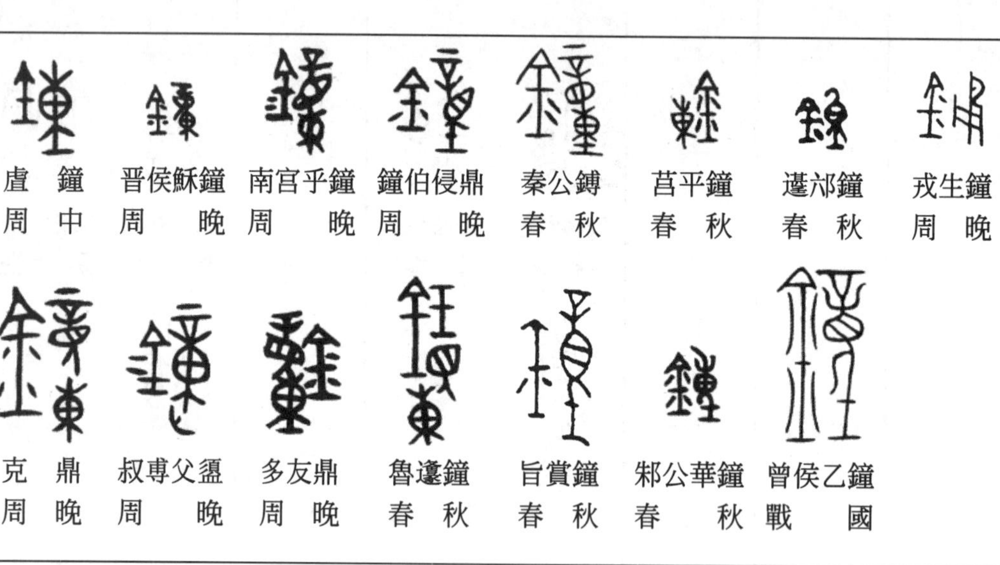

虘鐘 周中　晉侯穌鐘 周晚　南宫乎鐘 周晚　鐘伯侵鼎 周晚　秦公鎛 春秋　莒平鐘 春秋　邌邟鐘 春秋　戎生鐘 周晚

克鼎 周晚　叔尃父盨 周晚　多友鼎 周晚　魯遼鐘 春秋　旨賞鐘 春秋　邾公華鐘 春秋　曾侯乙鐘 戰國

曾侯墓磬 戰國　天星觀簡 戰國　上博詩論 戰國　曾侯墓簡 戰國

信陽楚簡 戰國　包山 170 戰國　雲夢秦律 戰國　包山 262 戰國

或體

鏃 鏞 鈧 鉝 鉈

	鏃	鏞	鈧	鉝	鉈
臧孫鐘 春秋 遷邟鐘 春秋 曾侯乙鐘 戰國	鏃爵 商代 鏃鼎 商代	戎生鐘 周晚	佴伯簋 周中		史頌匜 周中 羅兒匜 春秋 叔匜 周晚 酓肯鼎 戰國
	陶一 033 商代	包山 262 戰國		信陽楚簡 戰國	望山M2簡 戰國 仰天湖簡 戰國 仰天湖簡 戰國 包山 266 戰國

鈇	鈞	鍡	鈔	釬	鑾	銜
		曾侯乙鐘架 戰國 曾侯乙鐘架 戰國			尹小叔鼎 春秋	
信陽楚簡 戰國	天星觀簡 戰國 望山M1簡 戰國		信陽楚簡 戰國 郭店語四 戰國 包山 263 戰國	信陽楚簡 戰國	石鼓鑾車 戰國 上博姑成 戰國	津藝 80 戰國

鉅	鈍	銘	錢	鋌	鉚	鋏
		 中山王鼎 戰國  屭羌鐘 戰國	 陳難戈 戰國  城陽戈 戰國  陳璋鐳 戰國  陳卯戈 戰國		 郾王鉚 戰國	
 十鐘印舉 戰國	 璽彙 2324 戰國	 陶徵 250 戰國	 信陽楚簡 戰國  璽彙 3237 戰國  曾侯墓簡 戰國	 五十二病方 秦代	 璽彙 3268 戰國	 信陽楚簡 戰國

鈲		釠	鈷	⿰金苛	鉼	鋁	鉘
 中山侯鉞 戰　國			 西替匠 戰　國			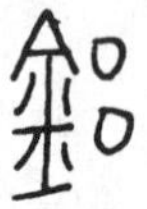 余義鐘 春　秋	 鄽侯脮戈 戰　國
仰天湖簡 戰　國	包山 265 戰　國	璽彙 1346 戰　國		璽彙 0864 戰　國	包山 252 戰　國	沓録 14.1 戰　國	
天星觀簡 戰　國		璽彙 2133 戰　國			璽印集粹 戰　國		

鉸	錡	⿱贛金	鐙	鋧	鑒	鋪
		同 ⿷匚贛				
			 華母壺 周　晚			 師同鼎 周　中  吉日壬午 劍　春秋
 璽印集粹 戰　國	 信陽楚簡 戰　國  分域 2852 戰　國	 望山M2 簡 戰　國		 包山 276 戰　國	 信陽楚簡 戰　國	
			　 或　體			

鉌	錐	鈁	鋿	鍨	鍸
				同戣	
 哀成叔鉌 春秋  子禾子釜 戰國  左關鉌 戰國	 般殷鼎 春秋	 邾公鈁鐘 春秋	 莒平鐘 春秋  莒平鐘 春秋	 行議矛 戰國  郾王脮戈 戰國  郾王詈戈 戰國	 閔令矛 戰國
	 雲夢法律 戰國				

鍴	鈇	鍚	鉤	鐛
郤王義楚鍴　春秋		逆鐘　周晚 楚公逆鎛　周晚	配兒鉤鑃　春秋	
陶四 018　戰國 璽彙 0365　戰國 璽彙 0363　戰國 璽彙 0367　戰國 璽彙 0364　戰國	包山 277　戰國		信陽楚簡　戰國 上博性情　戰國 郭店語四　戰國	璽彙 1090　戰國 從喪聲

釓	銶	鑼	鐶	鉳
		其次句鑼 春秋 𠯑同子句鑼 春秋		
信陽楚簡 戰國	包山 254 戰國		信陽楚簡 戰國 仰天湖簡 戰國 天星觀簡 戰國 望山M2 簡 戰國 信陽楚簡 戰國 仰天湖簡 戰國 天星觀簡 戰國 璽彙 3072 戰國	陶五 444 戰國

鐱	鏓	鋮
師同鼎 周中 虞公劍 春秋 越王句踐劍 春秋 攻敔王光劍 春秋 韓鍾劍 戰國 郾王職劍 戰國 逞劍 春秋 攻敔王光劍 春秋 郤諮尹鉦 春秋 耳劍 春秋 富奠劍 戰國	沵其鐘 周晚	南疆鉦 春秋
包山 018 戰國 天星觀簡 戰國 仰天湖簡 戰國		

鐬	銚	銉	鈏	鑯	鑸	鉻
 睪諺鐬 春秋  鐬傾戈 戰國  陳昉簋蓋 戰國  西替鐬 戰國	 吳王光鑑 春秋  吳王光鑑 春秋	 洹子孟姜壺 春秋	 君軒車軎 戰國	 鑯鎛戈 戰國		
					 包山 272 戰國  包山 276 戰國	 信陽楚簡 戰國

鈜 鐳 鑵 鑯 鎗 釿

鈜	鐳	鑵	鑯	鎗	釿
		 中鑵蓋 周晚		 沵其鐘 周晚  戎生鐘 周晚	 之利殘器 春秋  信安君鼎 戰國  平安君鼎 戰國
 包山 044 戰國	 包山 265 戰國	 郭店語一 戰國	 包山 266 戰國	 秦公石磬 春秋	 璽彙 2963 戰國  貨系 1348 戰國  幣編 191 戰國  侯馬盟書 戰國 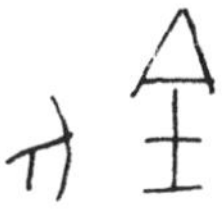 幣編 191 戰國

㚔	圉	𢍰
合 136 一期 甲 3477 一期 合 5833 一期 後下 38.7 一期	合 5973 一期 菁 1.1 一期 乙 2273 一期 合 522 一期 合 5979 一期 花東 118 一期	合 122 一期 合 126 一期 合 122 一期 合 546 一期
㚔干首 商代 㚔 爵 商代 郾王戎人矛 戰國 㚔父爵 商代 㚔父癸爵 周早 中山王壺 戰國	圉 簋 周早 圉方鼎 周早 圉 甗 周早 牆 盤 周中	甲𢍰爵 商代 𢍰 觶 商代
璽彙 0393 戰國	十鐘印舉 戰國	珍秦 183 戰國

執　　報

執	報
合 185 一期；合 803 一期；合 806 一期；前 6.17.4 一期；合 6566 一期；合 22594 二期；合 685 一期；合 804 一期；合 5941 一期；合 5969 一期；合 5970 一期；合 32185 四期	前 6.29.5 一期；京津 4141 三期；後下 23.9 一期；合 26988 三期
員鼎 周早；虎簋蓋 周中；師寰簋 周晚；晉侯穌鐘 周晚；兆域圖 戰國；師同鼎 周中；不嬰簋 周晚；虢季子白盤 周晚；庚壺 春秋	令簋 周早；琱生簋 周晚
石鼓田車 戰國；包山 063 戰國；包山 224 戰國；侯馬盟書 戰國；曾侯墓簡 戰國；包山 143 戰國；侯馬盟書 戰國；雲夢法律 戰國	雲夢秦律 戰國

罼　　虩

古文字類編

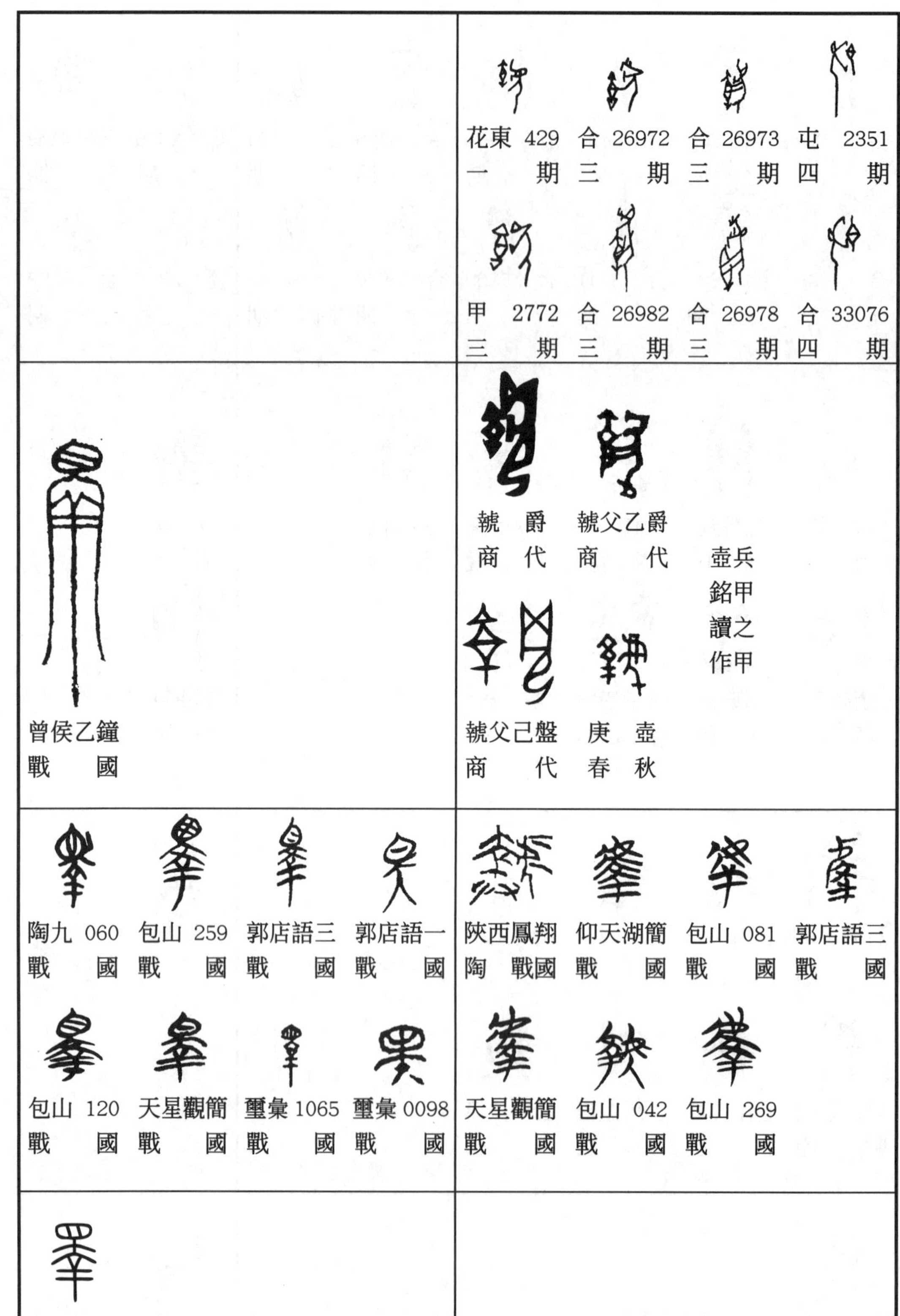

花東 429 一期
合 26972 三期
合 26973 三期
屯 2351 四期
甲 2772 三期
合 26982 三期
合 26978 三期
合 33076 四期
虩爵 商代
虩父乙爵 商代
壺兵銘甲讀之作甲
虩父己盤 商代
庚壺 春秋
曾侯乙鐘 戰國
陶九 060 戰國
包山 259 戰國
郭店語三 戰國
郭店語一 戰國
陝西鳳翔陶 戰國
仰天湖簡 戰國
包山 081 戰國
郭店語三 戰國
包山 120 戰國
天星觀簡 戰國
璽彙 1065 戰國
璽彙 0098 戰國
天星觀簡 戰國
包山 042 戰國
包山 269 戰國

雨　　　　零　雲

雨	零	雲
合 20975 一期；辛格所藏 一期；後上 20.1 五期；粹 730 一期；粹 782 三期；前 2.35.3 五期		菁 4.1 一期；前 7.43.2 一期；辛格所藏 一期；屯 2105 四期；合 11407 一期；合 13387 一期；合 33273 四期
亞夂雨鼎 商代；子雨卣 商代；𣪘雨觥 商代；胤嗣壺 戰國	逨盘 周晚	姑發劍 春秋
石鼓靁雨 戰國；郭店五行 戰國；貨系 0288 戰國；旮録 11.2 戰國；郭店緇衣 戰國；貨系 0289 戰國		陶五 294 戰國；雲夢日甲 戰國；郭店緇衣 戰國；璽彙 4877 戰國；天星觀簡 戰國；長沙帛書 戰國；璽彙 4876 戰國
古文		古文

雷	霧	電	扁
 合 13406 一期  合 13413 一期  合 14128 一期  合 24364 二期  合 13412 一期  合 13417 一期  合 13418 一期  合 24364 二期			
 父乙罍 周早  盠駒尊 周中  對罍 周中  雷甗 周早 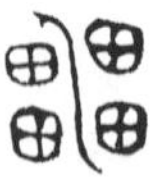 陵方罍 周早 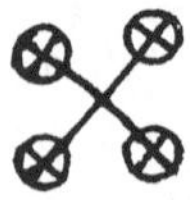 洍罍 周中  洹子孟姜壺 春秋		 番生簋 周中	
 睿録 11.2 戰國  包山 085 戰國  雲夢日甲 戰國  信陽楚簡 戰國  包山 174 戰國	 上博周易 戰國		 雲夢效律 戰國
  古文  籀文	  籀文		

震	雬	霋	霽	䨮	[illegible]
		合 38192 五期 續 4.10.12 五期 合 38195 五期		合 21023 一期 合 29214 三期 英 2366 三期 後下 1.13 四期	
					鄭虢仲簋 周晚
雲夢日甲 戰國	郭店老甲 戰國 讀作膬		璽印集粹 戰國		

霖	霰	霝	䨶
前 4.9.8 一期 前 4.47.2 一期		合 40622 一期 前 4.24.1 一期 續 5.34.4 一期 甲 806 一期 前 4.24.4 一期	河 677 五期
	亂嗣壺 戰國	霝鼎 商代 霝簋 周早 嬴霝德簋 周中 邾公釛鐘 春秋 霝器 商代 沈子它簋 周早 斁鐘 春秋 蔡侯申盤 春秋	䨶令銅牌 戰國
		石鼓霝雨 戰國 望山M2簡 戰國 包山 272 戰國 璽彙 2636 戰國 陶三 751 戰國 包山 270 戰國 包山 276 戰國 璽彙 2639 戰國	郭店老甲 戰國 璽彙 2642 戰國 三晉 92 戰國

雩	雹	霝
乙 971 一期　合 1961 一期　後下 13.9 一期　合 31035 三期　甲文或從舞 合 9410 一期　合 3318 一期　合 28180 三期　合 31038 三期	合 7370 一期 乙 2436 一期	
大盂鼎 周早　中山王鼎 戰國　曾侯乙鐘 戰國 禹鼎 周晚　曾侯乙鐘 戰國		
陶三 1368 戰國　包山 069 戰國　璽彙 0451 戰國　貨系 0290 戰國　曾侯墓磬 戰國 陶三 1369 戰國　上博緇衣 戰國　璽彙 1530 戰國　幣編 182 戰國　郭店五行 戰國	長沙帛書 戰國	郭店語一 戰國
或體	古文	

第一編　古文字

黔	需	露	𩅈
			合 13465 一期 合 13468 一期 合 13466 一期 合 19738 一期
	孟簋 周中 伯公父匿 周晚		
包山 134 戰國 郭店太一 戰國 九店楚簡 戰國 包山 180 戰國 郭店語四 戰國 璽彙 3162 戰國	上博容成 戰國 上博周易 戰國 貨系 0291 戰國	故宮 443 戰國	
古文			

林 枲 麻 壴

林	枲	麻	壴
			 甲 2407 一期  合 9253 一期  佚 233 四期  粹 533 一期  合 30693 三期  周甲 20 先周
		 州子卣 周早  師麻匡 周晚	 女壴方彝 商代  王孫鐘 春秋  壴鼎 商代  曾侯乙鐘 戰國
 陶三 828 戰國  郭店六德 戰國	 雲夢秦律 戰國	璽彙 2876 戰國  侯馬盟書 戰國  温縣盟書 戰國  侯馬盟書 戰國  温縣盟書 戰國  雲夢秦律 戰國	 曾侯墓磬 戰國  包山 002 戰國  郭店性自 戰國  曾侯墓磬 戰國  郭店老丙 戰國  璽彙 5274 戰國

彭　　　　喜

彭	喜
合 7073 一期　後上 9.5 一期　甲 2371 三期	粹 1486 一期　前 1.1.3 二期
前 5.34.1 一期　佚 278 三期　輔仁 93 三期	粹 1488 一期　粹 1211 二期
伯彭父卣 周早　揚鼎 周早　彭伯壺 春秋　鄂君舟節 戰國	天亡簋 周早　伯喜簋 周中　伯喜父簋 周晚　叔妣簋 周晚
彭女簋 周早　伯彭盉 周中　彭宇匿 春秋	史喜鼎 周中　兮仲鐘 周晚　伯嘉父簋 周晚　沇兒鐘 春秋
陶三 737 戰國　包山 133 戰國　璽彙 3513 戰國	秦公石磬 春秋　陶三 879 戰國　璽彙 0395 戰國　璽彙 1372 戰國
包山 002 戰國　新蔡楚簡 戰國	陶三 877 戰國　包山 056 戰國　璽彙 0890 戰國　貨系 0352 戰國
彭	喜　古文

嘉

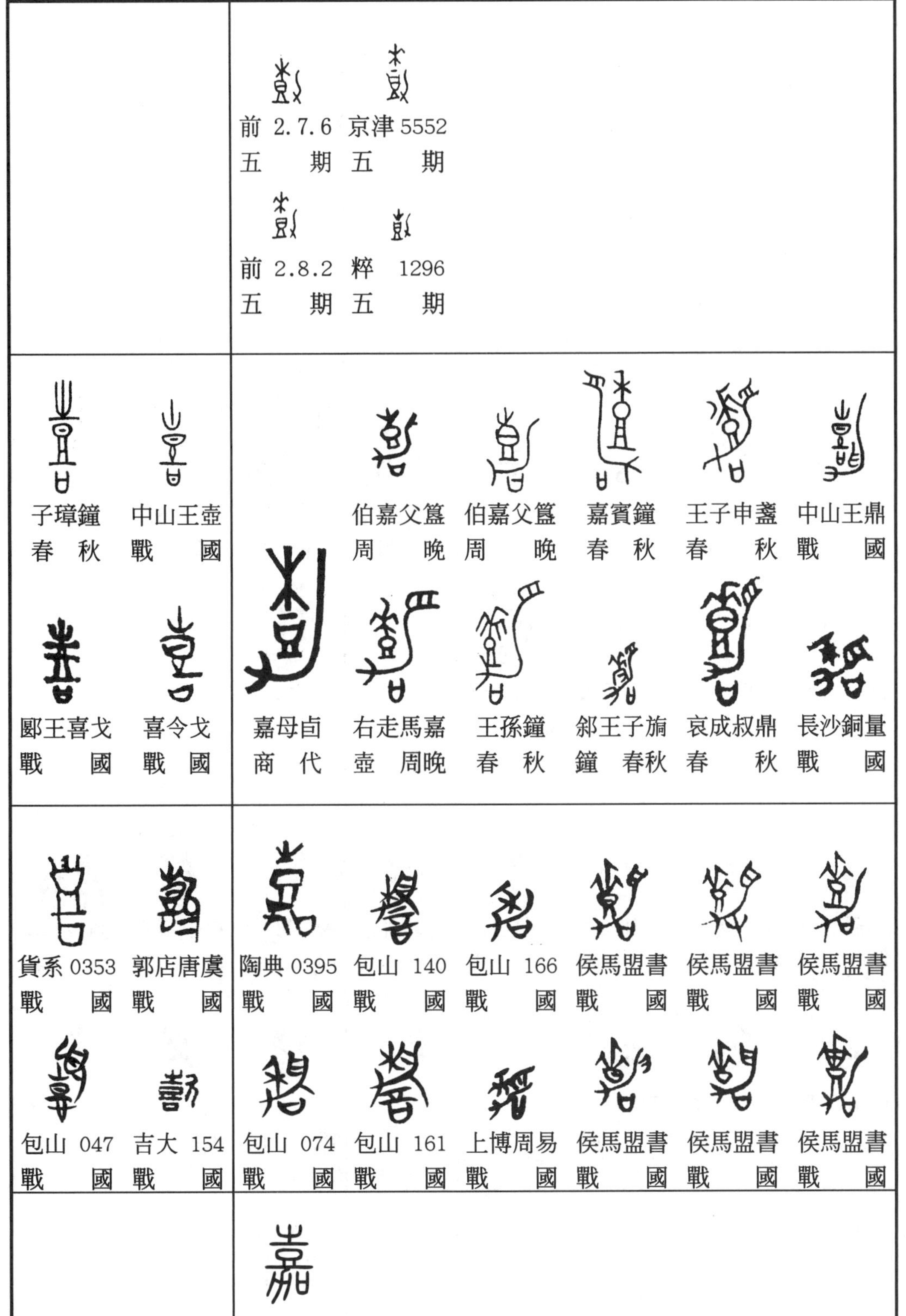

前 2.7.6 五期
京津 5552 五期
前 2.8.2 五期
粹 1296 五期

子璋鐘 春秋
中山王壺 戰國
伯嘉父簋 周晚
伯嘉父簋 周晚
嘉賓鐘 春秋
王子申盞 春秋
中山王鼎 戰國

鄽王喜戈 戰國
喜令戈 戰國
嘉母卣 商代
右走馬嘉壺 周晚
王孫鐘 春秋
郤王子旃鐘 春秋
哀成叔鼎 春秋
長沙銅量 戰國

貨系 0353 戰國
郭店唐虞 戰國
陶典 0395 戰國
包山 140 戰國
包山 166 戰國
侯馬盟書 戰國
侯馬盟書 戰國
侯馬盟書 戰國

包山 047 戰國
吉大 154 戰國
包山 074 戰國
包山 161 戰國
上博周易 戰國
侯馬盟書 戰國
侯馬盟書 戰國
侯馬盟書 戰國

首　　　　　　　馗　縣

首	馗	縣
花東 199 一期　乙 3401 一期　合 6037 一期　合 29255 三期　花東 304 一期　前 6.7.1 一期　合 11506 一期		
車首簋 商代　幾父壺 周中　𠬝伯簋 周中　晋侯穌鐘 周晚　沈子它簋 周早　彔伯𢦚簋 周中　楚公逆鎛 周晚　郝公典盤 春秋	作册般銅黿 商代	縣改簋 周中　郘鐘 春秋　仲義君匿 春秋
侯馬盟書 戰國　天星觀簡 戰國　包山 269 戰國　雲夢日乙 戰國　望山M2簡 戰國　包山 273 戰國　郭店語四 戰國	上博周易 戰國	録 2.13.1 戰國　曾侯墓簡 戰國　封成 15 戰國　望山M2簡 戰國　包山 227 戰國　雲夢效律 戰國

頁	顴	頭	頌
 合 15684 一期；合 22217 一期；合 22215 一期；珠 320 三期   			
 卯簋 周中		 蔡侯申鼎蓋 春秋	 頌簋 周中；蔡侯申盤 春秋；史頌匜 周中；杕氏壺 戰國   
 信陽楚簡 戰國；璽彙 0308 戰國；仰天湖簡 戰國  	 足臂灸經 秦代	 望山M2 簡 戰國；璽彙 1305 戰國；分域 2879 戰國；璽彙 0933 戰國；璽彙 2108 戰國；雲夢日甲 戰國     	 陶徵 263 西周；上博内豊 戰國；天星觀簡 戰國；郭店老甲 戰國   

顏	題	䪾	顯	顛	顗	顡
					同美	
九年衛鼎 周中 大市量 戰國	遷邟鐘 春秋 鐘銘讀作夏			魚顛匕 戰國		
新蔡楚簡 戰國 雲夢法律 戰國 璽彙3718 戰國	天星觀簡 戰國 簡文讀作夏	侯馬盟書 戰國	雲夢爲吏 戰國 印風87 秦代	陶五178 戰國 秦印彙編 秦代	郭店六德 戰國 上博緇衣 戰國	雲夢法律 戰國

頤　賴　頻　頸

頤	賴	頻	頸
黃夫人鼎 春秋 曩伯匜 春秋 鑄子匜 春秋 曩伯盤 春秋			
上博周易 戰國	秦印彙編 秦代	雲夢日甲 戰國 秦印彙編 秦代	秦家嘴簡 戰國 曾侯墓簡 戰國 包山 016 戰國 雲夢日甲 戰國 曾侯墓簡 戰國 曾侯墓簡 戰國 上博昭王 戰國
或體			

領	⿰句頁	項	⿰今頁	⿰亻頁	顊
	 利之元子 缶　春秋		 楚王領鐘 戰　　國	 沈子它簋 周　　早  毛公鼎 周　晚	 晉公盦 春　秋
 雲夢封診 戰　　國		 望山M2簡 戰　　國  雲夢法律 戰　　國  包山牘 1 戰　　國		 十鐘印舉 戰　　國  包山 022 戰　　國 簡文從首  包山 021 戰　　國	

碩	頵	顝	頎	頏	項	顆
郘史碩父鼎 周中 善夫山鼎 周晚 子碩父鬲 周晚 叔碩父鼎 周晚	伯頵父鼎 周中 寰盤 周晚				克鼎 周晚	
石鼓鑾車 戰國 秦印彙編 秦代 上博周易 戰國		陶五 384 戰國	秦印彙編 秦代 秦印彙編 秦代	秦印彙編 秦代		十鐘印舉 戰國

顛	纇	頞	頓	頡
 屯 3566 一期				
 五祀衛鼎 周中  殳季良父壺 周晚  九年衛鼎 周中		 者沪鐘 戰國		 邵鐘 春秋
	 雲夢日甲 戰國	 侯馬盟書 戰國  侯馬盟書 戰國  侯馬盟書 戰國	 集證 155 秦代	 包山 155 戰國  璽彙 1948 戰國  上博容成 戰國

顧	順	[illegible]	頒	[illegible]	[illegible]	[illegible]	顫
 中山王壺 戰國	 何尊 周早		 蔡公子頒戈 春秋				
 郭店緇衣 戰國  雲夢秦律 戰國	 雲夢日甲 戰國	 秦印彙編 秦代		 璽彙 3824 戰國	 珍秦 46 戰國	 陶五 198 戰國  秦印彙編 秦代	 璽彙 3232 戰國  十鐘印舉 戰國

古文字類編

顯	⿰霝頁	煩	顡
天亡簋 周早 沈子它簋 周早 𠦪伯簋 周中 應侯再盨 周中 公臣簋 周晚 大盂鼎 周早 康鼎 周中 登叔盨 周中 晉侯穌鐘 周晚	史顯鼎 周晚	𤔲鼎 周早	顡王姬鬲 周晚
曾侯墓簡 戰國 侯馬盟書 戰國 上博周易 戰國 侯馬盟書 戰國		陝西臨潼陶 戰國 雲夢日甲 戰國	十鐘印舉 戰國

楚公逆鐘 周晚

晉侯穌鐘 周晚

公臣簋 周晚

友簋 周中

康鼎 周中

柳鼎 周中

令簋 周早

大簋 周晚

彔伯㦰簋 周中

𧊒伯簋 周中

趞簋 周中

令鼎 周早

陶三 1266 戰國

𠯑録 9.1 戰國

包山 019 戰國

上博緇衣 戰國

頦	頊	頪	[illegible]	須
		 合 36754 五期		 合 816 一期  合 35302 四期
		 頪甗 周中  彔盨 周晚	 曾侯乙鐘架 戰國  曾侯乙鐘架 戰國  曾侯乙鐘 戰國  曾侯乙鐘 戰國	 佴叔盨 周中  諆季盨 周晚  鄭義伯盨 春秋  立盨 周晚  須炁生鼎 春秋
 上博印 34 戰國	 璽彙 1234 戰國  璽彙 1244 戰國	 望山M1簡 戰國  上博容成 戰國	 曾侯墓磬 戰國  上博周易 戰國  曾侯墓磬 戰國  上博周易 戰國	 包山 088 戰國  上博容成 戰國  雲夢日甲 戰國  包山 102 戰國  上博昭王 戰國

鬼	禺	魅	魋
前 4.18.6 一期　合 6474 一期　合 24991 二期 甲 3343 一期　合 21092 一期　合 34146 四期		拾 4.11 一期 乙 5397 一期	
小盂鼎 周早　上郡守戈 戰國 鬼壺 周中　陳肪簋蓋 戰國	趙孟壺 春秋		
侯馬盟書 戰國　雲夢爲吏 戰國 曾侯墓漆書 戰國　信陽楚簡 戰國　上博民之 戰國	望山M2簡 戰國　郭店語四 戰國 郭店五行 戰國　瀓秋 36 戰國		秦印 戰編 623
古文		或體	

第一編　古文字

畏	醜	⿺鬼甫	䰧
花東 114 一期 餘 1.2 一期 乙 669 一期 合 19484 一期	合 4654 一期 合 12878 一期		
亞夫畏爵 商代 王子午鼎 春秋 梁伯戈 春秋 毛公鼎 周晚 沇兒鐘 春秋 蔡侯産劍 戰國		⿺鬼甫父卣 周早 弘 尊 周中	作册䰧卣 周早 作册䰧卣 周早
郭店五行 戰國 璽彙 2674 戰國 郭店成之 戰國 五十二病方 秦代	侯馬盟書 戰國 侯馬盟書 戰國 陶五 015 戰國 侯馬盟書 戰國 侯馬盟書 戰國 雲夢語書 戰國		

食	飯	飪	飢	餾
合 11480 一期 合 20961 一期 合 28618 三期 合 33694 四期 合 11485 一期 英 923 一期 屯 2666 三期 齊家 3 周早				
敉共簋 周早 鄲孝子鼎 戰國 仲義君簋 周晚	公子土斧壺 春秋			
信陽楚簡 戰國 包山 257 戰國 璽彙 5555 戰國 包山 251 戰國 天星觀簡 戰國 雲夢秦律 戰國 秦陶 1468 秦代	上博弟子問 戰國 雲夢爲吏 戰國	信陽楚簡 戰國	雲夢爲吏 戰國	璽彙 1176 戰國

饙	饒	餘	饔
宰犬簋 商代；匽侯盂 周早；伯康簋 周晚；阬公克敦 春秋；婁君盂 春秋；新司簋 周早；貞簋 周早；戈叔鼎 春秋；慶孫之子匠 春秋；齊陳曼匠 戰國	中陽戈 戰國		饔遼父鼎 周晚
		雲夢封診 戰國	
或體			

饋	養	餔
	花東 021 一期 合 8682 一期 粹 1589 三期 合 11003 一期 屯 1024 二期 合 32014 四期 合 35240 四期	
大府盞 戰國	敚父丁罍 商代 敚父丙觚 商代 敚又戈 商代 敚又爵 商代	餔父戊卣 商代 或從夫聲
望山M1簡 戰國 包山 206 戰國 包山 243 戰國 望山M1簡 戰國 包山 241 戰國	郭店忠信 戰國 雲夢法律 戰國 敚侯玉佩 商代 郭店唐虞 戰國 雲夢語書 戰國	雲夢日甲 戰國
	古文	

飤	鍚	鐘	鑠
京津 2496 一期 京津 1062 一期			
飤父乙觶 周早 伯𣄰父簋 周晚 王孫壽甗 春秋 褱鼎 春秋 大府鎬 戰國 晉侯豖形尊 周早 蔡侯申鼎 春秋 赤目匠 春秋 郳子匠 春秋 中山王壺 戰國	令鼎 周早 居簋 春秋	𣅀壺 周中	仲鑠盨 周中
望山M1簡 戰國 包山 245 戰國 郭店成之 戰國 雲夢效律 戰國 包山 154 戰國 包山 147 戰國 郭店語三 戰國 璽彙 0217 戰國 雲夢效律 戰國 璽彙 5590 戰國			

餗	飴	⿰飠呈
合 18583 一期 合 24146 二期 合 30806 三期 合 30956 三期 合 6667 一期 合 27095 三期 合 27137 三期 合 34573 四期		
	簋 中 䕢 周 鼎 早 莫 周 簋 中 䕢 周	
		 侯馬盟書 戰國 侯馬盟書 戰國 侯馬盟書 戰國 侯馬盟書 戰國
	籀 文	

飠臼	餲	飠它	飠頁	飠匋	餓	餽	㞓
玉篇同餡							
			仲𠭯父簋 周晚	佴仲盨 周晚			牆盤 周中 讀作饡
璽彙 2443 戰國	璽彙 2352 戰國	雲夢秦律 戰國			雲夢日甲 戰國	雲夢法律 戰國	

飥	餐	飿	鴭	餌	饐	䬴
	中山王鼎 戰國					戍嗣鼎 商代 寧鼎 周早 臣辰卣 周早 伯唐父鼎 周中
璽彙 0812 戰國 璽彙 4038 戰國		包山 257 戰國	璽彙 1125 戰國 璽彙 1828 戰國	郭店老丙 戰國 侯馬盟書 戰國	璽彙 2019 戰國 古文四聲韻作	

韇	䪞	韶	音	餡	鐙
同翰					
沇兒鐘 春秋 郐王子旃鐘 春秋		者減鐘 春秋	殷簋 周中 郐王子旃鐘 春秋 秦公鎛 春秋 曾侯乙鐘 戰國 曾侯乙鐘 戰國		宅陽令矛 戰國 平陰鼎蓋 戰國
包山 085 戰國	璽彙 0819 戰國	侯馬盟書 戰國	秦公石磬 春秋 包山 248 戰國 璽彙 4284 戰國 陶四 101 戰國 郭店五行 戰國 貨系 1376 戰國	璽彙 0810 戰國 璽彙 1826 戰國	香續 74 戰國

革	䩄	鞁	䩖
花東 474 一期 花東 491 一期			
康鼎 周中 鄂君車節 戰國			
望山M2簡 戰國 包山 264 戰國 郭店唐虞 戰國 望山M2簡 戰國 包山 271 戰國 璽彙 3103 戰國	包山 273 戰國 包山牘 1 戰國	曾侯墓簡 戰國 天星觀簡 戰國 璽彙 3748 戰國 望山M2簡 戰國 包山 259 戰國 或從韋	雲夢法律 戰國
革　古文	䩄	鞁	

勒	⿰革雍	鞍	鞥
吳方彝 周中 師⿰雚凡鼎 周中 伯晨鼎 周中 伊簋 周晚 師嫠簋 周中 班簋 周中 盠方彝 周中 毛公鼎 周晚			
石鼓田車 戰國 曾侯墓簡 戰國	曾侯墓簡 戰國 曾侯墓簡 戰國	曾侯墓簡 戰國 曾侯墓簡 戰國 天星觀簡 戰國 簡文從韋又或從毛	曾侯墓簡 戰國 曾侯墓簡 戰國

鞄	⿰革索	鞏	鞮	鞠	鞴	⿰革取
	同索					
齊鎛 春秋 鞄氏鐘 春秋	九年衛鼎 周中					
陶三 1089 戰國 上博競建 戰國 陶三 405 戰國 璽彙 3544 戰國		珍秦 143 戰國 故宮 424 戰國	十鐘印舉 戰國	陶九 083 戰國	天星觀簡 戰國	曾侯墓簡 戰國 曾侯墓簡 戰國

鞞	⿰革匋	韅	靳	⿰革堇		⿰革白	⿰革帀
靜簋 周中 番生簋 周中			彔伯𢨋簋 周中 番生簋 周中				遣小子簋 周晚
曾侯墓簡 戰國 天星觀簡 戰國	雲夢封診 戰國	曾侯墓簡 戰國 雲夢法律 戰國	璽印集粹 戰國 雲夢爲吏 戰國	包山 271 戰國 包山 186 戰國	包山牘 1 戰國	包山牘 1 戰國	

鞜	轉	韒	鞭	靰	韄
	吴方彝 周中 毛公鼎 周晚 彔伯簋 周中		九年衛鼎 周中		
璽彙 3073 戰國	璽彙 3634 戰國	曾侯墓簡 戰國 簡文從韋	陶四 062 戰國 望山M2簡 戰國 璽彙 0399 戰國 郭店老丙 戰國	五里牌簡 戰國	望山M2簡 戰國
			古文		

鞏	韇	鞙	䪞	鞅	鞜
				 商鞅方升 戰國  十九年殳 戰國  大良造鞅戟 戰國	
 曾侯墓簡 戰國	 曾侯墓簡 戰國	 天星觀簡 戰國  天星觀簡 戰國	 曾侯墓簡 戰國	 曾侯墓簡 戰國  包山 273 戰國  故宮 418 戰國  包山 271 戰國  包山牘 1 戰國	 包山 260 戰國
	 韇			 鞅	

韋	韜	韯	韓	韢
甲 350 一期　前5.47.1 一期　乙 2118 一期　合 634 一期				
韋 觚 商代　韋 鼎 周早　吕不韋戈 戰國　韋癸爵 商代　黄韋俞父盤 春秋　曾侯乙鐘 戰國		趩 簋 周中　輔師嫠簋 周中　虎簋蓋 周中　柞 鐘 周晚		
信陽楚簡 戰國　郭店老甲 戰國　包山 273 戰國　雲夢秦律 戰國	曾侯墓簡 戰國　龍韜龕或手從鑑盾		包山 276 戰國	包山牘 1 戰國

第一编　古文字

韔	⿰韋柬	⿰韋睪	韌	⿰韋番
	 合 6855 一期  合 30392 三期  合 5478 一期 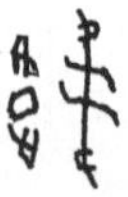 合 30393 三期			
			 西庫圓壺 戰國  中山帳橛 戰國  中山帳橛 戰國 韌或從革	
 曾侯墓簡 戰國  天星觀簡 戰國  望山M2簡 戰國  天星觀簡 戰國		 信陽楚簡 戰國	 曾侯墓簡 戰國  曾侯墓簡 戰國	 雲夢日甲 戰國

韓　　　　　　　　　　　　　　　　　　　　　　　　　　　　　　　韒　韂　韛

韓	韒	韂	韛
戎生鐘 周晚　驫羌鐘 戰國　付余令戈 戰國　攻敔王光韓劍 春秋　四年鄭令戈 戰國　喜令戈 戰國　韓氏鼎 戰國			
上博印 35 戰國　雲夢編年 戰國　璽彙 2819 戰國　璽彙 4065 戰國　吉大 128 戰國　包山 131 戰國　璽彙 2367 戰國　侯馬盟書 戰國	曾侯墓簡 戰國	戰編 350 戰國	曾侯墓簡 戰國　曾侯墓簡 戰國　曾侯墓簡 戰國

烏　　　　焉

烏	焉
烏於同字	
沈子它簋 周早；寡子卣 周中；余義鐘 春秋；中山王鼎 戰國；䜌篙鐘 戰國；者旨於睗劍 戰國；效卣 周早；毛公鼎 周晚；曾侯乙鐘 戰國；曾侯乙鐘 戰國；者旨於睗矛 戰國；鄂君車節 戰國	中山王壺 戰國
陶五 185 戰國；郭店語二 戰國；上博緇衣 戰國；璽彙 2346 戰國；包山 143 戰國；郭店唐虞 戰國；郭店語二 戰國；郭店語三 戰國；上博子羔 戰國；三晋 78 戰國；包山 202 戰國；璽彙 2461 戰國	温縣盟書 戰國；温縣盟書 戰國；温縣盟書 戰國；雲夢法律 戰國
古文	

舄　　　　　　　　能

舄	能
	 合 19703 一期
 大盂鼎 周早　師虎簋 周中　鼂叔簋 周中　師嫠簋 周中 吴方彝 周中　師嫠簋 周中　鼂伯簋 周中　伯晨鼎 周中	 沈子它簋 周早　瓚比簋 周中　哀成叔鼎 春秋 能匋尊 周早　縣改簋 周中　中山王鼎 戰國
 璽彙 0260 戰國	 望山M1簡 戰國　包山 156 戰國　郭店老甲 戰國　郭店語三 戰國 望山M1簡 戰國　郭店五行 戰國　郭店性自 戰國　秦玉牘 戰國

熊	羆	髟	髡	髭
		合 767 一期 合 4558 一期 合 4557 一期		摭續 190 二期 合 27742 三期 寧滬 1.500 二期 合 27740 三期
	牆盤 周中	髟莫觚 商代 太保罍 周早		髭斝 商代 大盂鼎 周早 聑髭觚 商代
十鐘印舉 戰國 秦印彙編 秦代		郭店成之 戰國	雲夢法律 戰國	
	古文			

髮	髽	⿱髟差	鬒	⿱髟桼	巤
					合 18393 一 期
召 卣 周 早 或者鼎 周 中 牆 盤 周 中 癲 鐘 周 中					師寰簋 周 晚 條戒鼎 周 晚 師寰簋 周 晚 巤季鼎 春 秋
雲夢日甲 戰 國 雲夢法律 戰 國	雲夢日乙 戰 國	秦印彙編 秦 代	秦印彙編 秦 代	雲夢效律 戰 國	
或 體					

馬

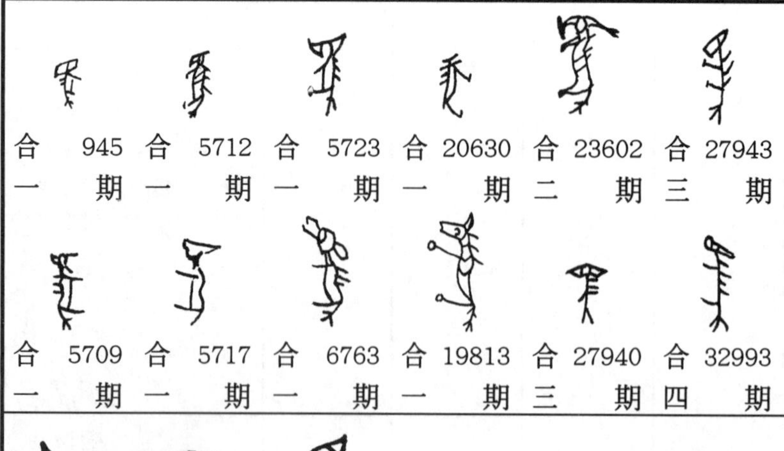

合 945	合 5712	合 5723	合 20630	合 23602	合 27943
一期	一期	一期	一期	二期	三期
合 5709	合 5717	合 6763	合 19813	合 27940	合 32993
一期	一期	一期	一期	三期	四期

馬戈	戊寅鼎	公貿鼎	無㠱簋	牧馬受簋	胤嗣壺
商代	商代	周中	周晚	春秋	戰國
馬觚	作册大鼎	休盤	孟辛父鬲	雍王戈	高馬里戈
商代	周早	周中	春秋	戰國	戰國

石鼓車工	信陽楚簡	望山M1簡	天星觀簡	璽彙 0025	璽彙 3828	璽彙 0064	侯馬盟書
戰國	戰國	戰國	戰國	戰國	戰國	戰國	戰國
陶三 399	曾侯墓簡	望山M2簡	包山牘 1	璽彙 0031	璽彙 0050	璽彙 3811	貨系 1708
戰國	戰國	戰國	戰國	戰國	戰國	戰國	戰國

隲	驕	馷	駒	馳	魏
	合 37514 五　期				花東 191 一　期 花東 191 一　期
			𤼷　簋 周　早 伯晨鼎 周　中 晉侯穌鐘 周　晚 盠駒尊 周　中 師垄父鼎 周　中 駒父盨 周　晚		大魏權 戰　國
璽印集粹 戰　國	雲夢爲吏 戰　國	天星觀簡 戰　國	曾侯墓簡 戰　國 璽印集粹 戰　國 侯馬盟書 戰　國 璽彙 3866 戰　國 雲夢日乙 戰　國	秦印彙編 秦　代	

第一編　古文字

騏	騹	驒	騅	駱	騁	駒	騂
				 盠駒尊 周　中			
 曾侯墓簡 戰　國  曾侯墓簡 戰　國	 郭店窮達 戰　國	 曾侯墓簡 戰　國  曾侯墓簡 戰　國	 雲夢封診 戰　國	 璽印集粹 戰　國  十鐘印舉 戰　國	 故宮 449 戰　國	 郭店窮達 戰　國	 陶彙 266 戰　國

駁	騽	驁	驙	[illegible]	驑
 合 36836 五期  甲 298 五期  前 4.47.3 五期	 前 2.5.7 五期  前 4.47.5 五期				
 曾侯墓簡 戰國  包山 234 戰國  包山 093 戰國  包山 247 戰國		 石鼓鑾車 戰國  璽印集粹 戰國  璽印集粹 戰國  分域 2861 戰國	 曾侯墓簡 戰國	 十鐘印舉 戰國	 新蔡楚簡 戰國

古文字類編

驩	驪	駜	驀	駢	駴	驂
	前 4.47.5 五期 扶風齊家骨 周早	後下 18.8 三期			甲 914 二期	
十鐘印舉 戰國		郭店緇衣 戰國	雲夢雜抄 戰國	珍秦 52 戰國		石鼓田車 戰國 曾侯墓簡 戰國 曾侯墓簡 戰國 曾侯墓簡 戰國

駕	駟	⿰馬利	駛	騃
		合 36985 五期 合 37514 五期	合 28195 三期 合 28196 三期	
	庚壺 春秋 魯宰駟父鬲 春秋			
石鼓吾水 戰國 十鐘印舉 戰國 侯馬盟書 戰國 包山 038 戰國 侯馬盟書 戰國 雲夢雜抄 戰國	曾侯墓簡 戰國 曾侯墓簡 戰國 曾侯墓簡 戰國 雲夢秦律 戰國			秦印彙編 秦代

馮	駽	騼	⿰馬可	騎
	 卅五年盉 戰國			 騎傳馬節 戰國
 璽印集粹 戰國  璽印集粹 戰國  璽印集粹 戰國		 天星觀簡 戰國  天星觀簡 戰國  天星觀簡 戰國	 陶六 071 戰國  璽彙 0048 戰國  包山 119 戰國	 璽彙 0307 戰國  璽彙 2512 戰國

篤	駵	駷	驅	駘	驚
	周甲 41 先周	周甲 41 先周			
			師寰簋 周晚 多友鼎 周晚		
雲夢雜抄 戰國			石鼓車工 戰國 璽彙 3226 戰國 侯馬盟書 戰國 陶三 743 戰國 雲夢日甲 戰國 上博周易 戰國	璽彙 5535 戰國	雲夢牘 戰國
			古文		

第一編 古文字

駝	駐	騷	驌	駔
包山 187 戰國；雲夢雜抄 戰國；上博競建 戰國	曾侯墓簡 戰國	珍秦 43 戰國；雲夢法律 戰國	曾侯墓簡 戰國；曾侯墓簡 戰國；曾侯墓簡 戰國；驌寫馬作典服籍馬	陶五 040 戰國；珍秦 66 戰國；十鐘印舉 戰國

⿱大馬	騶	騰	⿰馬爯	騅	駃	騠	馬
 曾侯墓簡 戰國	 陶五 483 戰國  雲夢雜抄 戰國	 十鐘印舉 戰國  雲夢語書 戰國	 曾侯墓簡 戰國	 珍秦 56 戰國	 雲夢雜抄 戰國	 雲夢雜抄 戰國	 侯馬盟書 戰國  侯馬盟書 戰國

駩	䭿	駐	驇	䮒	䮕	䮃	䭺
						合 27972 三　期	
曾侯墓簡 戰　國 曾侯墓簡 戰　國	曾侯墓簡 戰　國	曾侯墓簡 戰　國	石鼓馬薦 戰　國	石鼓車工 戰　國 曾侯墓簡 戰　國	曾侯墓簡 戰　國 曾侯墓簡 戰　國		曾侯墓簡 戰　國

⿰馬寽	騍	騝	騜	騑	⿰馬幾	驫
			 邢臺卜骨 周　早			
						 驫姒鼎 周　中  邦司寇劍 戰　國  驫氏鐘 戰　國
 曾侯墓簡 戰　國  曾侯墓簡 戰　國	 曾侯墓簡 戰　國	 石鼓田車 戰　國	 曾侯墓簡 戰　國  曾侯墓簡 戰　國	 曾侯墓簡 戰　國	 郭店窮達 戰　國	 陶六 082 戰　國  璽彙 2844 戰　國  璽彙 2842 戰　國

鬲

乙 2544 一期

合 1975 一期

甲 2132 三期

合 201 一期

合 24280 二期

粹 1543 三期

令簋 周早

召仲鬲 周晚

南姬鬲 周晚

子碩父鬲 周晚

魯伯駟父鬲 春秋

季貞鬲 春秋

敏伯者君鬲 春秋

梁十九年鼎 戰國

伯姜鬲 周中

虢仲鬲 周晚

恒侯鬲 周晚

郲伯鬲 春秋

郳始鬲 春秋

樊夫人鬲 春秋

自作鬳鬲 春秋

陶五 107 戰國

貨系 0333 戰國

郭店窮達 戰國

貨系 0328 戰國

鬻	鬴	𩰲	鬹
佚 895 一期			
莫鼎 商代 木工鼎 商代 彈鼎 商代 戌嗣鼎 商代 作且己鼎 商代 龏鬲 商代	陳猷釜 戰國 子禾子釜 戰國		上郡守壽戈 戰國
	陶三 001 戰國 陶三 772 戰國 雲夢日甲 戰國 陶三 005 戰國 陶三 023 戰國	湖南 85 戰國	璽印集粹 戰國
	或體		

第一編 古文字

鬳	融	鬵	鬻
合 629 一期；合 8904 一期；合 20317 一期；後下 7.15 一期；合 630 一期；合 18564 一期；前 7.37.1 一期；甲 2082 三期			合 8612 一期；京津 1230 一期
鬳戈 商代；見甗 周早；王孫壽甗 春秋；鬳甗 商代；之利殘器 春秋；將軍張戈 戰國	融簋 商代；冊融鼎 商代；融爵 商代		琱生鬲 周中；垔肇家鬲 周晚
望山M1簡 戰國；壐彙 2749 戰國；壐彙 2746 戰國；雲夢日甲 戰國；幣編 203 戰國		秦印 戰編 173	
	籀文		

鬯　　鬱

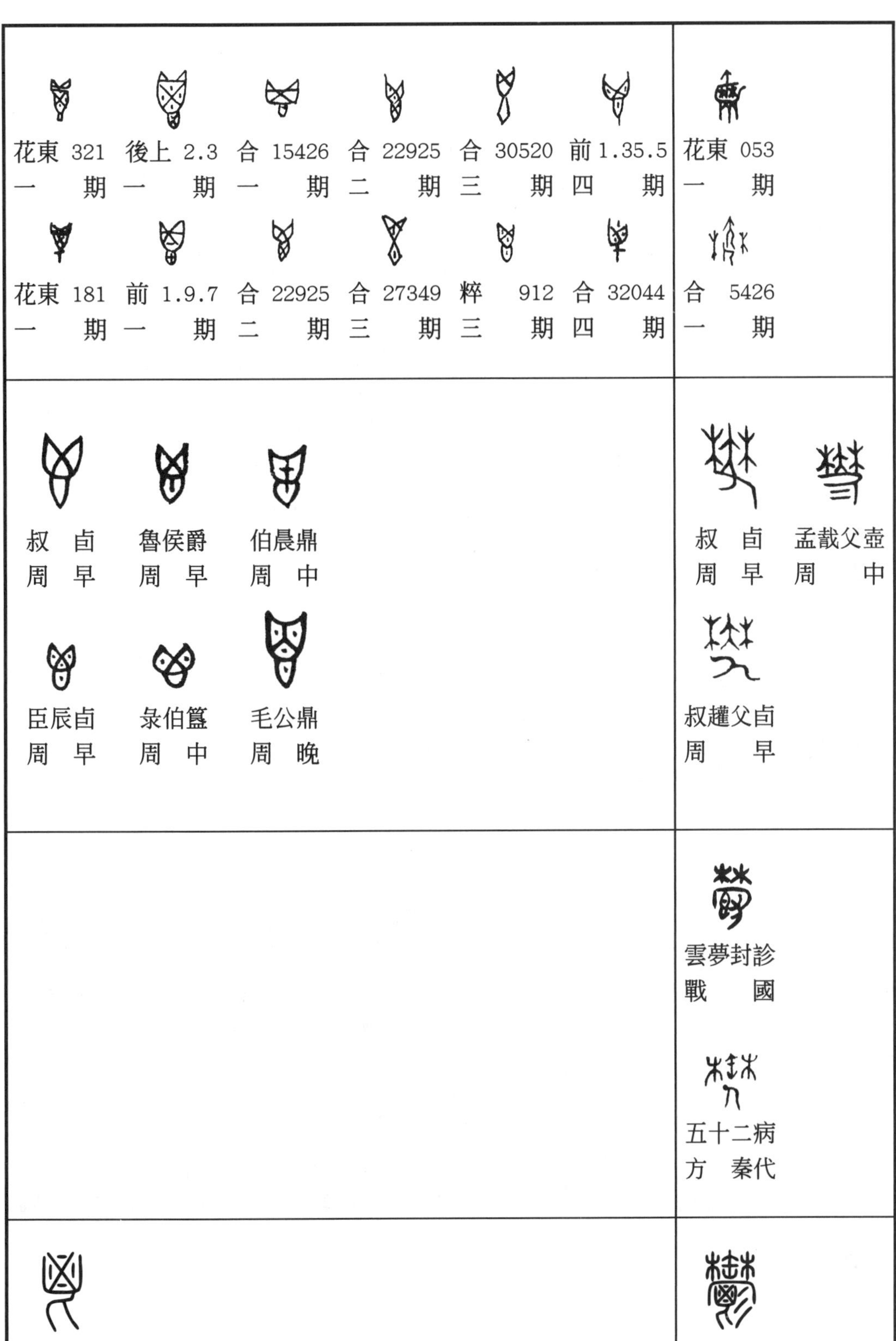

花東 321 一期　後上 2.3 一期　合 15426 一期　合 22925 二期　合 30520 三期　前 1.35.5 四期
花東 181 一期　前 1.9.7 一期　合 22925 二期　合 27349 三期　粹 912 三期　合 32044 四期
叔卣 周早　魯侯爵 周早　伯晨鼎 周中
臣辰卣 周早　彔伯簋 周中　毛公鼎 周晚

花東 053 一期
合 5426 一期
叔卣 周早　孟載父壺 周中
叔趯父卣 周早
雲夢封診 戰國
五十二病方 秦代

饔 馨 鹿

	讀作馨香 篆銘聽香	合 153 一期 合 20714 一期 合 20721 一期 甲 1395 二期 合 10316 一期 合 20715 一期 合 10274 一期 合 28336 三期
吴方彝 周中 冝壺 周中 伯晨鼎 周中 吕鼎 周中 彔伯簋 周中 毛公鼎 周晚	𤔲簋 周中 𤔲簋 周中	鹿方鼎 商代 貉子卣 周中 鹿觚 商代 命簋 周中
		石鼓吴人 戰國 天星觀簡 戰國 包山 181 戰國 上博詩論 戰國 陶三 153 戰國 包山 179 戰國 包山 246 戰國 雲夢日甲 戰國

麋	麇	麗	麚
合 10345 一期；合 10372 一期；餘 12.3 一期；合 37459 五期；合 10358 一期；合 10377 一期；甲 1970 三期；合 37460 五期	京津 1345 一期；前 7.28.4 一期	周甲 123 先周	前 7.17.4 一期
麋束爵 周中；伯□父簋 周晚	師害簋 周晚	元年師旋簋 周中；陳麗子戈 戰國；取膚匜 春秋	説文麚牡鹿
石鼓田車 戰國；雲夢法律 戰國；山東 159 戰國；璽彙 0360 戰國	九店楚簡 戰國	曾侯墓簡 戰國；雲夢日甲 戰國；曾侯墓簡 戰國	
		或體	

麃	麛	慶	麤	麀
		 合 36481 一期  存下 915 五期  合 36836 五期  前 4.73.3 五期	 前 8.10.1 一期  林 2.26.9 一期	
 麃父卣 周早  九年衛鼎 周中		 伯其父匿 春秋  慶眉節 戰國  秦公簋 春秋 器用銘作或慶		 衛盉 周中  中山帳橛 戰國  中山帳橛 戰國
 望山M2簡 戰國  雲夢語書 戰國  天星觀簡 戰國	 雲夢秦律 戰國			 石鼓車工 戰國

麑　　鷹　　[illegible]

麑	鷹	[illegible]
前 4.47.7 一期；合 10392 一期；甲 2418 四期；合 6188 一期；合 10386 一期；合 37460 五期	合 5658 三期；合 28420 三期；京津 3876 四期；合 27498 三期；屯·附 1 四期；明藏 472 四期	
	亞鷹父丁觚 商代；鷹雚戟 戰國	延盨 周晚
	郭店語四 戰國；上博成之 戰國；上博曹沫 戰國；璽彙 2743 戰國；郭店成之 戰國；上博緇衣 戰國；上博泊旱 戰國；侯馬盟書 戰國	

象　豫

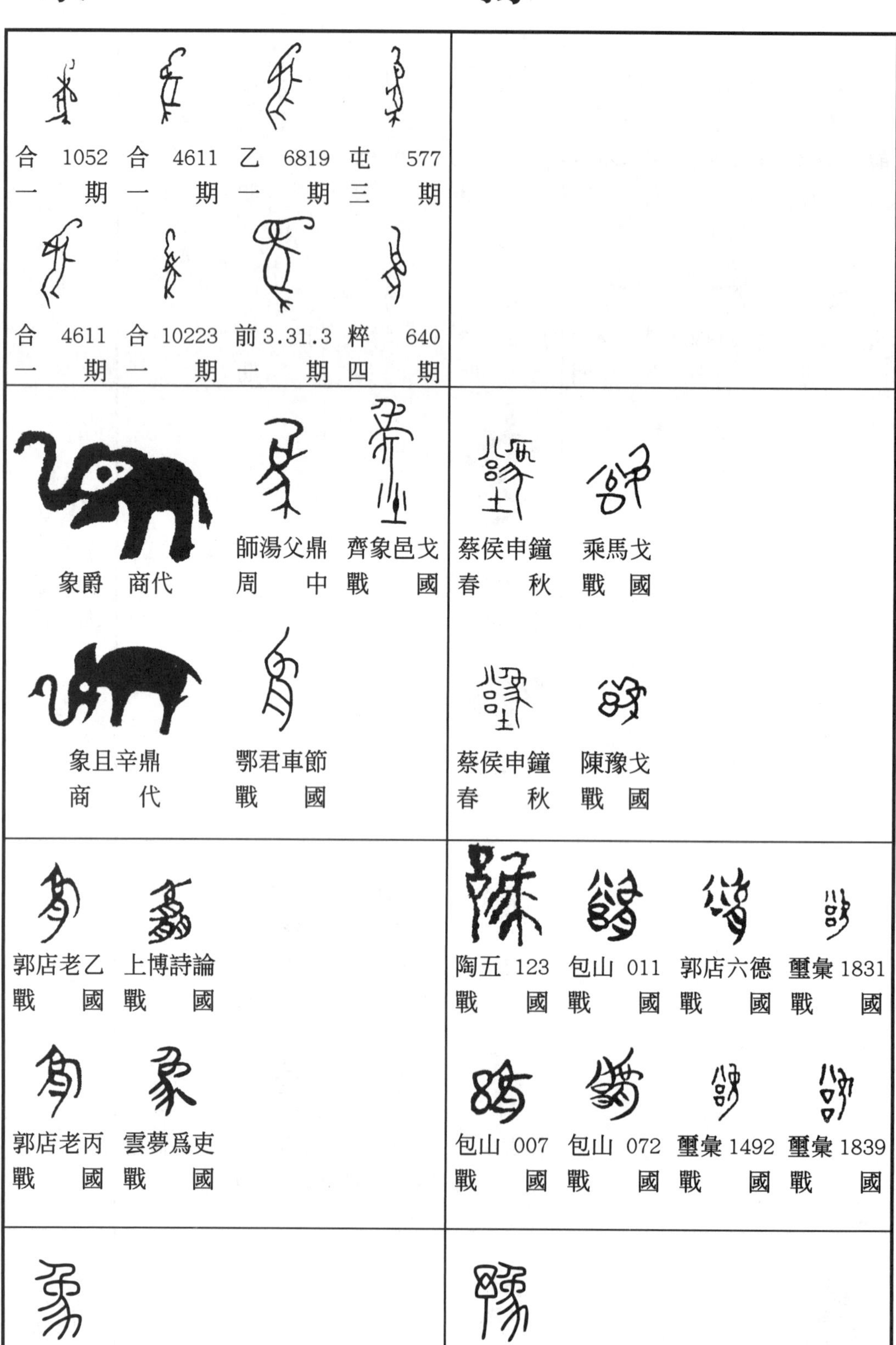

合 1052 一期
合 4611 一期
乙 6819 一期
屯 577 三期
合 4611 一期
合 10223 一期
前 3.31.3 一期
粹 640 四期
象爵 商代
師湯父鼎 周中
齊象邑戈 戰國
象且辛鼎 商代
鄂君車節 戰國
蔡侯申鐘 春秋
乘馬戈 戰國
蔡侯申鐘 春秋
陳豫戈 戰國
郭店老乙 戰國
上博詩論 戰國
郭店老丙 戰國
雲夢爲吏 戰國
陶五 123 戰國
包山 011 戰國
郭店六德 戰國
璽彙 1831 戰國
包山 007 戰國
包山 072 戰國
璽彙 1492 戰國
璽彙 1839 戰國

鳥	鳩	鴟	鳺
乙 6664 一期 合 3457 一期 合 9011 一期 合 14360 一期 花東 177 一期 合 116 一期 合 4725 一期 合 10512 一期 合 17864 一期 合 28424 三期			
鳥簋 商代 鳥壬侜鼎 周早 鳥且甲卣 商代 弄鳥尊 春秋			曾侯乙鐘 戰國
天星觀簡 戰國 上博容成 戰國 雲夢日甲 戰國 郭店老甲 戰國 中山雜器 戰國 雲夢日甲 戰國	包山 183 戰國 上博詩論 戰國	上博鬼神 戰國	曾侯墓磬 戰國 或從隹

鴿	鶬	鵑	鷗	鴃	鴈
	閭丘戈 春秋	虒令癰鼎 戰國			
郭店老甲 戰國			包山 085 戰國 上博子羔 戰國	包山 079 戰國	包山 145 戰國 郭店性自 戰國 貨系 2476 戰國 從彦省聲

雒	鷹	鳶	梟	鄡
	 前 6.6.2 一期	 合 5739 一期		龍龕手鑑以爲梟之俗字
		 鳶且辛卣 商代  鳶卣 商代  鳶鼎 商代  鳶觚 商代		
 曾侯墓簡 戰國  陶四 045 戰國  璽彙 3846 戰國  天星觀簡 戰國  璽彙 3693 戰國		 長沙帛書 戰國  雲夢日甲 戰國  上博競建 戰國	 包山 258 戰國	 天星觀簡 戰國  天星觀簡 戰國
  或體				

鳴	鷇	⿰臼鳥
合 522 一期 合 4721 一期 合 4724 一期 合 22099 一期 後下 6.13 一期 佚 580 四期 合 4155 一期 合 4722 一期 合 4725 一期 英 528 一期 花東 039 一期 前 4.27.1 五期		
吴王光鐘 春秋 吴王光鐘 春秋 王孫鐘 春秋 遷邟鐘 春秋 吴王光鐘 春秋 吴王光鐘 春秋 蔡侯申鐘 春秋 王孫誥鐘 春秋		
石鼓乍原 戰國 包山 194 戰國 包山 095 戰國 上博性情 戰國	雲夢秦律 戰國	郭店老乙 戰國 璽彙 1018 戰國

	鶇	鴡	鴅	鳬
				合 14161 一　期 乙　580 一　期
		戈丘令癰戈　戰國	沈子它簋　周　早	鳬叔盨　春　秋 仲鳬父簋　周　晚 鳬叔匜　春　秋
	天星觀簡　戰　國 天星觀簡　戰　國 天星觀簡　戰　國 天星觀簡　戰　國 天星觀簡　戰　國	陶六 090　戰　國 璽彙 3877　戰　國 璽彙 3292　戰　國	陶徵 271　西　周	

第一編　古文字

鳳　　　　鴉　匕鳥

古文字類編

鳳	鴉	匕鳥
 合 672 一期  合 13335 一期  合 28556 三期  合 30261 三期  合 13339 一期  合 13355 一期  合 30225 三期  合 34150 四期		 合 5854 一期  合 7040 一期  合 36956 五期  合 6153 一期  合 18218 一期
 鳳母觶 商代  中方鼎 周早  鳳母觶 商代	 鴉卣 商代	
		 包山 080 戰國

鸞	⿰公鳥	鵖	鶮	⿰原鳥	⿰鳥毛	⿰玄鳥
				 合 8377 一期  甲 2810 三期  合 20576 一期  合 32183 四期		 花東 3 一期
 叔䣄父簋 周中						 鴔婦罍 商代  鴔婦罍 商代
	 天星觀簡 戰國	 璽彙 3644 戰國	 璽印集粹 戰國 從烏		 璽彙 2005 戰國 從烏	

魚	鮒	魿
後上31.1 一期 合10474 一期 合10487 一期 合20738 一期 前4.55.7 二期 前1.29.4 五期 京津1513 一期 合10482 一期 合20638 一期 佚812 二期 佚266 三期 周甲48 周早		
魚父乙鼎 商代 戉嗣鼎 商代 伯魚父壺 周中 伯旅魚父匿 春秋 鳳魚鼎 商代 魚觚 商代 魚羌鼎 商代 毛公鼎 周晚 魚顛匕 戰國		
陶一0105 商代 香録11.2 戰國 包山256 戰國 上博周易 戰國 雲夢日乙 戰國 石鼓汧沔 戰國 陶三319 戰國 望山M2簡 戰國 包山259 戰國 璽彙2727 戰國 貨系2796 戰國	五十二病方 秦代	秦印彙編 秦代

鯀	鰊	魴	鱮	鯢	鰋	鯉
 合 10478 一 期	 乙 8897 二 期 從今 束作 聲鯽					
 牆 盤 周 中  鯀還鼎 周 中						
 舂録 13.2 戰 國  郭店語一 戰 國		 石鼓汧沔 戰 國  璽彙 2729 戰 國  璽彙 2728 戰 國	 石鼓汧沔 戰 國	 包山 194 戰 國	 石鼓汧沔 戰 國	 石鼓汧沔 戰 國

鮮	鮭	魶	魼
	合 22405 一期		
鮮父鼎 周中 畢鮮簋 周中 散盤 周晚 胤嗣壺 戰國 鮮簋 周中 伯鮮盨 周晚 中山泡飾 戰國			秦子矛 春秋 秦子矛 春秋
石鼓汧沔 戰國 璽彙 3227 戰國 雲夢日乙 戰國 璽彙 1305 戰國 青川櫝 戰國	陶三 1152 戰國 陶三 605 戰國 璽彙 1143 戰國	石鼓汧沔 戰國 十鐘印舉 戰國	

鯛	鮊	鮭	鯗	鯖	鰥	魤	鱻
			登鯗鼎 春　秋		作册嗌卣 周　中 毛公鼎 周　晚		公貿鼎 周　中
包山 165 戰　國 包山 190 戰　國	石鼓汧沔 戰　國	故宫 454 戰　國	包山 166 戰　國	郭店忠信 戰　國		秦印彙編 秦　代	

冓	再	卤	鹽
合 6196 一期 合 23671 二期 後上 26.6 四期 合 6658 一期 合 27042 三期 甲 381 四期	前 7.1.3 一期	合 4340 一期	
南單冓觚 商代 叔多父盤 春秋 冓斝 周晚	屭羌鐘 戰國 陳璋壺 戰國 陳璋鑘 戰國 陳喜壺 戰國	免盤 周中	亡鹽右戈 戰國 亡鹽右戈 戰國
	陶三 009 戰國 雲夢封診 戰國 郭店語二 戰國	甘肅崇信陶 戰國 十鐘印舉 戰國	包山 147 戰國 集證 141 戰國 上博容成 戰國 雲夢秦律 戰國

黑	點	黔	黠	黔	默	黳
 庸伯馭簋 周早  鑄子叔匠 春秋  鑄子叔匠 春秋				 商鞅方升附秦詔書	 儹匜 周中  儹匜 周中	 儹匜 周中  儹匜 周中
 陶四 008 戰國 璽彙 3967 戰國 曾侯墓簡 戰國 璽彙 3934 戰國	 秦印彙編 秦代	 故宮 450 戰國	 璽印集粹 戰國	 陶五 398 秦代		

黨	黥	黬	黕	黟	黝
 上黨武庫 矛 戰國  上黨武庫 戈 戰國		 黬 鐘 春 秋 黬 鐘 春 秋			
 郭店尊德 戰 國  雲夢封診 戰 國  璽印集粹 戰 國	 雲夢法律 戰 國	 曾侯墓簡 戰 國  十鐘印舉 戰 國  曾侯墓簡 戰 國  侯馬盟書 戰 國	 十鐘印舉 戰 國	 金符 34 戰 國	 秦印彙編 秦 代

黝 壺

<table>
<tr><td></td><td>合 18559
一 期　英 751
一 期　燕 85
一 期　存 1.1239
三 期

合 18560
一 期　乙 2924
一 期　前 5.5.5
一 期</td></tr>
<tr><td>晋 戈
戰 國</td><td>伯戜壺
周 中　史懋壺
周 中　事從壺
周 中　隹壺爵
周 中　伯 壺
周 中　訇 壺
周 晚　晋侯僰馬壺
周晚

員 壺
周 中　天姬壺
周 中　番匊生壺
周 中　殷句壺
周 中　右走馬壺
周 晚　伯多壺
周 晚　函皇父簋
周 晚</td></tr>
<tr><td></td><td>𠪚録 10.1
戰 國

雲夢秦律
戰 國</td></tr>
<tr><td></td><td></td></tr>
</table>

壹

㠱中壺 春秋　内太子伯壺 春秋　薛侯壺 春秋　陳喜壺 戰國　中山王壺 戰國 庚壺 春秋　盗叔壺 春秋　公子土斧壺 春秋　盛季壺 戰國　曾姬無卹壺 戰國　迊子壺 戰國	商鞅方升 戰國 商鞅方升附秦詔書
	秦宗邑瓦 戰國　分域 2999 戰國 分域 2998 戰國　雲夢日甲 戰國

晶　星　晨

晶	星	晨
合 5444 一期　合 11503 一期　合 6063 一期　甲 675 三期	乙 6386 一期　乙 6672 一期　乙 6664 一期　前 7.26.3 一期	
	麓伯簋 周晚　王立事鈹 戰國	多友鼎 周晚　鼎銘從夕
	長沙帛書 戰國　璽彙 2745 戰國　上博仲弓 戰國　雲夢日乙 戰國	望山M1簡 戰國　包山 085 戰國　上博仲弓 戰國　璽彙 3188 戰國　包山 054 戰國　包山 182 戰國　璽彙 3170 戰國　雲夢日甲 戰國
	古文或體	或體

葡參父乙盉 商代　盠尊 周中　者減鐘 春秋　魚顛匕 戰國　趙狽矛 戰國　梁十九年鼎 戰國

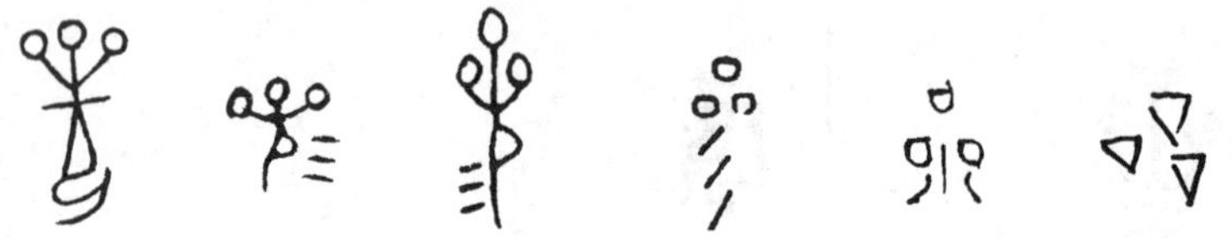

衛盉 周中　克鼎 周晚　𨛭子受鐘 春秋　中山王鼎 戰國　梁上官鼎 戰國　梁鼎 戰國

陶三 010 戰國　陶三 020 戰國　郭店語三 戰國　璽彙 1520 戰國　璽彙 2932 戰國　雲夢秦律 戰國　包山 012 戰國　貨系 0576 戰國

陶三 1064 戰國　長沙帛書 戰國　璽彙 0673 戰國　璽彙 2104 戰國　璽彙 2863 戰國　雲夢日乙 戰國　郭店性自 戰國

或體

鼠	鼷	⿰鼠各	⿰鼠勺	鼺	鼧
 合 2804 一期  合 14020 一期  合 2807 一期  合 14116 一期					
		 鄭令戈 戰國			
 長沙帛書 戰國  包山 268 戰國  上博泊旱 戰國  雲夢秦律 戰國	 包山 091 戰國  雲夢法律 戰國	 包山 087 戰國  包山 227 戰國	 望山M1簡 戰國  天星觀簡 戰國  天星觀簡 戰國  包山 227 戰國	 天星觀簡 戰國	 包山 095 戰國

黽	鼂	鼂	鼈
 前 4.56.2 一期  掇 2.409 一期		同蝇	
 黽父辛卣 商代  黽父丁鼎 商代  大良造鞅鐓 戰國  黽父丁鼎 商代  師同鼎 周中  鄂君車節 戰國		 鼂簋 周中	 鼈鼎 商代
 陶一 070 商代 郭店緇衣 戰國 陶五 118 戰國 上博周易 戰國 珍秦 142 戰國	 包山 179 戰國 十鐘印舉 戰國 郭店窮達 戰國 珍秦 172 戰國		 上博容成 戰國 雲夢秦律 戰國

第一編 古文字

鼂 龜 龗

鼂	龜	龗
 續 5.27.5 一期	 甲 984 一期；合 8996 一期；合 21562 一期；前 7.5.2 一期；乙 5269 一期；合 8998 一期；佚 959 一期；周甲 18 周早      	  乙 8352 三期；合 36181 五期；續 4.26.5 一期；合 31669 三期；合 39423 五期
 鼂乎簋 周晚；邵鐘 春秋 	 叔龜觚 商代；龜父丙鼎 商代；龜父丁爵 商代  	
	 陶一 105 商代；上博周易 戰國；郭店緇衣 戰國；簡文以黽爲龜  	 望山M1簡 戰國；天星觀簡 戰國；新蔡楚簡 戰國；望山M1簡 戰國；包山 199 戰國；簡文或從林聲    

鼎

碵

合 418 一期	合 3171 一期	合 11499 一期	甲 2851 一期	合 27258 三期	英 2365 三期

合 171 一期	合 11350 一期	合 22091 一期	前 7.39.1 一期	合 30013 三期	乙 9073 四期

鼎父己尊 商代	伯旅鼎 周早	散伯車父鼎 周中	亘鼎 周晚	王子午鼎 春秋	楚王酓肯鼎 戰國	君夫人鼎 戰國

裹鼎 春秋

作册大鼎 周早	利簋 周早	伯遲父鼎 周中	明我鼎 周晚	郳子宿車鼎 春秋	中山王鼎 戰國	右□公鼎 戰國

信陽楚簡 戰國	包山 265 戰國	郭店老乙 戰國	璽彙 0321 戰國

包山 254 戰國	包山牘 1 戰國	天星觀簡 戰國

員	鼏	䵼	鼒
合 20592 一期 後下 1.11 二期 佚 2 四期 英 1784 一期 合 10978 一期 掇 1.315 四期		同鑊	
員父尊 周早 員鼎 周早 員用鼎 周早 員壺 周早 保員簋 周早 堆叔簋 周中	叔鼏鬲 周早 國差𦉜 春秋 秦公簋 春秋	𠭯侯之孫鼎 春秋 郙公鼎 春秋 蔡侯申鼎 春秋	褱鼎 春秋
石鼓田車 戰國 郭店老甲 戰國 郭店語三 戰國 鐵雲藏陶 戰國 郭店老乙 戰國 雲夢秦律 戰國	秦公石磬 春秋		望山M2簡 戰國
籀文			

第一編 古文字

䵼　　鼒　鼎升　鼎緐

䵼	鼒	鼎升	鼎緐
合 1306 一期；合 15883 一期；合 15878 一期；合 25224 二期；合 27529 三期；合 15882 一期；合 15885 一期；合 25223 二期；合 27288 三期；周甲 1 先周			
宰甫簋 商代；䵼嗌卣 周早；晉鼎 周中；䵼母鬲 周晚；曾子仲謱鼎 春秋；曆鼎 周早；員鼎 周早；索諆爵 周中；王子午鼎 春秋；郘子受鐘 春秋	孄作父庚鼒 商代；白者君鼎 春秋	王子午鼎 春秋；𪏁司君鼎 春秋	鄧公乘鼎 春秋；倗之飤鼎 春秋
		望山M2簡 戰國	
	鼒		

鼓	鼗	⿱鼓韋	⿱艹鼓
合 15710 一期；合 15988 一期；屯 658 三期；甲 2288 三期；合 15986 一期；合 25088 二期；甲 1164 三期；合 35333 四期			乙 4770 一期
鼓觶 商代；瘋鐘 周中；王孫誥鐘 春秋；子璋鐘 春秋；鼓䍙觶 周早；蔡侯申鐘 春秋；洹子孟姜壺 春秋；曾侯乙鐘 戰國			
陶三 510 戰國；包山 095 戰國；上博詩論 戰國；雲夢爲吏 戰國；信陽楚簡 戰國；包山 095 戰國；上博容成 戰國	曾侯墓簡 戰國；包山 095 戰國	包山 145 戰國	
	或體		

第一編 古文字

業　　業　齊

業	業	齊
		乙 8267 一期　合 41020 二期　後上 15.12 五期　前 2.25.3 一期　粹 72 四期　合 36804 五期
九年衛鼎 周中　䢽伯業鼎 春秋　郾王職戈 戰國　秦公簋 春秋　中山王鼎 戰國　非釪戈 戰國		齊史疑觶 周早　齊卣 春秋　陳璋鐳 戰國　太府鎬 戰國　魯仲齊盤 周晚　齊巫姜簋 春秋　齊陳曼匠 戰國　齊象邑戈 戰國
上博恒先 戰國　陶典 0209 秦代	包山 145 戰國	陶三 328 戰國　包山 090 戰國　璽彙 0608 戰國　璽彙 1597 戰國　天星觀簡 戰國　郭店六德 戰國　璽彙 3847 戰國　雲夢日甲 戰國
古文		

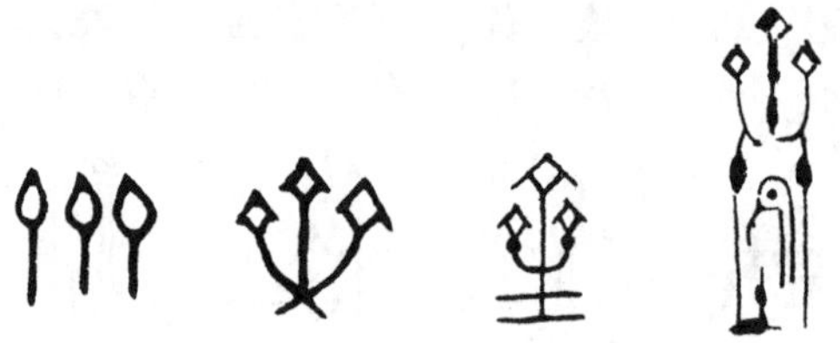

齒	齳	齵	齧	⿰齒責	齜
粹 1519 一期 合 591 一期 合 13652 一期 乙 5883 一期 合 13644 一期 合 17300 一期		合 13662 一期 合 13663 一期			
齒父己鬲 商代 齒□鼎 商代 齒 斝 商代 中山王壺 戰國					
曾侯墓簡 戰國 望山M2 簡 戰國 璽彙 0912 戰國 仰天湖簡 戰國 郭店語四 戰國 璽彙 3583 戰國	十鐘印舉 戰國		雲夢法律 戰國	秦印彙編 秦代	秦印彙編 秦代

第一編 古文字

齮	齰	齕	龍	⿱幵龍
			合 371 一期 合 6591 一期 前 4.53.4 一期 合 28023 三期 合 4655 一期 合 20741 一期 乙 7388 一期 周甲 92 先周	佚 386 一期
			龍子觶 商代 龍母尊 周早 樊夫人匜 春秋 邵鐘 春秋 龍爵 商代 袒仲無龍鬲 春秋 樊夫人壺 春秋 王孫鐘 春秋	
曾侯墓簡 戰國 璽印集粹 戰國	津藝 80 戰國	璽彙 0956 戰國 秦印彙編 秦代	望山M2簡 戰國 上博緇衣 戰國 璽彙 0538 戰國 璽彙 3842 戰國 新蔡楚簡 戰國 璽彙 0278 戰國 璽彙 1050 戰國 雲夢日甲 戰國	

徿	龕	靇	龖	龠
前 6.46.2 一期 佚 968 一期 京都 3027 一期			合 8197 一期	合 4720 一期 續 5.22.2 一期 前 5.19.2 一期
	牆盤 周中 眉壽鐘 周晚 眉壽鐘 周晚			臣辰盉 周早 散盤 周晚 臣辰卣 周早
		秦公石磬 春秋		吉林 202 戰國 雲夢爲吏 戰國

第一編 古文字

龢惠	龢録	龢	龢(龠霝)
		前2.45.2 一期 京津4832 五期 寧滬1.73 四期	同 靇
者減鐘 春秋 鐘銘讀作嚖	盟爵 周早	龢爵 周中 井人妄鐘 周晚 臧孫鐘 春秋 庚兒鼎 春秋 牆盤 周中 虢叔鐘 周晚 邛君壺 春秋 余義鐘 春秋	鄭井叔鐘 周中 者減鐘 春秋 克鼎 周晚 者減鐘 春秋
		秦公石磬 春秋	

囊	槖	橐
合 9430 一期		合 272 一期　甲 2103 一期　合 9425 一期　合 1639 一期　合 2752 一期
囊父乙尊 商代		毛公鼎 周晚　郘太子鼎 春秋　散盤 周晚
信陽楚簡 戰國　陶録 1.42.1 商代　雲夢日甲 戰國	雲夢爲吏 戰國　秦印彙編 秦代　郭店老甲 戰國　雲夢雜抄 戰國　簡文從毛聲	信陽楚簡 戰國　上博容成 戰國　信陽楚簡 戰國　上博周易 戰國

	一人	一夫	一羌	一月	一牛	一羊	一豕
甲骨文	存 1.338 甲 2863		佚 897 存 2.1881	甲 2994 前 7.39.2	甲 196 乙 7284	甲 197 後上 24.2	甲 285 京都 2298
金文	大盂鼎						
其它文字		包山 003		長沙帛書			

一牝	一牢	一十	一刀	一卣	一鬯	一告	乙丑
粹 252 甲 248	甲 3670 甲 571			後下 7.5	合 22991	甲 2475 乙 2074	乙 391
		仰天湖簡	幣編 247				

乙卯	乙巳	乙未	乙亥	二人	二羌	二月	二牛
明藏 521	粹 629	甲 652	京津 3125 粹 82	乙 407 佚 218	乙 2639	甲 709 甲 1741	京都 1349 前 5.46.2
				矢尊		召卣 趞簋	

二羊	二豕	二豭	二犬	二牡豕	二牢	二主	二南
乙 3094	乙 3094	乙 4544	乙 2639	乙 4544	福 31	粹 222	乙 6117
續 2.22.5			後下 4.14		粹 565	後上 10.16	

二告	二百	二千	二万	二朋	二兩	二𠨖	二伐
鐵 27.3 乙 202	乙 7153 佚 934	後下 43.9		乙 7645 坊間 3.81		合 22991	佚 78
	矢 簋 師旂鼎			豐 鼎 戍甬鼎	九年衛鼎		
		貨系 3180	幣編 247 幣編 247				

七月	七十	七万	七十人	八十		八百	八千
甲 2124 甲 2846	京津 2282 坊間 1.2		菁 1.1	明藏 787 存 3.915		粹 1079	粹 119
	中山圓壺			小盂鼎 西庫圓壺	兆域圖 兆域圖		
璽彙 5333	郭店窮達	幣編 247		曾侯墓簡 包山 140	東亞五 10 東亞五 11	璽彙 5597	

八万	八月	八年	八分	八師	九月	九主	九牛
	鐵 106.2 甲 2846				乙 6697 前 4.6.8	甲 267 乙 804	乙 1781 甲 785
		八年弩機	金半球形飾	盠方彝			
幣編 247 幣編 247	舂録 2.1 包山 173				九店楚簡		

九十	九百	九侯	九單	九嗌	十月	十人	十羌
 合 10407	 合 17995				 菁 3.1 前 2.37.8	 甲 792	 後上 26.10
		 璽彙 1095	 璽彙 3384	 璽彙 1551	 包山 047  包山 016		

十牛	十羊	十牢	十匹	十鬯	十朋	十一	十一月
乙 5690 佚 243	續 1.51.4 乙 4733	誠齋 274		鐵 141.4	佚 623 粹 1310		後下 32.14 甲 153
			卯 簋		令 簋 盂 卣		肄 簋
						幣編 247 錢典 437	

十二	十二月	十三	十三月	十四	十四月	十五	十五伐
	乙 8349 前 7.42.2	佚 742	鐵 5.4 甲 979		合 21897 合 22847	前 3.23.6 甲 732	佚 78
中山盉 中山盉		乘馬戈					
幣編 248		錢典 378		幣編 248 幣編 248		幣編 249 幣編 249 錢典 510	

十六	十七	十七年	十八	十九	又五	又六	又日
 陶四 001 貨系 832	 陶四 015 幣編 249	 陶四 016	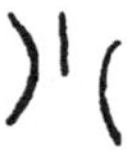 東亞五 12 幣編 249 幣編 249	 幣編 249 幣編 250	 曾侯墓簡	 曾侯墓簡	 璽彙 0941

匚乙	匚丙	匚丁	丁巳	刀方	厶官	厶庫	厶璽
簠・帝 17 後上 8.12	後上 8.14 甲 2693	戩 18.11 簠・帝 16	文編 635	粹 1186			
					信安君鼎 厶官鼎	厶庫衡飾	
					陶六 056		璽彙 4601 璽彙 4591 璽彙 4619

三人	三羌	三匚	三主	三南	三旬	三月	三牛
簠・帝 70	存 2.1794	粹 118	佚 917	續 1.19.5	乙 1984	鐵 65.3	乙 4029
佚 218		粹 540				戩 15.5	乙 4518

三豕	三豭	三牡	三牢	三丰	三告	三祀	三卣
佚 40	簠·帝 60	粹 235	戩 8.16	後上 18.2	京都 1004	後上 20.12	甲 1139
		京津 1122	甲 747		林 1.8.3		

三朋	三百	三千	三萬	三祖丁	三祖庚	廿	廿牛
	佚 543 乙 751	乙 6581 前 7.2.3	粹 1171	佚 206 掇 1.457	前 1.19.3		明藏 712
彥鼎 季受尊		盂鼎				曾姬無卹壺	
						包山 277 錢典 937 貨系 0842	

廿朋	廿一	廿二	廿三	廿四	廿五	廿六	廿七
德鼎 匽侯鼎							
	錢典 417	幣編 251	東亞三 44	東亞三 41 東亞四 69	幣編 251 東亞三 42 錢典 1143	幣編 252	東亞三 44

廿八	廿九	大甲	大乙	大丁	大戊	大庚	大子
		河 272 甲 1531	佚 986 甲 2581	甲 2282 粹 178	後下 34.6 掇 2.414	甲 1581 前 1.6.3	明藏 569 後下 34.8
							辛巳簋 芮大子伯壺
東亞三 44	幣編 252 東亞三 20						

大夫	大牢	大吉	大刀	大狐	大陰
		甲 1786 甲 406			
蔡侯鐘 中山王壺 商鞅方升 郭大夫釜	榮仲鼎				
陶五 384 包山 130 璽彙 0099 望山M1 簡 包山 157 璽彙 0103 望山M1 簡 璽彙 0097 侯馬盟書		璽彙 2635	錢典 1013	曾侯墓簡	貨系 827

小人	小子	小夫	小臣	小牛	小魚
	 乙 4590  粹 1162		 乙 2451  前 7.7.2		 京津 3041
	 師望簋  散 盤	 小夫卣	 小臣謎簋  艅 尊	 夨方彝	
 包山 141  包山 144  郭店语四  包山 125  包山 121  郭店成之			 石磬硃書		 石鼓汧沔

小父	小母	小王	小主	小牢	小甲	小乙	小辛
明藏 632	合 19983	鐵 90.2	寧滬 1.153	乙 4518	林 1.11.9	甲 379	粹 276
明藏 633		明藏 631	甲 712		合 32384	甲 754	前 1.16.6

小掃	小帝	小配	小大	小具	小方	小采	小歸
福 35 甲 316	摭續 90 京都 2298	合 31840 合 31841			乙 8505	乙 163	存下 16
			趞 簋 駒父盨	褱公鼎			
			石鼓而師				

小告	小雨	小風	小且乙	上月	上甲	上下	上帝
 佚 344  甲 115	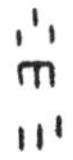 明藏 440  甲 1415	 乙 194	 合 32599  戩 510		 粹 3  佚 318	 甲 3659  乙 2065	 後上 28.14  師友 1.31
						 井侯簋  者減鐘	 切卣  㝬鐘
				 山東 160		 長沙帛書  長沙帛書	 上博泊旱

上下害	上各	上官	下上	下沱	下庫	子丁	子庚
甲 562			乙 1051 佚 18			河 377 乙 9043	乙 5399 存 2.1456
					三年鈹		
	璽彙 3228	璽彙 3967 璽彙 3971		璽彙 4057 璽彙 4058			

子癸	子孫	子子孫孫	之日	之月	之歲	之所
粹　340			前　4.5.7 林 2.30.2			
	周窓匜 吳王光鑑	孚　尊	長沙銅量			
	侯馬盟書 侯馬盟書 郭店老乙		包山　206 包山　228 望山M1 簡	包山　232 包山　129	包山　218 望山M1 簡	包山　138 侯馬盟書 郭店太一 侯馬盟書 璽彙 3242

之市	之志	之首	之頁	之冢	亡尤	亡風	亡雨
					 明藏 356	 京都 1538	 粹 680
				 胤嗣壺			
 包山 063	 郭店六德	 包山 269 包山 270	 包山牘 1				

亡巛	亡𢦏	亡害	亡禍	亡忌	亡戚	亡冬	亡魁
甲 1572 甲 2034	甲 357 粹 966	甲 545 粹 733	師友 2.13 甲 3633			讀作亡終	
						亡終戈 父辛觶	
				璽彙 1385	璽彙 0615		璽彙 1628

第二編 合文

亡智	亡澤	工師	丌母	土地	千金	弋易
		廿二年戈 皋落戈 格氏令戈				
璽彙 2982	璽彙 0858	陶九 106	陶六 020 璽彙 4007 璽彙 4001 璽彙 4002	郭店六德	璽彙 5494	璽彙 0276

尸方	女曷	五人	五月	五牛	五牢	五鹿	五朋
甲 279		佚 201 明藏 721	甲 2277 後下 12.2	河 321 明藏 470	後上 26.3 佚 229		
			刺鼎				切卣 小子省卣
	璽彙 1536		璽彙 1613			璽彙 2762 璽彙 3275	

五十		五十朋	五十一	五十二	五十三	五十五	五十九
鐵 33.1							
大盂鼎 兆域圖 號季子白盤		效卣 亢鼎					
郭店唐虞 東亞三 33	貨系 1336 貨系 1340 貨系 1101		幣編 256	東亞三 21	東亞三 33	東亞三 21 東亞三 21 錢典 497	幣編 257

五百	五千	六人	六主	六旬	六月	六牛	六牢
前 7.9.2 乙 4519	珠 1183 後下 39.1	後下 43.9	合 32031	佚 67	甲 1159 戩 17.7	京津 741	京津 854
虢季子白盤							

六牡羊	六馬	六十	六十一	六十五	六百	六千
 甲 3069		 明藏 432  佚 934			 後下 43.9	 佚 483
					 夨簋  大盂鼎	
	 曾侯墓簡  曾侯墓簡	 曾侯墓簡 　貨系 0862  東亞四 69	 錢典 514	 錢典 513		

六万	六刀	六分	卌	卌人	卌羌
				乙 5317	明藏 703
		滎陽上官皿			
幣編 247 幣編 247	幣編 247		曾侯墓簡 包山 139 幣編 252 信陽楚簡 東亞五 58 幣編 252		

卅牛	卅朋	卅一	卅二	卅三	卅四	卅五
明藏 712 粹 586						
	刺鼎 吕鼎					
		幣編 253　東亞四 69 幣編 253	東亞三 20 東亞四 68	東亞三 33	錢典 365	東亞三 29

卅六	卅七	卅八	卅九	父甲	父乙	父丁	父戊
				甲 1292 佚 266	乙 748 乙 6202	摭續 111 戩 3.8	粹 377 乙 5321
幣編 254 東亞四 69	幣編 254	幣編 254	幣編 255				

父己	父庚	父辛	父壬	中丁	中子	中母	中月
粹 317 前1.27.1	存下761 乙 7594	乙 4052 京津 183		續1.13.4	後上8.10 河 339	存2.1459	
			史戍卣				
							璽彙 0463 璽彙 3067

中昜	日甲	日庚	日辛	王母	公子	公子孟	公石
				甲 895			
	傳卣	戜鼎	闞卣		公子裙壺 曹公子戈	伯家父簋	
璽彙 5562					璽彙 0240		璽彙 0266

公孫	公區	公釿	公乘	公卿	文是	文武丁
						前 1.18.1
包山 145 璽彙 3907 璽彙 3877 璽彙 3912	陶三 279	幣編 257 幣編 257	守丘刻石 璽彙 4086	陶三 334	璽彙 2890 璽彙 2913	

孔子	少曲	少府	今日	今月	日月	壬午	引吉
			甲 194 甲 2314	甲 1120 佚 234		甲 2356 乙 8924	甲 386 前 5.16.3
	咎莕戈	長子盉					
上博詩論	璽彙 3404				長沙帛書		

允雨	不雨	不用	不疒	不脂	氏半	夫疋	匹馬
 乙 2490  掇 2.186	 佚 988  掇 2.186	 明藏 688  掇 2.33	 乙 4119				
				 璽彙 2735	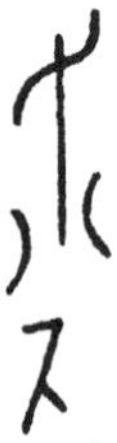 幣編 258 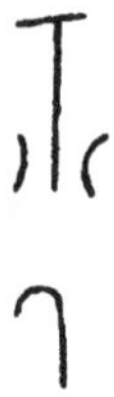 幣編 258	 考古 83.9	 曾侯墓簡  曾侯墓簡

内門	四人	四旬	四月	四牛	四羊	四豕	四牡
	京津 4587	林 1.14.18	寧滬 1.250 佚 914	後上 23.13 掇 1.194	粹 90	粹 90	乙 3216
無叀鼎	司馬成公權		小臣邑斝 大保爵				

四牢	四匹	四分	四告	四十	四百	四千
甲 902 粹 150			存 2.1430		乙 5339 存 1.295	鐵 258.1
	吴方彝 录伯簋	四分鼎 上皆床鼎 金頭像飾				
				信陽楚簡 包山牘 1 曾侯墓簡		

四祖丁	卌	卌一	卌三	卌四	卌五	卌八	卌九
佚 419 粹 303							
	西庫圓壺						
	秦陶 192 幣編 255 東亞三 32	幣編 255	東亞三 20	東亞三 21 東亞四 69	東亞三 21 東亞三 21	幣編 256 東亞三 33	幣編 256

正月	生月	甲寅	丙寅	戊午	戊申	示壬	示癸
河 735	粹 658	甲 2338	甲 429	京都 3148	乙 5268	前 1.1.2	粹 113
河 187	明藏 439		乙 1003	河 3			

主壬	主癸	外丙	外壬	母甲	母乙	母丙	母丁
河 262	鄴三下 41.12	河 271	前 1.9.3	佚 390	佚 383	師友 1.48	乙 1089
		珠 49	前 1.9.1	摭續 3	寧滬 1.227		前 1.28.5

第二編 合文

母戊	母己	母庚	母辛	母壬	母癸	兄丙
誠齋 167 甲 2215 誠齋 164	京津 3307	乙 6269 乙 4677	河 344 前 1.30.5	前 1.30.8 燕 850	佚 383 珠 885	粹 379 甲 680
				魂母壬爵		

兄丁	兄戊	兄己	兄庚	兄辛	兄壬	兄癸	兄弟
甲 3154	甲 243 乙 409	甲 3322 乙 4544	河 333 佚 568	後上 7.10 存 2.1818	河 334 後上 7.11	後上 7.10 明藏 644	
							郭店五行

永寶	用吉	用豕	白牛	白羊	白犬	它人	必正
	京都 2210 粹 652	乙 5384					
郙伯祀鼎							
			吉林 181	璽彙 3099	包山 208	璽彙 2542 璽彙 1556	璽彙 5233

司工	司馬	司徒	司寇	玉珍	玉珩
	 邦司寇矛  官令司馬戈  喜令戈		 四年鄭令戈 皛令戈		
 陶六 045  璽彙 2227  璽彙 5537	 璽彙 0045  璽彙 3829  璽彙 0046  璽彙 3830  璽彙 3767	 陶四 130  璽彙 3762	 璽彙 0067  璽彙 3839  璽彙 0074  香續 115  璽彙 3831	 中山玉器	 中山玉器

玉環	玉琥	右行	右角	左邑	平匋	平州	石丘
中山玉器	中山玉器	璽彙 4066	陶五 266	璽彙 0046 璽彙 110	東亞 3.41 貨系 1146	幣編 258	璽彙 3532

甘丹	北子	北單	北九門	句丘	疋于	艽嗌
襄城令戈	北子父辛卣	北單鼎　北單戈盤 北單戊爵　北單爵				
			東亞四 74	璽彙 0340	璽彙 3260 璽彙 3261	璽彙 2294

百人	百牛	百朋	百世	多母	多妣	多柔	有禍
合 1043				乙 8717	乙 5640		京津 4741 甲 1880
		榮簋	守宮盤 黃尊				
	璽彙 3280					璽彙 3192 璽彙 3193	

有害	至于	至吉	仲丁	仲母	后母	向子	牝牡
 戩 33.13  後上 21.6		 甲　2054	 甲　2282	乙　8939	 林 2.25.3  佚　468		 前 1.33.7  合 19987
	 姑發劍  令瓜君壺						
	 侯馬盟書					 璽彙 2371	

先之	考于	行昜	行單	艸茅	竹篓	西單
			合 28145			
	仲枏父鬲		行單爵			西單斝 西单爵　父口觶
郭店尊德		貨系 2462		郭店唐虞	信陽楚簡	

妣甲	妣乙	妣丙	妣丁	妣戊	妣己	妣庚	妣辛
乙 4476 前 1.32.1	乙 921 後上 20.4	拾 9.8 甲 248	簠·帝 49 前 1.17.2	佚 326 後上 4.12	甲 2647 後上 3.10	甲 2799 前 8.12.6	前 1.36.6 甲 2502
	剢妣乙爵	二祀𠨘其卣		戊辰簋	妣己觶 妣己爵		妣辛爵

妣壬	妣癸	妣母甲	妣母辛	孝子	孝孫	車左	車右
前 1.37.5 粹 209	甲 2799 前 1.8.1	河 271	乙 8896				
				□孝子壺 向孝子鼎	鄦侯簋		
						璽彙 2149	璽彙 3024

郱 邢	余 亡	彤 弓	彤 矢	彤 周	辛 卯	汭 泾	沈 小牢
					 京都 3097  乙 8515		 合 14558
		 䡇侯鼎	 矢 簋  䡇侯鼎		 寓 卣	  者汈鐘 者汈鐘	
 三晋 128	 貨系 2482		 陶五 091	 天星觀簡			

武乙	亞束	邑子	邯鄲	初産	祉雨	君子
前 2.25.5 前 1.22.5	乙 8851 乙 8852				河 112	
		南郡戈	趙令戈	陳肪簋		
			璽彙 4034 璽彙 4035 侯馬盟書			郭店成之 璽彙 3219 郭店性自 上博詩論

武丁	戔甲	羌甲	長子	事吏	其雨	受禾	受年
前 1.37.4 前 1.17.5	珠 243 前 4.21.3	簠·帝 150 前 1.43.3			佚 988	續 1.50.4	甲 3587
			錢典 268	雲夢答問			

受佑	庚子	庚寅	庚戌	金鈇	金鈗	帛貝	匋攻
明藏 765 粹 320	京都 3151 甲 652	京都 3138	乙 4692				
						[illegible]伯簋	
				中山木條	包山 272		陶四 116

匋胡	享月	空侗	並立	祖甲	祖乙	祖丙	祖丁
				甲 729	甲 643 乙 5783	存 3.873 前 1.22.8	甲 940 河 299
璽彙 2736 璽彙 2737	包山 132 包山牘 1	璽彙 3972 璽彙 3979	郭店太一				

祖戊	祖己	祖庚	祖辛	祖壬	祖亥	南庚	南門
前 1.23.2	甲 495 前 1.23.6	粹 320 前 1.19.4	簠・帝 70 甲 2771	乙 5327	鄴 3 下 37.2	乙 687 林 1.12.19	
							父丙鼎

茲用	茲雨	癸亥	相如	革⿰革堇	畋車	韋車
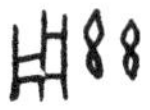 明藏 478	 粹 776	 甲 2255				
			 璽彙 0565  璽彙 1005  璽彙 0788  璽彙 2789	 包山 273	 天星觀簡  天星觀簡	 包山 273

韋典	鬼月	昜曲	風雨	馬正	馬師	馬帝
			乙 5697 林 1.30.2			
韋典癸卣		襄公鼎 弓蓋帽				
	璽彙 2934 輯存 50			璽彙 3297	璽彙 4089	璽彙 4080 璽彙 4085

馬重	旅衣	般庚	乘馬	乘車	冢子	冢主
		 乙 8660  前 1.15.8				
 二年戈  平陰鼎蓋						
	 雲夢效律		 天星觀簡  璽彙 4009  曾侯墓簡	 曾侯墓簡  璽彙 3945	 陶三 945	 包山 243  望山M1 簡

高安	高上	疾已	疾首	射鹿	郗邸	黃尹	黃牛
				 屯 2539		 後上 6.2  河 373	 後下 21.10
 貨系 1433	 璽彙 0425  璽彙 0919  璽彙 3783	 陶四 163	 璽彙 2331		 包山 127		

雩人	麥泉	魯甲	康丁	康祖丁	悊終	悊之	翌日
	師友 1.200	甲 2356 佚 890	後上 4.14	前 1.24.1			粹 1016
璽彙 1550					璽彙 4970	璽彙 4311 璽彙 4305	

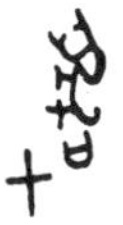

翌 日庚	莫 臣	得 臣	淮 餗	淺 澤	衺 牛	視 日	貨 貝
乙 158			明藏 806				
	璽彙 3025	璽彙 2368		郭店性自	雲夢日甲	包山 132	雲夢日甲

教學	祭豆	參分	參臬	異鼎	陽邑	萬年	無疆
				 周甲 87			
		 梁上官鼎  上樂鼎				 甫人觥  黿乎簋	 郝伯祀鼎
 郭店語一	 陶三 838		 璽彙 0305		 璽彙 0046		

敬上	敬士	敬事	敬文	敬守	黑牛	戠牛	犆牛
						前 1.21.4	
璽彙 4211	璽彙 4259	璽彙 4193 璽彙 4196	璽彙 4236	璽彙 4231 璽彙 4234	璽彙 1389	包山 202 包山 205 天星觀簡	包山 222

善人	敦于	須句	喬豫	釿月	婺女	歲牛	雍己
						 乙 4549	戩 2.1
		 須句簋	 淳于公戈				
 璽彙 5383	 璽彙 3195 璽彙 4023 璽彙 4024			 璽彙 1814	 雲夢日乙		

聖人	罣之	裻衣	榆即	豢羊	嗌缶	寡人
						中山王鼎
郭店尊德	璽彙 2676	雲夢日乙	貨系 0955 幣編 259 貨系 0957 幣編 259	包山 129	璽彙 3758	

鄧伯	隫簋	臧馬	軴車	駟馬	膚牛	膚羊	慶忌
盂爵	天亡簋						
		璽彙 3087	曾侯墓簡	曾侯墓簡 曾侯墓簡	天星觀簡 包山 237 包山 243	包山 237	璽彙 5587

窮身	鴗婦	鮮于	騏馬	數之	蠹蟲	顏色
	 鴗婦壺					
 包山 198  天星觀簡  包山 202  郭店唐虞  望山M1 簡		 璽彙 4015  璽彙 4018	 曾侯墓簡	 璽彙 0859	 郭店老甲	 郭店五行

犢月	寶用	寶尊	驀馬	驪馬	鼎賣鼎	夔月	
	 召樂父匜	 寶尊彝卣					
 璽彙 4034			 雲夢雜抄	 天星觀簡	 望山M2 簡	 包山 125	

甲骨文		乙 2899			
青銅器銘文	𠙵父己爵 三代 16.12	𡘇 鉦 三代 18.6	父辛觶 續殷下 58	觶 三代 14.49	
	𠙵 鼎 三代 2.52	𡘇 尊 三代 11.5	觶 三代 14.32	父辛觚 三代 14.29	斝 三代 13.52
	丁𠙵鼎 三代 2.12	戈 三代 19.7	復 尊 集成 5978	乙 卣 三代 12.49	父丁觚 三代 14.29

京津 2956				乙 3344
父癸簋 三代 7.4	觚 三代 14.13 觚 録遺 302 卣 三代 12.57	父乙斝 三代 13.52 父癸卣 三代 13.5 獻侯鼎 三代 3.50 揚鼎 三代 9.24 父乙觶 三代 14.50	父庚甗 三代 5.5	父癸尊 三代 11.11

觚 三代 14.13	觚 考古學報 81.4 觚 考古學報 81.4	卒爵 三代 15.14	鼎 集成 1024 觚 録遺 298	葡 爵 三代 15.31

爵 三代 15.2	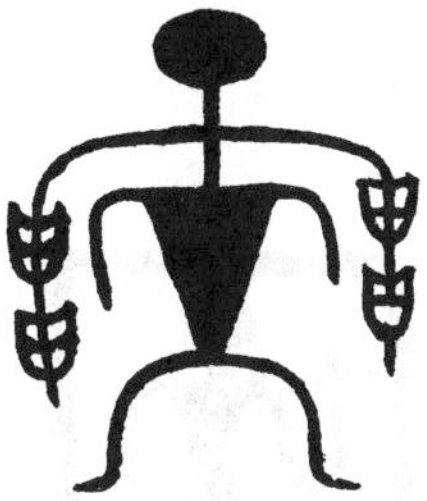 父丁盉 三代 14.4	 父辛爵 三代 16.17	卣 三代 12.57	且戊鼎 三代 2.36	父癸爵 三代 16.21	田斝 三代 13.49
	 亞壺 三代 12.1	 且癸爵 三代 16.43		父己尊 三代 11.9		甗 三代 5.1
	 觶 三代 14.32	 爵 録遺 409				

鼎 三代 2.1	觚 續殷下 39	父辛觚 録遺 349	父乙觶 三代 14.50	父乙鼎 三代 2.47	父癸鼎 三代 2.30	父丁尊 三代 11.2

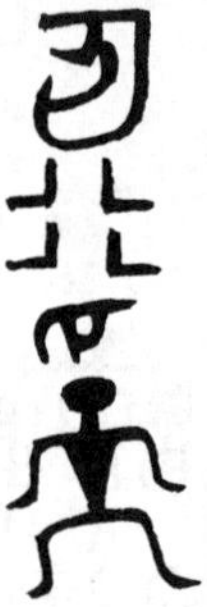

						存　3.43
父己簋 三代6.15 鼎 録遺　27	且己觚 三代 14.31	父己卣 三代 13.24	盉　鼎 近出 168	父丁鼎 集成 1858	觚 録遺 302	子　爵 三代 15.30

	乙 832 明藏 453		前 4.26.2 甲 1758				
鼎 三代 2.4	父癸簋 三代 7.16 臣辰簋 三代 7.9	戣亘簋 三代 6.45	鼎 三代 2.2 父乙卣 三代 13.10	父己尊 三代 11.9	父辛尊 三代 11.18	子 爵 三代 15.31 己爵 三代 15.27	觚 美 179

		燕 709 乙 8169					
爵 録遺 383 爵 近出 763	爵 録遺 389	戈 三代 19.9	册亯尊 美 102 册亯器 録遺 614 册亯觚 集成 71.67	父丁爵 三代 16.7 車 罍 録遺 209 車 斝 集成 9197	矛 鐃 三代 18.9	勺 三代 18.26	戈 集成 10788

					 後下 41.1		
 爵 集成7342	 且丁斝 三代 13.50	 父丁觚 近出 751	 父丁簋 三代6.13	 父□爵 三代 16.31	 己卣 三代 12.42	 觶 冠補 7	 父乙罍 三代 11.41

 且己簋 續殷上 71	 父爵 集成 9040	 爵 三代 15.3	 父丁爵 三代 16.11	 尊 録遺 189	 簋 三代 6.1	 觚 録遺 325

爵 三代 15.35	斝 三代 13.53	觚 三代 14.21	且辛爵 三代 16.39	父己爵 三代 16.13	簋 三代 6.23	父癸爵 録遺 456	父戊爵 録遺 471

 觚 續殷下 50	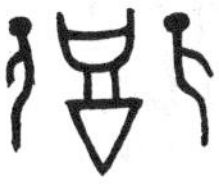 父己簋 三代 7.3  父癸爵 三代 16.2	 觚 三代 14.13	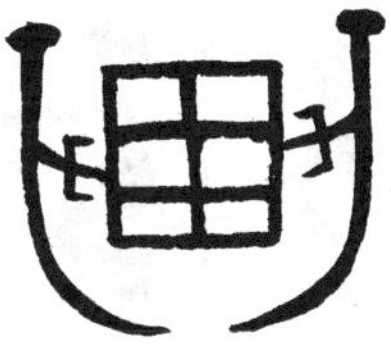 鼎 三代 2.2	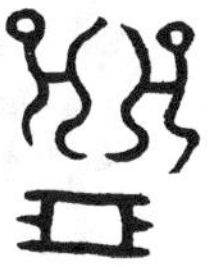 父癸爵 三代 16.30

斝 集成 9121	戚 陝一 88	旁父乙鼎 三代 2.47	戈 河北 69

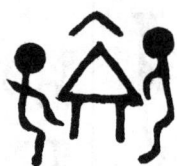

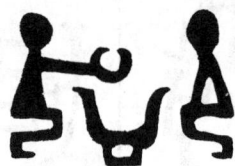

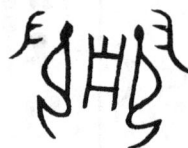

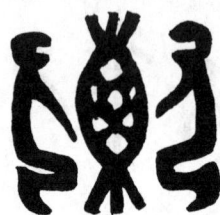

		前 5.30.1			
父癸卣 三代 12.56	爵 録遺 433	亞父丁鼎 三代 2.23	婼 鉦 三代 18.7	觚 録遺 332	觚 集成 6941
鼎 近出 171		父丁簋 三代 6.14	父辛尊 三代 2.28		

簋 集成2925	角 三代 16.41 鼎 三代 2.9 竹宦鼎 録遺 72	鼎 三代 2.15	父丁角 三代 16.44 亞 妏 觚 三代 14.30	鉦 三代 18.8 父乙觶 三代 14.41

		寧滬 3.4		
口子卣 三代 13.35 父甲卣 續殷上 72	父己觶 三代 14.53	父丁甗 三代 5.2 亞父丁觚 三代 14.25	角 三代 16.42	戍甬鼎 三代 4.7

簋 三代 6.6	鼎 三代 2.9	瓿 三代 18.19	鼎 三代 2.8

		京都 2505 粹 1011	
且辛禹方鼎 集成 2111 且辛禹罍 文物 64.4	戈 文物 72.8	父己鼎 三代 2.25	皿合觚 三代 14.30

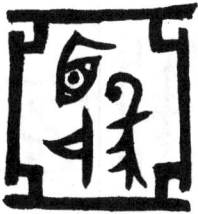

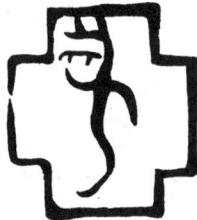

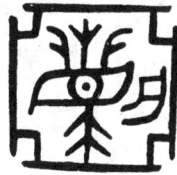

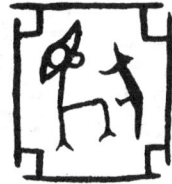

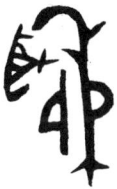

京津 2556						
爵 三代 15.40	卣 三代 13.28	遽仲觶 三代 14.54	爵 三代 15.33	簋 三代 14.39	無要卣 三代 13.23	父己鼎 三代 2.25

父癸爵 續殷下 31	父乙鼎 金附上 176	林　卣 續殷上 70	父辛爵 三代 16.19	鐃 集成　387	父己鼎 集成　2014

爵 三代 15.8	對 卣 三代 13.27	夾 卣 三代 13.26 夾 卣 三代 13.26	爵 録遺 391 觚 金附上 184	觚 考古學報 81.4	父乙鼎 頌續 1

 合 11003			
 父乙壺 三代 12.6  䖯 尊 錄遺 183	 父 辛 尊 三代 11.15	 鼎 三代 2.3	 亞 爵 錄遺 466

魚父乙鼎 三代 3.1	觚 三代 2.2 父 癸 尊 三代 11.11	觶 三代 14.32 觚 三代 14.15 爵 三代 15.4	父乙甗 善齋 3.30	宔 父 丁 簋 三代 6.43

			鄴3下 39.3	寧滬 1.431 粹　1535
父己觶 三代 14.44	且甲鼎 三代　2.46	父辛觚 美　　469	卣 三代 12.38	丙申角 三代 16.47

			後下 13.2		
父丁簋 集成 3315	壺 文物 72.4	后粤母尊 集成 5681 后粤母尊 集成 5539	父辛卣 三代 12.55 車觚 録遺 330 戈 三代 19.7	仲子日乙簋 三代 6.36 妐父乙簋 三代 6.20	父丁爵 三代 16.8 父丁簋 録遺 478

		後下 22.11			
軛飾 考古學報 1977.2	觚 録遺 326	己鼎 三代 2.12	父乙爵 集成 8853	父庚卣 集成 5213	父乙爵 三代 16.28 父壬爵 録遺 472 父己尊 三代 11.14

		乙 782 後下 15.14			乙 6310 乙 159	
且辛觚 三代 14.28 免爵 考古學報 1979.1 免觚 考古學報 1979.1	父癸卣 三代 13.5	刀 三代 18.28	戈 録遺 543	父癸爵 三代 16.24	衔 器 録遺 611	觚 録遺 338

					後下 25.14 佚 601		
爵 三代 15.9	鼎 録遺 35 爵 録遺 390 父己鼎 三代 2.47	且日庚簋 三代 8.11	卣 三代 12.44	乙爵 續殷下 17 鼎 集成 1366	卣 三代 12.37 卣 三代 12.37	父乙簋 集成 3160	隮仲盤 三代 17.4

父己甗 三代 5.3	鄭仲孝簋 三代6.47 父辛尊 三代 11.18 休　簋 三代6.38	㦰且庚簋 集成3865 父簋鼎 三代2.40	父丁壺 録遺　221	爵 録遺 393	父戊爵 三代 16.12 弁者君尊 録遺 202

 卣 小校 4.4	   父辛卣 三代 13.4	 保子達簋 三代 7.28	 戈 爵 三代 15.34	 父丁觶 三代 14.43	宁父戊爵 録遺 476	 尊 文物 65.7	 父癸爵 三代 16.23
	敎 爵 三代 15.36						
	爵 三代 15.14						

爵 三代 15.15	爵 三代 15.38	簋 小校 7.55	子 觚 集成 6900	觶 續殷下 50	簋 三代 6.5	父己爵 三代 16.15	父戊爵 三代 16.17
			觚 寶蘊 52	簋 三代 6.4			父乙尊 三代 11.7
			方鼎 集成 1767				

	甲 2378				合 18950		
父丁爵 三代 16.11	且己爵 三代 16.2 且戊觶 三代 14.40	父癸爵 三代 16.24	父己尊 三代 11.21	亞父丁甗 三代 5.2	父癸觶 三代 14.47	册父乙簋 三代 6.27	觚 三代 14.15

鼎 三代2.16	亞父丁盉 三代14.6	父乙卣 三代12.49	子 簋 三代6.9	子 爵 三代15.31	父丁爵 三代16.34	乙爵 三代15.26	父丁爵 三代16.11

簋 續殷上 34	簋 美 228	且戊爵 三代 16.2	壺 三代 12.6	何 壺 三代 12.10	爵 三代 15.3	卣 三代 13.25	獸形爵 三代 15.34

爵 續殷下 7	爵 三代 15.15 父丁爵 三代 16.10	父丁鼎 三代 2.23	庚觥 美 189	壺 三代 12.11	簋 三代 6.4

鼎 三代2.42	黄 簋 三代6.41	鬲 三代5.13	婦 觶 三代 14.38	受且丁尊 三代 11.13	父 辛 卣 三代 12.53	父甲盉 三代 14.7

 方鼎 集成 1233	 簋 續殷上 33	 甗 文物 72.12	 乙 觚 三代 14.20  己 爵 録遺 443	 簋 三代 7.2	 乙 觚 三代 14.19	 卣 三代 12.44	 子 觚 續殷下 41

[illegible]父戊卣	[illegible]父庚鼎	[illegible]父庚鼎	子[illegible]爵	[illegible]父癸觚	亞父辛尊	[illegible]斝	子[illegible]爵
録遺 253	三代 3.19	金附上 358	三代 16.25	三代 14.27	三代 11.10	録遺 283	録遺 436

甗 集成 778	鼎 集成 1242	爵 集成 8275	鐃 集成 360	簋 集成 3038	戈 集成 10787	簋 集成 3294	父己觶 三代 14.15

鬲 集成　447	甗 集成　786	鼎 集成 1466	中父壬爵 金附上 400	鏃　爵 三代 15.39

 父庚簋 集成3516	 戈 集成10749	 爵 集成7769	 爵 續殷下 7 父癸簋 三代6.17  父己爵 三代16.14  父辛觶 三代14.45  天爵 三代15.32	 父丁爵 三代16.9  丙爵 三代15.26  父乙爵 三代16.6	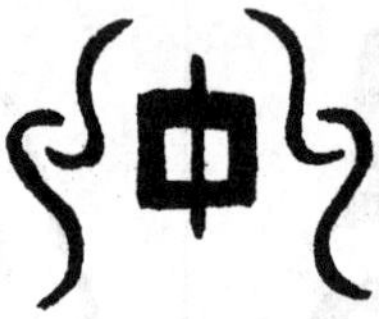 父乙鼎 三代 2.19  父戊卣 録遺 253	 父乙卣 近出 567

父乙簋 三代 6.12 父丁尊 三代 11.7	女康丁簋 三代 6.22 且己父辛卣 三代 13.9 魁 父 卣 三代 13.21 父癸鼎 三代 2.30 鼎 録遺 23	W 父 斝 三代 13.52	簋 金附上 376 觚 三代 14.18	父己簋 三代 6.34	戈 續殷下 81

 卒爵 三代 15.39	 鬼壺 録遺 225	 鼎 録遺 24  戈 續殷下 81  觚 三代 14.17	 己且觚 三代 14.28	 簋 三代 6.4	 周棘生簋 三代 7.48  格伯簋 三代 9.14	 父丁爵 三代 16.29

父己觶 三代 14.44	父癸簋 三代 6.17 戈 三代 19.9	卣 三代 12.38 卣 三代 12.38	勺 三代 18.27 父丁卣 文物 65.5 爵 三代 15.15	亯 觥 美 195	是 簋 三代 7.47 改 盨 三代 10.35	爵 文物 80.4

父庚尊 三代 11.15	父乙觶 三代 14.41	鼎 近出 192	爵 集成 7601	尊 三代 11.3	卣 三代 13.31	父丁爵 三代 16.10	乙觶 三代 13.48 觚 三代 14.17

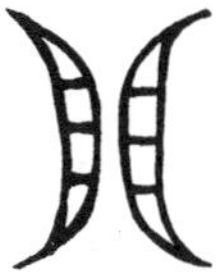 逘盤 録遺 490	 觶 續殷下 54	 作 鼎 續殷上 18	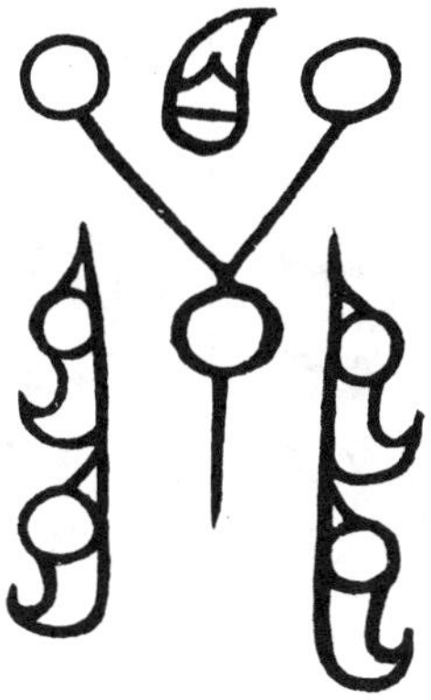 且己簋 三代 6.26	 爵 三代 15.12	 尊 三代 11.13

射女方監 三代 18.24	盤 録遺 480	雨 觥 集成 9254	父戊爵 三代 16.11	册父庚觚 三代 14.30	鼎 爵 三代 15.36	父丁鼎 三代 2.22 女帚卣 三代 12.57 女帚卣 三代 12.57	卣 三代 12.36 卣 三代 12.36

爵 三代 15.8	丂　鼎 三代 2.17 小子夫尊 三代 11.31	父癸爵 三代 16.31	亞妏觚 三代 14.30	父辛觶 三代 14.45	父癸壺 録遺 222	父癸爵 録遺 457

𪓐 卣 三代 13.39	父丁爵 三代 16.10	卣 集成 5017	父乙簋 集成 3149	父甲觚 三代 14.28

前 1.14.1 前 5.44.3	京津 4362		合　6855			
觚 三代 14.15	羊父癸觶 三代 14.47	鼎 近出 178	父癸斝 三代 13.51	丁 朋 卣 録遺 427	子 觚 三代 14.21	鼎 近出 251

	前 3.22.5					
夰 鐃 三代 18.9 夰 鐃 三代 18.9	觚 録遺 308	卒 爵 金附上 485	父壬觶 三代 14.46	爵 三代 15.7	鼎 近出 166	父癸爵 三代 16.35

篕 録遺 133	正爵 三代 16.17	亞父乙觶 三代 14.51	皮觚 三代 14.22	戈 三代 19.3	目觚 録遺 335	子辛卣 三代 12.56	且壬爵 集成 8357
	父辛爵 三代 16.17			戈 三代 19.3			

父癸鼎 三代2.40	父辛尊 三代11.19	己鼎 近出210	弓形器 集成11870	子爵 録遺463	簋 録遺119	亞爵 頌續94	子簋 録遺140

見册罍 録遺 213	卣 三代 13.22	且己爵 三代 16.39	鼎 美 271	父丁簋 集成 3175	父辛簋 續殷上 54	女 方彝 三代 11.16
觚 近出 706	婦鼎 三代 3.17		父戊爵 三代 16.11			

父乙觶 三代 14.41	竹方彝 録遺 507	父壬觚 近出 745	父庚鼎 三代 2.46	鼎 録遺 26	父辛爵 三代 16.20	簋 三代 6.4	父乙觶 三代 14.47
父丁爵 三代 16.10							

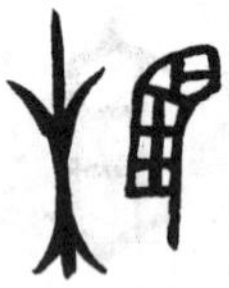

且戊卣 三代 12.46	父癸觚 三代 14.29	父辛卣 三代 12.54	父辛觶 三代 14.51	薛 尊 三代 11.29	簋 三代 7.2

篹 三代 6.4	觚 三代 14.17	逆父辛觶 三代 14.51	父辛爵 三代 16.30	父己爵 三代 16.16	觶 集成 6030 竹宝鼎 録遺 72 父爵 三代 15.37	卣 録遺 235 篹 三代 6.4 禾 鼎 三代 2.45

觚
三代 14.18

爵
三代 15.13

鼎
三代 2.6

册父丁爵
三代 16.29

女帚卣
三代 12.57

寑　卣
録遺 271

簋
録遺 120

羊己尊
三代 16.25

且己觚
三代 14.31

戟
集成 10803

且　爵
三代 15.38

觶 三代 14.35	父酉觶 美 78	觚 録遺 315	父 鼎 録遺 58	尊 三代 11.1 爵 三代 15.10	父辛爵 三代 16.18	父癸鼎 三代 2.29	父戊盉 三代 14.5

卣 三代 12.39	爵 録遺 387	爵 録遺 376	爵 録遺 400	爵 録遺 380 爵 録遺 381	亞 爵 録遺 461	戟 三代 20.6	㳄阝竝果戈 文物 63.9

		甲 2418 甲 2418	存 2.2236	
罍 美 283	斝 近出 916 力鼎 録遺 51 耒爵 録遺 465	戈 三代 19.5	鼎 三代 2.30	父丁卣 三代 13.3

			合 11477 合 22517			乙 771 乙 1723	乙 2774 京津 127
父丁卣 録遺 264	爵 三代 15.10	觚 集成 6792	爵 中原文物 1991.2	父乙盉 三代 14.9	父丁簋 近出 464	爵 録遺 397	父丁爵 近出 8465

父癸爵 三代 16.21 矢尊 三代 11.38 矢方彝 三代 6.56	君妻子鼎 三代 6.22	觚 集成 6746					

引書目錄	
簡　稱	一、甲骨文引書目錄
鐵	鐵雲藏龜　劉鶚　抱殘守缺齋 1904
前	殷墟書契前編　羅振玉 1913
菁	殷墟書契菁華　羅振玉 1914
餘	鐵雲藏龜之餘　羅振玉 1915
後	殷墟書契後編　羅振玉 1916
林	龜甲獸骨文字　林泰輔　日本三省堂石印本 1917
戩	戩壽堂所藏殷墟文字　王國維　藝術叢編 三集 1917
拾	鐵雲藏龜拾遺　葉玉森 1925
簠	簠室殷契徵文　王襄 1925
燕	殷契卜辭　容庚 瞿潤緡合編　哈佛燕京學社影印本 1933
佚	殷契佚存　商承祚 1933
福	福氏所藏甲骨文字　商承祚 1933
通別	卜辭通纂別錄　郭沫若 日本文林堂 1933
柏	柏根氏舊藏甲骨文字　明義士 1935
庫	庫方二氏所藏甲骨卜辭　方法斂摹 白瑞華校　商務印書館 1935
續	殷墟書契續編　羅振玉 1936
河	甲骨文錄　孫海波 1937
粹	殷契粹編　郭沫若 日本文求堂 1937

珠	殷契遺珠　金祖同　孔德圖書館 1939
天	天壤閣甲骨文存　唐蘭　輔仁大學 1939
誠齋	誠齋殷墟文字　孫海波　修文堂書店 1940
存	甲骨續存 三卷　胡厚宣　群聯出版社 1954
摭	殷契摭佚　李旦丘　來薰閣書店 1941
鄴	鄴中片羽　黃濬　尊古齋影印　初集 1935 二集 1937 三集 1943
甲	殷墟文字甲編　董作賓編　商務印書館 1948
摭續	殷契摭佚續編　李亞農　中國科學院 1950
寧滬	戰後寧滬新獲甲骨集　胡厚宣　來薰閣書店 1951
	戰後南北所見甲骨錄　胡厚宣　來薰閣書店 1951
輔仁	輔仁大學所藏甲骨文字
誠明	誠明文學院所藏甲骨文字
無想	無想山房舊藏甲骨文字
明藏	明義士舊藏甲骨文字
師友	南北師友所見甲骨錄
坊間	南北坊間所見甲骨錄
乙	殷墟文字乙編 上中二輯 商務印書館 1949　下輯 科學出版社 1953
掇	殷契拾掇二編　郭若愚　來薰閣書店 一編 1951 二編 1953
京津	戰後京津新獲甲骨集　胡厚宣　群聯出版社　1954
京都	京都大學人文科學研究所藏甲骨文字　日本·貝塚茂樹　1959

陳	甲骨文零拾　陳邦懷　天津人民出版社　1959
文編	甲骨文編　中國社科院考古所編輯　中華書局 1965
懷特	懷特氏等收藏甲骨文集 許進雄 加拿大皇家安大列博物館出版 1979
合	甲骨文合集　十三册　郭沫若主編　中華書局 1978—1982
屯	小屯南地甲骨　中國社會科學院考古所編　中華書局 1980
英	英國所藏甲骨　李學勤等編　中華書局 1985
補	甲骨文合集補編　彭邦炯等編　語文出版社 1999
花東	殷墟花園莊東地甲骨 中國社科院考古所編　雲南人民出版社 2003
洹寶	洹寶齋所藏甲骨　郭青萍　內蒙古人民出版社 2006
辛格所藏	記美國辛格博士所藏甲骨　齊文心　文物 1993 · 5
周甲	周原甲骨文　曹瑋　世界圖書出版公司 2002
山西洪趙	山西洪趙縣坊堆村出土卜骨　暢文齋 顧鐵符　文參 1956 · 7
鳳雛	陝西岐山鳳雛村發現周初甲骨　文物 1979 · 10
扶風齊家骨	扶風縣齊家村西周甲骨發掘簡報　文物 1981 · 9
邢臺卜骨	邢臺南小汪周代遺址西周遺存的發掘　文物春秋 1992 年增刊
	二、金文引書目錄
周金	周金文存 六卷　鄒安　藝術叢編本 1916
寶蘊	寶蘊樓彝器圖錄　容庚　北平京華印書館 1929
續殷	續殷文存 二卷　王辰　考古學社 1935
小校	小校經閣金文拓本 十八卷　劉體智　廬江劉氏小校經閣影印 1935

三代	三代吉金文存 二十卷　羅振玉 1937
錄遺	商周金文錄遺 一冊　于省吾　科學出版社 1957
總集	金文總集　嚴一萍編　臺灣藝文印書館 1983
金	金文編　容庚編著　張振林 馬國權摹補 中華書局 1985
集成	殷周金文集成 十八冊　中國社科院考古所編 中華書局 1984～1994
下寺	淅川下寺春秋楚墓　文物出版社 1991
保利	保利藏金　嶺南美術出版社 1999
鳥蟲	鳥蟲書通考　曹錦炎　上海書畫出版社 1999
近出	近出殷周金文集錄　劉雨 盧岩編著　中華書局 2002
吉金	盛世吉金　北京出版社 2003
考文	考古與文物　陝西省考古研究所主辦
古研	古文字研究　1～26 輯　中華書局出版
中原	中原文物　河南省博物館主辦
中國	中國歷史文物　中國國家博物館主辦
上海	上海博物館集刊　上海博物館主辦
东南	東南文化　南京博物院主辦
于集	于省吾教授百年誕辰紀念文集　吉林大學出版社 1996
徐集	徐仲舒先生百年誕辰紀念文集　巴蜀書社 1998
揖芬	揖芬集　社會科學文獻出版社 2002
九州	九州　第三輯　商務印書館 2003

通鑒	商周金文資料通鑒（光盤版）2004
	三、古璽引書目錄
簠齋印集	陳簠齋手拓古印集　四冊　陳介祺 1881
齊魯	齊魯古印攈　高慶齡輯 1881
萬印樓	萬印樓藏印　陳介祺 1883
金符	十六金符齋印存　吳大澂 1888
續齊	續齊魯古印攈　郭裕之 1892
鐵雲藏印	鐵雲藏印四集　劉鶚 1907
鐵雲印續	鐵雲藏印續集　劉鶚 抱殘守缺齋鈐印本
遯庵	遯庵秦漢古銅印譜　吳隱 1908
磬室印	磬室所藏鉨印　羅振玉 1911
凝清室印	凝清室所藏周秦鉨印　羅振玉
赫連	赫連泉館古印存　羅振玉輯 香古叢編本 1915
赫續	赫連泉館古印續存　羅振玉輯 香古叢編本 1915
璽印集林	璽印集林　林建勳 1919
十鐘印舉	十鐘山房印舉　陳介祺 1922
澂秋	澂秋館藏印　陳寶琛 1925
金薤	金薤留珍　二十五冊　蔣溥等編　故宮石印 1926
周氏古鉨	周氏古鉨印景　周季木　鈐印本
夢盦印存	秋夢盦古印存　秋良臣 1929

待時軒印	待時軒印存　羅福頤 1932
安昌璽存	安昌里館璽存　宣哲輯　鈐印本 1934
燕陶館印	燕陶館藏印　陳紫蓬 1954
弢庵藏印	弢庵藏印　周叔弢　鈐印本 1963
上博印	上海博物館藏印選　上海書畫出版社 1979
香港	香港中文大學文物館藏印集　王人聰主編 1980
平庵	平庵考藏古璽印選　日本・加滕慈雨樓　臨川書店 1980
璽彙	古璽彙編　羅福頤主編　文物出版社 1981
故宫	故宫博物院藏古璽印選　羅福頤主編　文物出版社 1982
吉大	吉林大學藏古璽印選　文物出版社 1987
官印	秦漢南北朝官印徵存　羅福頤主編　文物出版社 1987
玉印	古玉印精粹　韓天衡 孫慰祖編　上海書店 1989
湖南	湖南省博物館藏古璽印集　上海書店 1991
吉林	吉林出土古代官印　張英等編　文物出版社 1992
珍秦	珍秦齋古印展　蕭春源編　澳門市政廳 1993
香續	香港中文大學文物館藏印續集　王人聰主編 1996
津藝	天津市藝術博物館藏古璽印選　李東琬主編　文物出版社 1997
山東	山東新出土古璽印　賴非主編　齊魯書社 1998
集證	秦文字集證　王輝 程學華編　臺北藝文印書館 1999
印風	秦代印風　許雄志編　重慶出版社 1999

印典	印典　康殷　任兆鳳　編著　國際文化出版公司 1994
顧譜	顧氏集古印譜　明·顧從德　西泠印社 2000
分域	戰國鉨印分域編　莊新興編　上海書店出版社 2001
璽印集粹	中國歷代璽印集粹　〔日〕菅原石廬編　二玄社　1995
戰編	戰國文字編　湯餘惠 主編 福建人民出版社 2001
阜陽藏印	安徽阜陽博物館藏印選介　文物 1988·6
	四、陶文引書目錄
舂錄	古陶文舂錄　一卷　顧廷龍　國立北平研究院 1936
季木	季木藏陶　四冊　周季木 1943
秦陶	秦代陶文　一冊　袁仲一編　三秦出版社 1987
	古陶文彙編　一冊　高明編著　中華書局 1990
陶一	一　商代陶文
陶二	二　西周陶文
陶三	三　山東出土陶文
陶四	四　河北出土陶文
陶五	五　陝西出土陶文
陶六	六　河南出土陶文
陶七	七　山西出土陶文
陶八	八　湖北出土陶文
陶九	九　不明出土地陶文

陶徵	古陶文字徵　一冊　高明 葛英會編著　中華書局 1991
封成	古封泥集成　一冊　孫慰祖主編　上海書店 1994
秦封泥	秦封泥集　一冊　周曉陸 路東之編著　三秦出版社 2000
陶錄	陶文圖錄　王恩田編著　齊魯書社 2006
陶典	陶文字典　王恩田編著　齊魯書社 2007
燕下都陶	燕下都城址調查報告　中國歷史博物館考古組　考古 1962 · 1
咸陽陶	秦都咸陽故城遺址的調查和試掘　考古 1962 · 6
紀王城陶	山東鄒縣滕縣古城址調查　中國社科院考古所　考古 1965 · 12
秦宗邑瓦	戰國秦封宗邑瓦書銘文新釋　郭子直　古文字研究 第十四輯
陝西鳳翔陶	鳳翔南指揮兩座小型秦墓的清理　田亞岐等 考古與文物 1987 · 6
郳國故城陶	山東郳國故城陶文選刊　胡新立 書法 1989 · 1
四川蘆山璽	四川蘆山出土巴蜀符號印及戰國秦漢私印　周日璉 考古 1990 · 1
河北臨城陶	河北臨城縣中羊泉東周墓　考古 1990 · 8
崇信陶	甘肅崇信出土的秦戳記陶器　陶榮　文物 1991 · 5
山東濰坊陶	山東濰坊市博物館收藏的三件戰國記容陶罐　考古 1995 · 10
臨潼陶	臨潼新豐鎮劉寨村遺址出土陶文　陳曉捷　考古與文物 1996 · 4
咸陽秦墓陶	咸陽石油鋼管鋼繩廠秦墓清理簡報　考古與文物 1996 · 5
犛亭陶罐	陝西眉縣白家遺址發掘簡報　考古與文物 1996 · 6
陝西臨潼陶	西安臨潼新豐南杜秦遺址陶文　考古與文物 2000 · 1
	五、簡帛引書目錄

長沙帛書	長沙子彈庫戰國楚帛書研究　李零　中華書局 1985
	戰國楚簡文字編　郭若愚編著　上海書畫出版社 1994
信陽楚簡	信陽長台關楚墓遣策文字摹本
仰天湖簡	長沙仰天湖戰國竹簡文字摹本
	楚系簡帛文字編　滕壬生編著　湖北教育出版社 1995
范家坡簡	江陵范家坡二七號墓
秦家嘴簡	江陵秦家嘴墓
雨臺山簡	江陵雨臺山二一號墓
天星观简	江陵天星觀一號墓
江陵磚廠簡	江陵磚瓦廠三七〇號墓
曾侯墓簡	曾侯乙墓
	望山楚簡　湖北文物考古研究所 北京大學中文系編 中華書局 1995
望山 M1 簡	望山一號墓竹簡圖版
望山 M2 簡	望山二號墓竹簡圖版
五里牌簡	戰國楚竹簡彙編·長沙五里牌 406 號楚墓竹簡　商承祚編著　齊魯書社 1995
雲夢	睡虎地秦簡文字編　張守中撰集　文物出版社 1994
包山	包山楚簡文字編　張守中撰集　文物出版社 1996
郭店	郭店楚簡文字編　張守中等撰集　文物出版社 2000
九店楚簡	九店楚簡　湖北文物考古研究所 北京大學中文系編 中華書局 2000
上博	上海博物館藏戰國楚竹書　馬承源主編 上海古籍出版社 2002

新蔡楚簡	新蔡葛陵楚墓　河南省文物考古研究所編著　大象出版社 2003
龍崗簡	雲夢龍崗秦簡　劉信芳 梁柱編著　科學出版社 1997
	馬王堆漢墓帛書（肆）文物出版社 1985
足臂灸經	足臂十一脈灸經（秦鈔本）
五十二病方	五十二病方（秦鈔本）
	六、貨幣文字引書目錄
東亞	東亞錢志　日本·奥平昌洪　東京岩波書店 昭和 13 年
錢典	古錢大辭典　丁福保編　中華書局 1982
貨編	先秦貨幣文編　商承祚等編 書目文獻出版社 1983
幣編	古幣文編　張頷編　中華書局 1986
貨系	中國歷代貨幣大系 · 先秦卷　汪慶正主編　上海人民出版社 1988
三晉	三晉貨幣　朱華著　山西人民出版社 1994
貨文	先秦貨幣文字編　吳良寶編纂　福建人民出版社 2006
叢考	古幣叢考　何琳儀　安徽大學出版社 2002
錢幣	中國錢幣　中國錢幣雜誌編輯部　中國金融雜誌出版社
	七、其他文字引書目錄
行气玉銘	行气玉銘　三代吉金文存 20 · 49
石鼓	石鼓文研究　郭沫若　科學出版社 1982
侯馬盟書	侯馬盟書　文物出版社 1976 年 12 月
中山	中山王礨器文字編　張守中撰集　中華書局 1981

青川牘	青川縣出土秦更修田律　文物 1982 · 1
溫縣盟書	河南溫縣東周盟誓遺址一號坎發掘簡報　文物 1983 · 3
守丘刻石	中國美術全集 · 書法篆刻編（1）45 頁　人民美術出版社 1987
敔侯玉佩	古玉精萃 · 圖版 21　上海人民出版社 1987
蚌雕人首	周原與周文化 · 圖版 20　陳全方　上海人民出版社 1988
干支牙籌	河北柏鄉縣東小京戰國墓　文物 1990 · 6
	商代的玉石文字　陳公達　華夏考古 1991 · 2
玉魚刻文	玉魚刻文
硃書玉戈	硃書玉戈
小臣系石簋	小臣系石簋
太保玉戈	太保玉戈銘補釋　徐錫台　李自智　考古與文物 1993 · 3
文王卜璧	天馬－曲村遺址北趙晉侯墓地第二次發掘　文物 1994 · 8
漆筒墨書	秦文字釋讀訂補　王輝　考古與文物 1997 · 5
	虢國墓地出土商代小臣玉器銘文考釋及相關問題　文物 1998 · 12
小臣妥琮	小臣妥琮
小臣系璧	小臣系璧
小臣㪅玉戈	小臣㪅玉戈
秦公石磬	秦公大墓石磬殘銘考釋　王輝等　臺灣中研院史語所集刊 67 本 2 分本
秦玉牘	秦玉牘索隱　李學勤　故宮博物院院刊 2000 · 2
墨書玉璋	安陽殷墟劉家莊北 1046 號墓　考古學集刊第 15 集文物出版社 2004

引器目錄

一、鐘					
走　鐘	三代 1.1	留　鐘	三代 1.2	益公鐘	三代 1.2
己侯鐘	三代 1.2	魯邍鐘	三代 1.3	鄭井叔鐘	三代 1.3
內公鐘	三代 1.4	猶　鐘	三代 1.4	眉壽鐘	三代 1.4
楚公豪鐘	三代 1.5	邾君求鐘	三代 1.8	嘉寶鐘	三代 1.8
鑄侯求鐘	三代 1.9	斁狄鐘	三代 1.11	通祿鐘	三代 1.12
兮仲鐘	三代 1.12	邾大宰鐘	三代 1.15	單伯鐘	三代 1.16
虘　鐘	三代 1.17	叡　鐘	三代 1.18	邾公釛鐘	三代 1.19
井人妄鐘	三代 1.24	子璋鐘	三代 1.27	厵羌鐘	三代 1.32
鞄氏鐘	三代 1.42	克　鐘	三代 1.42	士父鐘	三代 1.43
邾公牼鐘	三代 1.49	沇兒鐘	三代 1.53	邵　鐘	三代 1.54
虢叔鐘	三代 1.57	邾公華鐘	三代 1.62	㝬　鐘	三代 1.65
天尹鐘	集成 005	中義鐘	集成 023	戎超鐘	集成 034
救秦戎鐘	集成 037	貹簋鐘	集成 038	昆疕王鐘	集成 046
楚王領鐘	集成 053	逆　鐘	集成 063	楚王鐘	集成 072
敬事天王鐘	集成 079	臧生鐘	集成 095	昊生鐘	集成 105
柞　鐘	集成 138	師臾鐘	集成 141	者旨於睗鐘	集成 144
厵氏鐘	集成 162	莒平鐘	集成 174	南宮乎鐘	集成 181
郤王子旃鐘	集成 182	余義鐘	集成 184	沕其鐘	集成 191
蔡侯申鐘	集成 211	者沏鐘	集成 122、132	者減鐘	集成 201、202

吴王光鐘	集成 224	瘨　鐘	集成 257	王孫鐘	集成 261
秦公鐘	集成 262	曾侯乙鐘	集成 286～349	潮子鐘	近出 1.6
戎生鐘	近出 1.27	戎生鐘	近出 1.27	戎生鐘	近出 1.27
晉侯穌鐘	近出 1.35	黝　鐘	近出 1.51	王孫誥鐘	近出 1.60
遷邟鐘	近出 1.94	楚公逆鐘	近出 1.97	逨　鐘	近出 1.108
叔旅魚父鐘	文物 64.9	應侯鐘	文物 75.10	楚公冢钟	考古 1999.4
叡巢鐘	考古 1999.11				

二、鎛

邾公孫班鎛	三代 1.35	酓章鎛	集成 085	秦公鎛	集成 267
齊　鎛	集成 271	潮子鎛	近出 1.4	黝　鎛	近出 1.98

三、鉦

郘諸尹鉦	三代 18.3	南疆鉦	三代 18.4	専　鉦	三代 18.6
婼　鉦	三代 18.7	貯　鉦	三代 18.7	雉　鉦	三代 18.9
䢵矛鉦	三代 18.9	婸　钲	集成 399	喬君鉦	集成 423

四、句鑃

其次句鑃	三代 18.1	昏同子句鑃	三代 18.2	配兒句鑃	集成 427

五、鐸

外卒鐸	集成 420	鄴子伯鐸	近出 1.117	魚郢率鐸	三代 18.10

六、鈴

成周鈴	三代 18.11	文馬鎣鈴	集成 12064		

七、鼎					
保　鼎	三代 2.1	俥　鼎	三代 2.2	牛　鼎	三代 2.2
捶　鼎	三代 2.2	羊　鼎	三代 2.2	叉　鼎	三代 2.4
譬　鼎	三代 2.4	叟　鼎	三代 2.5	亘　鼎	三代 2.6
舌　鼎	三代 2.6	霝　鼎	三代 2.6	岡　鼎	三代 2.6
寧　鼎	三代 2.7	亞厷鼎	三代 2.8	亞果鼎	三代 2.8
亞夒鼎	三代2.8、2.15	子妥鼎	三代 2.11	犇　鼎	三代 2.13
齒　鼎	三代 2.13	遽從鼎	三代 2.14	教作鼎	三代 2.14
叉朩鼎	三代 2.15	辛韋鼎	三代 2.15	襄奸鼎	三代 2.15
史次鼎	三代 2.16	向斿鼎	三代 2.16	籴　鼎	三代 2.16
魚父乙鼎	三代 2.18	亞啓父乙鼎	三代 2.20	龜父丙鼎	三代 2.21
耤父己鼎	三代 2.24	汏父辛鼎	三代 2.27	耶父辛鼎	三代 2.28
串辛父癸鼎	三代 2.28	苗母丁鼎	三代 2.31	射女鼎	三代 2.32
大保鼎	三代 2.32	羞　鼎	三代 2.32	荁箕鼎	三代 2.35
獏父丁鼎	三代 2.38	彭女鼎	三代 2.41	北伯鼎	三代 2.41
大祝禽鼎	三代 2.41	或伯鼎	三代 2.41	明我鼎	三代 2.42
興　鼎	三代 2.42	寡長鼎	三代 2.43	樂　鼎	三代 2.44
昜兒鼎	三代 2.45	顰　鼎	三代 2.45	旁父乙鼎	三代 2.47
蟺姜鼎	三代 2.50	姚　鼎	三代 2.50	楷仲鼎	三代 2.51
丂隻鼎	三代 2.51	童　鼎	三代 2.52	旁　鼎	三代 2.52

𠛱　鼎	三代 2.52	上樂鼎	三代 2.53	厶官鼎	三代 2.53
眉脒鼎	三代 2.54	臣辰父乙鼎	三代 3.1	韋　鼎	三代 3.2
堇伯鼎	三代 3.3	夨王鼎蓋	三代 3.3	伯卿鼎	三代 3.3
遣叔鼎	三代 3.4	孟淠父鼎	三代 3.4	仲義父鼎	三代 3.4
霸姞鼎	三代 3.5	遭　鼎	三代 3.6	鯀還鼎	三代 3.7
排　鼎	三代 3.7	取它人鼎	三代 3.7	鷽姒鼎	三代 3.7
沖子鼎	三代 3.7	須炙生鼎	三代 3.8	朁且乙鼎	三代 3.8
䀠　鼎	三代 3.8	木工鼎	三代 3.8	匽侯旨鼎	三代 3.8
吹　鼎	三代 3.9	卲王鼎	三代 3.11	叔具鼎	三代 3.15
叔蛛鼎	三代 3.15	白六鼎	三代 3.16	解子鼎	三代 3.16
裿[illegible]父鼎	三代 3.16	季念鼎	三代 3.18	逐　鼎	三代 3.18
仲斿父鼎	三代 3.18	義仲鼎	三代 3.18	勅𣪕鼎	三代 3.18
甚　鼎	三代 3.20	霍　鼎	三代 3.20	鄭同媿鼎	三代 3.20
藥　鼎	三代 3.20	乙未鼎	三代 3.21	吳買鼎	三代 3.21
從　鼎	三代 3.21	圓君鼎	三代 3.22	伯矩鼎	三代 3.23
仲宦父鼎	三代 3.23	交　鼎	三代 3.23	郲訧鼎	三代 3.23
子遇鼎	三代 3.24	郜造鼎	三代 3.24	二年寧鼎	三代 3.24
禽肯鼎	三代 3.25	饔邍父鼎	三代 3.27	剌觀鼎	三代 3.27
仲殷父鼎	三代 3.29	榮子鼎	三代 3.29	雍伯鼎	三代 3.31
靜叔鼎	三代 3.32	褭　鼎	三代 3.33	杞伯鼎	三代 3.33

䢅伯鼎	三代3.35	應公鼎	三代3.36	鄆孝子鼎	三代3.36
穌㳄妊鼎	三代3.36	㾏　鼎	三代3.37	戊寅鼎	三代3.37
邾伯禦戎鼎	三代3.37	仲義父鼎	三代3.38	鄦奓魯鼎	三代3.39
上官鼎	三代3.40	鑄子鼎	三代3.40	臣卿鼎	三代3.41
巤季鼎	三代3.41	雍伯原鼎	三代3.42	大梁鼎	三代3.43
趞亥鼎	三代3.44	䢅伯業鼎	三代3.45	湈伯友鼎	三代3.45
揚　鼎	三代3.46	寒姒鼎	三代3.47	郣伯祀鼎	三代3.49
匽侯鼎	三代3.50	獻侯鼎	三代3.50	寓　鼎	三代3.51
先獸鼎	三代3.51	缶　鼎	三代3.53	伯䪫父鼎	三代4.1
亳　鼎	三代4.2	禽　鼎	三代4.2	或伯鼎	三代4.2
鐘伯侵鼎	三代4.3	旂　鼎	三代4.3	天君鼎	三代4.4
易　鼎	三代4.4	伯鮮鼎	三代4.4	郜嬰鼎	三代4.4
諆　鼎	三代4.6	旜叔樊鼎	三代4.6	成甬鼎	三代4.7
𢦏叔鼎	三代4.7	郐王鼎	三代4.9	乙亥鼎	三代4.10
師趛鼎	三代4.10	毛公旅鼎	三代4.12	公貿鼎	三代4.12
寬兒鼎	三代4.13	衛　鼎	三代4.15	趠　鼎	三代4.16
師咢父鼎	三代4.16	酓忎鼎	三代4.17	寍　鼎	三代4.18
蔡大師鼎	三代4.18	仲師父鼎	三代4.19	坪安君鼎	三代4.20
作冊大鼎	三代4.20	我　鼎	三代4.21	窅　鼎	三代4.21
呂　鼎	三代4.22	都公鼎	三代4.22	史獸鼎	三代4.23

剌　鼎	三代 4.23	師湯父鼎	三代 4.24	七年趞曹鼎	三代 4.24
十五年趞曹鼎	三代 4.25	康　鼎	三代 4.25	史頌鼎	三代 4.26
令　鼎	三代 4.27	善夫克鼎	三代 4.28	師旂鼎	三代 4.31
噩侯鼎	三代 4.32	大　鼎	三代 4.32	師奎父鼎	三代 4.34
無叀鼎	三代 4.34	師望鼎	三代 4.35	瓚攸比鼎	三代 4.35
伯晨鼎	三代 4.36	善　鼎	三代 4.36	頌　鼎	三代 4.39
克　鼎	三代 4.40	大盂鼎	三代 4.42	小盂鼎	三代 4.44
舀　鼎	三代 4.45	毛公鼎	三代 4.46	君妻子鼎	三代 6.22
囝　鼎	錄遺 16	聝　鼎	錄遺 17	﨑　鼎	錄遺 30
髭　鼎	錄遺 34	子龔鼎	錄遺 37	旋婦鼎	錄遺 43
具父乙鼎	錄遺 48	亞夂雨鼎	錄遺 52	匚賓鼎	錄遺 64
伯遲父鼎	錄遺 69	江小仲鼎	錄遺 74	伯眗鼎	錄遺 76
夌　鼎	錄遺 91	尹姞鼎	錄遺 97	柳　鼎	錄遺 98
禹　鼎	錄遺 99	疋未鼎	錄遺 218	辛　鼎	集成 990
婳　鼎	集成 998	付　鼎	集成 1016	屰　鼎	集成 1035
兒　鼎	集成 1037	旋　鼎	集成 1051	妥　鼎	集成 1068
廾　鼎	集成 1091	專　鼎	集成 1100	牛方鼎	集成 1102
羊　鼎	集成 1105	鹿方鼎	集成 1110	獸　鼎	集成 1111
夔　鼎	集成 1117	龍　鼎	集成 1119	鳶　鼎	集成 1123
倉　鼎	集成 1142	眲逘鼎	集成 1144	輪　鼎	集成 1151

買　鼎	集成 1168	勺方鼎	集成 1193	戉　鼎	集成 1213
戉　鼎	集成 1218	浴　鼎	集成 1230	章南鼎	集成 1297
子廟鼎	集成 1310	子就鼎	集成 1313	美宁鼎	集成 1361
亞豕鼎	集成 1401	禾方鼎	集成 1472	得　鼎	集成 1476
交鼎鼎	集成 1481	告田鼎	集成 1482	正易鼎	集成 1500
杍氏鼎	集成 1509	象且辛鼎	集成 1512	欠父乙鼎	集成 1532
祺父乙鼎	集成 1563	犬父丙鼎	集成 1565	息父丁鼎	集成 1598
獸父辛鼎	集成 1641	束父辛鼎	集成 1659	串父辛鼎	集成 1660
誖父辛鼎	集成 1662	子父舁鼎	集成 1697	婦婿鼎	集成 1709
婦姜告鼎	集成 1710	丵叔鼎	集成 1733	[illegible]鼎	集成 1760
尙　鼎	集成 1769	石夅刃鼎	集成 1801	夏官鼎	集成 1802
角戊父鼎	集成 1864	逆歐父辛鼎	集成 1888	叔　鼎	集成 1927
懋史鼎	集成 1936	滑斿鼎	集成 1947	鼎之伐鼎	集成 1955
員用鼎	集成 1958	聾　鼎	集成 1974	扶　鼎	集成 1979
卲之飤鼎	集成 1980	宜陽右倉鼎	集成 1992	中脯王鼎	集成 1993
巨荳鼎	集成 1994	亞吝史鼎	集成 2014	散姬鼎	集成 2029
楷仲鼎	集成 2045	腹　鼎	集成 2061	訴啓鼎	集成 2066
鳌　鼎	集成 2067	立　鼎	集成 2069	遝　鼎	集成 2070
觀　鼎	集成 2076	本　鼎	集成 2081	連迂鼎	集成 2083
連迂鼎	集成 2084	登鶩鼎	集成 2085	王后鼎	集成 2093

君夫人鼎	集成 2106	寧女鼎	集成 2107	韋　鼎	集成 2120
子■父癸鼎	集成 2136	鮮父鼎	集成 2143	康侯丰鼎	集成 2153
伯矩鼎	集成 2170	嬴需德鼎	集成 2171	虫㫚鼎	集成 2175
鳥壬侜鼎	集成 2176	吹方鼎	集成 2179	向　鼎	集成 2180
才僩父鼎	集成 2183	陵叔鼎	集成 2198	戟叜父鼎	集成 2205
尹小叔鼎	集成 2214	蔡侯申鼎	集成 2215	蔡侯申鼎	集成 2216
蔡侯申頭鼎	集成 2222	宋公緣鼎	集成 2223	中㱿鼎	集成 2228
鄧尹疾鼎	集成 2234	鄧子午鼎	集成 2235	子蚘鼎	集成 2239
東陵鼎蓋	集成 2241	木工冊鼎	集成 2246	仲義君鼎	集成 2279
盅子鐈鼎	集成 2286	王子侄鼎	集成 2289	箕　鼎	集成 2306
右口公鼎	集成 2307	堇臨鼎	集成 2312	豚　鼎	集成 2315
亳父乙鼎	集成 2316	伯衬鼎	集成 2336	叔具鼎	集成 2341
勅㯱鼎	集成 2346	師㝨父鼎	集成 2353	洨叔鼎	集成 2355
盅　鼎	集成 2356	無土鼎	集成 2359	公朱右自鼎	集成 2361
長子狗鼎	集成 2369	仲斿父鼎	集成 2373	遂啓鼎	集成 2375
薛侯鼎	集成 2377	鼄茲鼎	集成 2379	亙　鼎	集成 2380
郤子汭鼎	集成 2390	江小仲鼎	集成 2391	壽春鼎	集成 2397
徝方鼎	集成 2405	戈父辛鼎	集成 2406	禽　鼎	集成 2408
甚諆鼎	集成 2410	霍　鼎	集成 2413	伯晦鼎	集成 2414
鄭同媿鼎	集成 2415	子遇鼎	集成 2416	廟孱鼎	集成 2417

己華父鼎	集成 2418	鄭子石鼎	集成 2421	乙未鼎	集成 2425
且己鼎	集成 2431	龏姛鼎	集成 2433	仲宦父鼎	集成 2442
杞伯𩑁鼎	集成 2460	倗仲鼎	集成 2462	仲殷父鼎	集成 2463
溓俗父鼎	集成 2466	陳生隺鼎	集成 2468	榮有司爯鼎	集成 2470
史喜鼎	集成 2473	居𠓗駷鼎	集成 2491	杞伯鼎	集成 2494
鄦子𦸗夷鼎	集成 2498	作冊[illegible]鼎	集成 2504	圉方鼎	集成 2505
屯　鼎	集成 2509	仲𣅀父鼎	集成 2533	犀伯鼎	集成 2534
伯尙鼎	集成 2538	輔伯𤷎父鼎	集成 2546	華季嗌鼎	集成 2547
函皇父鼎	集成 2548	𩰫男鼎	集成 2549	曾伯從寵鼎	集成 2550
叔碩父鼎	集成 2569	平陰鼎蓋	集成 2577	孋作父庚𩱦	集成 2578
伯𢉅父鼎	集成 2580	弗奴父鼎	集成 2589	戊寅鼎	集成 2594
叔碩父鼎	集成 2596	小子𣄰鼎	集成 2598	卅五年鼎	集成 2611
唯叔鼎	集成 2615	㵒伯鼎	集成 2621	伯陶鼎	集成 2630
偖生鼎	集成 2633	虢宣公子白鼎	集成 2637	杞伯敏亡鼎	集成 2642
伯歸鼎	集成 2644	叔夜鼎	集成 2646	巍　鼎	集成 2647
郳太子鼎	集成 2652	厶官鼎	集成 2658	吴王姬鼎	集成 2600
辛　鼎	集成 2660	徝方鼎	集成 2661	或者鼎	集成 2662
侉父鼎	集成 2672	㢸伯鼎	集成 2677	諆　鼎	集成 2680
姬　鼎	集成 2681	新邑鼎	集成 2682	員　鼎	集成 2695
楙伯車父鼎	集成 2697	公朱左自鼎	集成 2701	[illegible]方鼎	集成 2702

堇　鼎	集成 2703	師楷鼎	集成 2704	戌嗣鼎	集成 2708
乃子克鼎	集成 2712	鄁公湯鼎	集成 2714	庚兒鼎	集成 2715
寓　鼎	集成 2718	繇𡛨進鼎	集成 2725	莒大史申鼎	集成 2732
仲偯父鼎	集成 2734	㙜方鼎	集成 2739	亡智鼎	集成 2746
般殷鼎	集成 2750	子斿鼎	集成 2757	史顛鼎	集成 2762
蟎　鼎	集成 2765	郤鼈尹鼎	集成 2766	信安君鼎	集成 2773
帥隹鼎	集成 2774	小臣夌鼎	集成 2775	師同鼎	集成 2779
哀成叔鼎	集成 2782	中方鼎	集成 2785	䧹方鼎	集成 2789
微緣鼎	集成 2790	伯姜鼎	集成 2791	平安君鼎	集成 2793
畬忎鼎	集成 2795	曾子斿鼎	集成 2797	王子午鼎	集成 2811
趞　鼎	集成 2815	師遽鼎	集成 2817	寰　鼎	集成 2819
此　鼎	集成 2821	善夫山鼎	集成 2825	師䛗鼎	集成 2830
九年衛鼎	集成 2831	五祀衛鼎	集成 2832	多友鼎	集成 2835
中山王鼎	集成 2840	息　鼎	近出 2.173	夆方鼎	近出 2.191
融方鼎	近出 2.193	鏃　鼎	近出 2.194	疋未鼎	近出 2.218
敎象鼎	近出 2.220	冊融方鼎	近出 2.222	㹊叅鼎	近出 2.223
巫　鼎	近出 2.227	下官鼎	近出 2.227	旨　鼎	近出 2.250
王子耶鼎	近出 2.259	庸伯方鼎蓋	近出 2.274	倗　鼎	近出 2.279
句父丁鼎	近出 2.285	王后鼎	近出 2.289	辛卯羊鼎	近出 2.291
陵　鼎	近出 2.292	㡱監鼎	近出 2.297	師智父鼎	近出 2.300

叔舂父鼎	近出 2.305	盂方鼎	近出 2.306	太后右室鼎	近出 2.309
合陽王鼎	近出 2.314	師湯父鼎	近出 2.321	膳夫吉夫鼎	近出 2.322
晉侯邦父鼎	近出 2.325	仲再父鼎	近出 2.326	孟狂父鼎	近出 2.338
晉侯對鼎	近出 2.342	鄧小仲鼎	近出 2.343	子具鼎	近出 2.344
史叀鼎	近出 2.346	倏戒鼎	近出 2.347	以鄧鼎	近出 2.348
郐太子鼎	近出 2.349	蕢陽鼎	近出 2.353	臧公之孫鼎	近出 2.355
伯唐父鼎	近出 2.356	靜方鼎	近出 2.357	吳虎鼎	近出 2.364
宥父辛鼎	總集 908	曩侯鼎	文物 1972.5	白者君鼎	文物 1980.1
夫跌申鼎	文物 1989.4	叔父癸鼎	文物 1992.3	旨　鼎	文物 1996.7
晉方鼎	文物 1997.12	榮仲鼎	文物 2005.9	阪方鼎	文物 2005.9
柞伯鼎	文物 2006.5	疚子鼎	考古 1991.9	師酉鼎	中國 2004.1
任　鼎	中國 2004.2	成君夫人鼎	中國 2007.4	亢　鼎	上海 8
登孫虜鼎	徐集 125				

八、簋

㕚　簋	三代 6.1	競　簋	三代 6.1	漁　簋	三代 6.2
罡　簋	三代 6.2	耤作父己簋	三代 6.2	耤　簋	三代 6.3
𠬪　簋	三代 6.3	敿　簋	三代 6.3	子刀簋	三代 6.8
戠　簋	三代 6.8	何戊簋	三代 6.8	叉陎簋	三代 6.9
子畫簋	三代 6.9	爻父乙簋	三代 6.11	𩰫父乙簋	三代 6.12
析父辛簋	三代 6.16	鳶父辛簋	三代 6.16	共覃父乙簋	三代 6.20

亯戚父乙簋	三代6.20	豣妣辛簋	三代6.22	匀　簋	三代6.23
豐　簋	三代6.25	楷仲簋	三代6.25	囝父辛簋	三代6.27
轡父癸簋	三代6.28	應公簋	三代6.29	癸麦簋	三代6.30
秉盾父乙簋	三代6.31	衍耳簋	三代6.32	明父丁簋	三代6.33
榖　簋	三代6.34	嬴季簋	三代6.36	榮子簋	三代6.36
向　簋	三代6.37	霸姞簋	三代6.37	俑缶簋	三代6.38
廣父己簋	三代6.39	亢　簋	三代6.39	堇伯簋	三代6.39
史楳兄簋	三代6.40	堇臨簋	三代6.40	集佫簋	三代6.41
望子簋	三代6.42	弜耳簋	三代6.42	辨　簋	三代6.43
敔　簋	三代6.46	效父簋	三代6.46	伯闢簋	三代6.46
遽伯簋	三代6.46	妍　簋	三代6.46	過伯簋	三代6.47
量侯簋	三代6.47	禾　簋	三代6.47	臣卿簋	三代6.48
阠沚簋	三代6.48	季魯簋	三代6.48	邐　簋	三代6.49
衛　簋	三代6.49	榮　簋	三代6.49	史諳簋	三代6.50
禽　簋	三代6.50	莒小子簋	三代6.51	奢　簋	三代6.51
豦　簋	三代6.52	伯椃簋	三代6.52	肄　簋	三代6.52
蔡姞簋	三代6.53	楷伯簋	三代6.53	宅　簋	三代6.53
井侯簋	三代6.54	縣改簋	三代6.55	靜　簋	三代6.55
保父丁簋	三代7.3	叚父癸簋	三代7.4	弦　簋	三代7.4
奪　簋	三代7.7	彭女簋	三代7.7	霝　簋	三代7.7

伯侄簋	三代 7.10	縈伯簋	三代 7.11	果　簋	三代 7.11
荓侯簋	三代 7.12	伯魚簋	三代 7.12	伯矩簋	三代 7.12
伯婁簋	三代 7.12	叔𪘲簋	三代 7.13	宂伯簋	三代 7.13
仲㒵父簋	三代 7.13	姜林母簋	三代 7.14	戚姬簋	三代 7.14
嬴霝德簋	三代 7.15	義伯簋	三代 7.16	媛仲簋	三代 7.17
邵王簋	三代 7.17	屯　簋	三代 7.18	敉共簋	三代 7.18
戈厚簋	三代 7.18	叔宿簋	三代 7.19	旟司土簋	三代 7.19
師寏父簋	三代 7.20	叔羽父簋	三代 7.21	季𣪘簋	三代 7.21
貞　簋	三代 7.21	穌公簋	三代 7.21	仲師父簋	三代 7.22
刈父甲簋	三代 7.22	啻　簋	三代 7.23	保侃母簋	三代 7.23
散伯簋	三代 7.25	叡召妊簋	三代 7.26	伯喬父簋	三代 7.27
己侯簋	三代 7.27	仲競簋	三代 7.28	保子達簋	三代 7.28
遣小子簋	三代 7.28	滕虎簋	三代 7.29	伯芀簋	三代 7.30
洹秦簋	三代 7.30	倗伯簋	三代 7.31	叔侯父簋	三代 7.32
邿季簋	三代 7.33	姞衍簋	三代 7.34	遣生簋	三代 7.34
孟𣧊父簋	三代 7.34	伯家父簋	三代 7.36	叔向父簋	三代 7.36
妣嬰母簋	三代 7.38	齊巫姜簋	三代 7.38	毳　簋	三代 7.38
廣　簋	三代 7.44	噩侯簋	三代 7.45	旛嫼簋	三代 7.46
觴姬簋	三代 7.46	伯疑父簋	三代 7.47	周棘生簋	三代 7.48
己侯貉子簋	三代 8.2	魯遽父簋	三代 8.3	仲殷父簋	三代 8.4

仲叀父簋	三代 8.6	叔角父簋	三代 8.7	復公子簋	三代 8.9
德克簋	三代 8.11	穌公簋	三代 8.12	毛伯嚨父簋	三代 8.13
豐兮簋	三代 8.13	卓林父簋	三代 8.14	毛𢍰簋	三代 8.15
叔多父簋	三代 8.15	鄧公簋	三代 8.16	叔噩父簋	三代 8.16
鄭虢仲簋	三代 8.18	宰甫簋	三代 8.19	燮　簋	三代 8.19
郜遣簋	三代 8.21	鄁嬰簋	三代 8.22	畢鮮簋	三代 8.26
陳逆簋	三代 8.28	相侯簋	三代 8.28	傳　簋	三代 8.30
啇䖒簋	三代 8.32	仲䖒父簋	三代 8.32	多父簋	三代 8.33
師害簋	三代 8.33	彔　簋	三代 8.35	競　簋	三代 8.36
[illegible]叔簋	三代 8.37	叔皮父簋	三代 8.38	尌仲簋	三代 8.38
買　簋	三代 8.39	叔妣簋	三代 8.39	函皇父簋	三代 8.40
大保簋	三代 8.40	莒侯簋	三代 8.43	伯家父簋	三代 8.43
大仲簋	三代 8.44	伯康簋	三代 8.45	鬻兌簋	三代 8.46
陳肪簋	三代 8.46	鄀公簋	三代 8.47	守　簋	三代 8.47
君夫簋	三代 8.47	封　簋	三代 8.49	庸伯馭簋	三代 8.50
㒼　簋	三代 8.50	遹　簋	三代 8.52	無㠱簋	三代 8.53
師遽簋	三代 8.53	厡敖簋	三代 8.53	段　簋	三代 8.54
䶬　簋	三代 9.4	追　簋	三代 9.5	史頌簋	三代 9.7
小臣謎簋	三代 9.11	免　簋	三代 9.12	天亡簋	三代 9.13
叔向父禹簋	三代 9.13	格伯簋	三代 9.14	同　簋	三代 9.17

豆閉簋	三代 9.18	師艅簋	三代 9.19	諫　簋	三代 9.19
伊　簋	三代 9.20	師酉簋	三代 9.21	琱生簋	三代 9.21
揚　簋	三代 9.24	大　簋	三代 9.25	令　簋	三代 9.26
彔伯簋	三代 9.27	師兌簋	三代 9.30	元年師兌簋	三代 9.31
秦公簋	三代 9.33	師嫠簋	三代 9.35	卯　簋	三代 9.37
番生簋	三代 9.37	頌　簋	三代 9.38	沈子它簋	三代 9.38
不嬰簋	三代 9.48	叔⿰言樂父簋	三代 10.28	趩　簋	三代 11.38
媍　簋	三代 12.39	子龏簋	錄遺 122	卜孟簋	錄遺 134
衛始簋	錄遺 138	齊姪姬簋	錄遺 146	牧馬受簋	錄遺 150
寑敄簋	錄遺 151	康侯簋	錄遺 157	不壽簋	錄遺 159
㪤　簋	錄遺 160	鼂　簋	錄遺 163	沵其簋	錄遺 164
⿱夗口　簋	錄遺 165	夨　簋	錄遺 167	寶　簋	小校 7.15
司寇良父簋	小校 7.94	麓伯簋	周金 3.41	王作臣坒簋	周金 3.115
係父乙簋	續殷上 36	鉰　簋	集成 643	馭　簋	集成 2916
專　簋	集成 2918	埶　簋	集成 2919	戎　簋	集成 2921
正　簋	集成 2949	守　簋	集成 2967	皿　簋	集成 3003
中　簋	集成 3028	子南簋	集成 3072	爻父丁簋	集成 3181
埶父辛簋	集成 3206	婦旋簋	集成 3228	婦配咸簋	集成 3229
㫃乙簋	集成 3232	女皿簋	集成 3240	飲父乙簋	集成 3305
文暊父丁簋	集成 3321	伯肙簋	集成 3362	央　簋	集成 3370

亞疋簋	集成 3393	宜陽右倉簋	集成 3398	朿夌簋	集成 3437
皿屖簋	集成 3438	季㚸簋	集成 3444	季楚簋	集成 3448
杯　簋	集成 3466	藺　簋	集成 3476	丮伯簋	集成 3482
伯尚簋	集成 3491	虘　簋	集成 3520	蟺伯簋	集成 3526
榴仲簋	集成 3549	噩叔簋	集成 3574	農　簋	集成 3575
哦　簋	集成 3613	陸婦簋	集成 3621	戎比簋	集成 3625
卲王簋	集成 3635	倗万簋	集成 3667	噩季奞父簋	集成 3669
睘　簋	集成 3677	伯嘉父簋	集成 3679	伯煢簋	集成 3692
佁伯簋	集成 3719	叕　簋	集成 3750	牀侯簋	集成 3752
叔臨父簋	集成 3760	叔㮚父簋	集成 3764	伯幾父簋	集成 3766
仲競簋	集成 3783	叨孳簋	集成 3791	伯沙父簋	集成 3793
搈先伯簋	集成 3807	湋伯簋	集成 3821	圉　簋	集成 3824
應侯簋	集成 3860	楸車父簋	集成 3881	攸　簋	集成 3906
是婁簋	集成 3911	㚤馭簋	集成 3976	且日庚簋	集成 3991
羿作北子簋	集成 3993	伯喜簋	集成 3997	鄁公白韭簋	集成 4016
曹伯狄簋	集成 4019	章叔將簋	集成 4038	琱伐父簋	集成 4050
曾伯文簋	集成 4052	叔䢅父簋	集成 4068	宴　簋	集成 4119
利　簋	集成 4131	仲枏父簋	集成 4154	鼉乎簋	集成 4158
孟　簋	集成 4162	公臣簋	集成 4184	恒　簋	集成 4199
曾仲大父蝨簋	集成 4203	五年師旋簋	集成 4217	師㾓簋	集成 4230

臣諫簋	集成 4237	三兒簋	集成 4245	即　簋	集成 4250
大師虘簋	集成 4251	佴叔簋	集成 4254	裘衛簋	集成 4256
佴伯簋	集成 4257	趞　簋	集成 4266	王臣簋	集成 4268
瓚比簋	集成 4278	元年師旋簋	集成 4279	輔師嫠簋	集成 4286
此　簋	集成 4310	師獸簋	集成 4311	師寰簋	集成 4313
師虎簋	集成 4316	㝬　簋	集成 4317	㦸　簋	集成 4322
詢　簋	集成 4321	𦍒伯簋	集成 4331	班　簋	集成 4341
疚　簋	集成 10504	妶父乙簋	集成 10533	狽　簋	集成 10539
宵　簋	集成 10544	融　簋	近出 2.375	富出簋	近出 2.408
恒父簋	近出 2.418	矩爵簋	近出 2.425	孟狂父簋	近出 2.430
高奴簋	近出 2.431	諫　簋	近出 2.447	比　簋	近出 2.449
叔向父簋	近出 2.461	喪史耴簋	近出 2.465	中槳簋	近出 2.471
小子參簋	近出 2.479	鮮　簋	近出 2.482	敔簋蓋	近出 2.483
保員簋	近出 2.484	柞伯簋	近出 2.486	史密簋	近出 2.489
宰獸簋	近出 2.490	虎簋蓋	近出 2.491	軌　簋	總集 1774
車首簋	總集 1776	𡊮公聞簋	總集 2516	伯喜父簋	考古 63.12
親　簋	中國 2006.3	獄　簋	考文 2006.6		

九、甗

*𩰫甗	三代 5.1	令父己甗	三代 5.3	戒父辛甗	三代 5.3
彭女甗	三代 5.4	戲　甗	三代 5.5	伯眞甗	三代 5.5

夆伯甗	三代 5.6	昷弗生甗	三代 5.7	比　甗	三代 5.8
者女甗	三代 5.8	婦闋甗	三代 5.8	瑴父甗	三代 5.9
叔碩父甗	三代 5.9	鄭伯筍父甗	三代 5.9	般　甗	三代 5.11
王人甗	三代 5.11	遇　甗	三代 5.12	㞷子甗	三代 5.12
陳公子甗	三代 5.12	解子甗	錄遺 100	孚公狄甗	錄遺 104
王孫壽甗	錄遺 106	以奴甗	集成 851	應監甗	集成 883
叔㣍甗	集成 909	圉　甗	集成 935	應侯甗	近出 1.157
井伯甗	近出 1.158	夅父甗	近出 1.162	陳樂君甗	近出 1.163
孟狂父甗	近出 1.164	叔完甗	揖芬 281		

十、鬲

季真鬲	三代 5.15	鄶始鬲	三代 5.15	姬芳母鬲	三代 5.16
作羲妣鬲	三代 5.18	戒　鬲	三代 5.19	鄭蒦父鬲	三代 5.21
鄭登伯鬲	三代 5.22	郳始鬲	三代 5.23	贊母鬲	三代 5.25
樊君鬲	三代 5.26	伯狺父鬲	三代 5.26	塱肇家鬲	三代 5.28
鄭羌伯鬲	三代 5.29	龏　鬲	三代 5.30	戲伯鬲	三代 5.31
魯伯愈父鬲	三代 5.32	邾伯鬲	三代 5.34	昶仲鬲	三代 5.35
邾友父鬲	三代 5.36	番君鬲	三代 5.38	杜伯鬲	三代 5.39
善夫吉夫鬲	錄遺 111	齒父己鬲	集成 481	弘　鬲	集成 488
夌姬鬲	集成 527	楷叔知父鬲	集成 542	侣叔鬲	集成 572
旹伯鬲	集成 590	叔鼎鬲	集成 614	姬趛母鬲	集成 628

魯侯獄鬲	集成 648	江叔蚘鬲	集成 677	成伯孫父鬲	集成 680
齊趫父鬲	集成 686	伯矩鬲	集成 689	魯宰駟父鬲	集成 707
睽士父鬲	集成 716	琱生鬲	集成 744	仲枏父鬲	集成 748
公姞鬲	集成 753	尹姞鬲	集成 755	䣍王鬲	近出 1.128
自作薦鬲	近出 1.132	恒侯鬲	近出 1.144	子碩父鬲	近出 1.146
樊夫人鬲	文物 81.1				
十一、盨					
華季嗌盨	三代 7.33	伯筍父盨	三代 10.27	登伯盨	三代 10.27
攸瓚盨	三代 10.27	叔倉父盨	三代 10.27	仲義父盨	三代 10.29
白大師盨	三代 10.30	虢叔盨	三代 10.31	周頟盨	三代 10.31
仲鑠盨	三代 10.31	鄭義羌父盨	三代 10.31	鄭登叔盨	三代 10.32
昜叔盨	三代 10.32	鄭井叔盨	三代 10.33	伯多父盨	三代 10.34
讅季獻盨	三代 10.34	瓔㸓盨	三代 10.34	遣叔盨	三代 10.35
改　盨	三代 10.35	筍伯盨	三代 10.35	髠叔盨	三代 10.36
延　盨	三代 10.36	虢仲盨	三代 10.37	師趛盨	三代 10.38
曼龔父盨	三代 10.39	佴叔盨	三代 10.39	杜伯盨	三代 10.41
翏生盨	三代 10.44	克　盨	三代 10.44	瓚比盨	三代 10.45
滕侯盨	集成 3670	伯夸父盨	集成 4345	鼄伯盨	集成 4346
伯鮮盨	集成 4363	仲彤盨	集成 4372	仲閔父盨	集成 4398
筍伯盨	集成 4422	乘父士杉盨	集成 4437	伯寬父盨	集成 4438

䝞伯盨	集成 4445	叔專父盨	集成 4454	瘨　盨	集成 4462
駒父盨	集成 4464	師克盨	集成 4467	師克盨蓋	集成 4468
塱　盨	集成 4469	逹盨蓋	近出 2.506	奂父盨	古研 25.199
燹公盨	中国 2002.6				
十二、匿					
史頌匿	三代 10.1	曾子遡匿	三代 10.1	慶孫之子匿	三代 10.2
叔殷穀匿	三代 10.2	鑄客匿	三代 10.4	階侯匿	三代 10.6
塞　匿	三代 10.8	酓肯匿	三代 10.8	奢虎匿	三代 10.9
旅虎匿	三代 10.9	交君匿	三代 10.12	商丘叔匿	三代 10.12
季良父匿	三代 10.14	季宮父匿	三代 10.17	番君匿	三代 10.17
齊陳曼匿	三代 10.19	王仲嬀匿	三代 10.20	陳侯匿	三代 10.21
鄀公匿	三代 10.21	鄦子匿	三代 10.23	陳逆匿	三代 10.25
曾伯霥匿	三代 10.26	射南匿	集成 4479	仲其父匿	集成 4482
仲其父匿	集成 4483	般仲㡊匿	集成 4485	盛君縈匿	集成 4494
函交仲匿	集成 4497	蔡義工匿	集成 4500	西啉匿	集成 4503
赤角匿	集成 4612	上鄀府匿	集成 4613	盄公買匿	集成 4617
樂子敬豧匿	集成 4618	邾太宰匿	集成 4623	邾太宰匿	集成 4624
尹氏叔緐匿	集成 4527	薛子仲安匿	集成 4546	伯勇父匿	集成 4554
薛仲赤匿	集成 4556	叓侯匿	集成 4562	鑄子匿	集成 4570
曾子邍匿	集成 4573	宋公繺匿	集成 4589	曹公匿	集成 4593

陳仲慶匿　集成 4597	鄴伯受匿　集成 4599	彭宇匿　集成 4610
伯公父匿　集成 4628	嘉子伯昜匿　集成 4650	楚子棄疾匿　近出 2.517
登孫廣匿　近出 2.523	遷氏仲匿　近出 2.530	何次匿　近出 2.533
上鄀公匿　近出 2.536		
十三、簠		
陳逆簠　三代 10.25	厚氏簠　三代 10.48	瘐　簠　集成 4681
晋侯對簠　通鑒 05839		
十四、敦		
齊侯敦　三代 7.23	陳侯午敦　三代 8.42	陳侯因齊敦　三代 9.17
拍敦蓋　三代 11.33	歸父敦　集成 4640	郳公克敦　集成 4641
荆公孫敦　近出 2.537	宋右師延敦　近出 2.538	
十五、匡		
師麻匡　三代 10.13	尹氏匡　三代 10.13	史免匡　三代 10.19
郜召匡　近出 2.526		
十六、豆		
大師虘豆　三代 10.47	穌貉豆　集成 4659	卲　豆　集成 4660
上官豆　集成 4688	郪陵君豆　集成 4695	梁伯可忌豆　近出 2.543
豉　豆　文物 1996.7		
十七、匕勺		
瘐　匕　集成 972	仲枏父匕　集成 979	魚顛匕　集成 980

伯公父勺　集成 9935	上岜厨勺　古研 26.223	

十八、爵

囝　爵　三代 15.1	㝵　爵　三代 15.4	龍　爵　三代 15.5
射　爵　三代 15.11	队　爵　三代 15.11	華　爵　三代 15.11
牢　爵　三代 15.12	名　爵　三代 15.14	夲　爵　三代 15.14
梏　爵　三代 15.14	䀠　爵　三代 15.15	且甲爵　三代 15.17
甲莑爵　三代 15.25	甲虫爵　三代 15.25	丁羞爵　三代 15.26
子㝵爵　三代 15.29	子尊爵　三代 15.29	子何爵　三代 15.31
■亣爵　三代 15.32	飲　爵　三代 15.35	盄丶爵　三代 15.35
夸　爵　三代 15.37	刀　爵　三代 15.38	且戊爵　三代 16.2
叙　爵　三代 16.2	山且壬爵　三代 16.3	耒父乙爵　三代 16.6
曲父丁爵　三代 16.10	木父丁爵　三代 16.10	囝父辛爵　三代 16.17
畐父辛爵　三代 16.18	爵　爵　三代 16.26	唐子且乙爵　三代 16.27
㥯父乙爵　三代 16.28	加父戊爵　三代 16.29	守冊父己爵　三代 16.30
天棘父癸爵　三代 16.30	目父癸爵　三代 16.31	畫父癸爵　三代 16.31
過伯爵　三代 16.32	伯限爵　三代 16.36	剛　爵　三代 16.36
貝隹爵　三代 16.39	吕仲爵　三代 16.40	望　爵　三代 16.40
莾大爵　三代 16.40	龢　爵　三代 16.40	盂　爵　三代 16.41
盟　爵　三代 16.41	大保爵　三代 16.41	魯侯爵　三代 16.46
索諆爵　三代 16.46	虢　爵　錄遺 416	亢　爵　集成 7336

尸　爵	集成 7359	俥　爵	集成 7366	疚　爵	集成 7368
嚳　爵	集成 7395	比　爵	集成 7403	仔　爵	集成 7404
敎　爵	集成 7436	抹　爵	集成 7454	步　爵	集成 7474
象　爵	集成 7509	亡終爵	集成 7611	哭　爵	集成 7637
聝　爵	集成 7638	祈　爵	集成 7646	貯　爵	集成 7650
朐　爵	集成 7652	胄　爵	集成 7696	名　爵	集成 7702
串　爵	集成 7714	亞揀爵	集成 7798	亞雔爵	集成 7810
亞龠爵	集成 7814	己耒爵	集成 8039	己俥爵	集成 8043
癸企爵	集成 8060	韋癸爵	集成 8063	子媚爵	集成 8076
子糸爵	集成 8105	耳髭爵	集成 8157	得　爵	集成 8186
聑竹爵	集成 8205	買車爵	集成 8250	啚出爵	集成 8259
耳竹爵	集成 8269	妝王爵	集成 8309	捶且乙爵	集成 8311
戎且辛爵	集成 8344	弗父丁爵	集成 8346	啓　爵	集成 8374
子父乙爵	集成 8393	弗且辛爵	集成 8436	俥父丙爵	集成 8438
欠父丁爵	集成 8447	龜父丁爵	集成 8459	曲父丁爵	集成 8501
爻父戊爵	集成 8534	肄父己爵	集成 8562	戎父辛爵	集成 8602
臤父辛爵	集成 8613	永父辛爵	集成 8658	糸父壬爵	集成 8665
耒父癸爵	集成 8688	齊婞爵	集成 8753	亞龠舟爵	集成 8782
戈兆系爵	集成 8809	偁父甲爵	集成 8849	肄父丁爵	集成 8920
嚳父辛爵	集成 8945	刀父壬爵	集成 8954	啓貯爵	集成 9014

敓父癸爵	集成 9024	隻　爵	集成 9038	糸子刀爵	集成 9055
埶　爵	集成 9058	達父己爵	集成 9079	美　爵	集成 9086
梳　爵	近出 3.787	卝　爵	近出 3.805	亯印爵	近出 3.853
我父已爵	近出 3.880	叔父癸爵	近出 3.888	亞夫畀爵	近出 3.895
櫜束爵	近出 3.901	索父癸爵	文物 1990.7	叔父癸爵	文物 1992.3
子義爵	文物 1992.4	章　爵	考古 1991.2		
十九、觚					
企　觚	三代 14.12	戎　觚	三代 14.12	斿　觚	三代 14.13
秉　觚	三代 14.14	徙　觚	三代 14.15	守　觚	三代 1417
名　觚	三代 14.17	舌　觚	三代 14.17	子媚觚	三代 14.21
皮引觚	三代 14.22	甗征觚	三代 14.22	叔父觚	三代 14.23
得父乙觚	三代 14.24	父係乙觚	三代 14.24	臽父戊觚	三代 14.25
叟父已觚	三代 14.26	子蝠觚	三代 14.27	彭莫觚	三代 14.28
省　觚	三代 14.29	王子耶觚	三代 14.31	妏作乙公觚	三代 14.31
敽　觚	錄遺 308	鳶　觚	錄遺 311	朕女觚	錄遺 334
戎且丙觚	錄遺 342	叔父戊觚	錄遺 345	翼父辛觚	錄遺 349
媓　觚	集成 6523	吳　觚	集成 6560	飲　觚	集成 6566
攸　觚	集成 6576	圉　觚	集成 6631	得　觚	集成 6634
韋　觚	集成 6638	圂　觚	集成 6652	馭　觚	集成 6665
進　觚	集成 6679	伐　觚	集成 6701	聝　觚	集成 6711

譬　觚	集成 6716	伐　觚	集成 6718	輪　觚	集成 6753
乙息觚	集成 6824	羊己觚	集成 6835	己聿觚	集成 6837
倲癸觚	集成 6840	婦好觚	集成 6847	見爻觚	集成 6922
羌柔觚	集成 6926	聑髭觚	集成 6930	敎　觚	集成 6943
亞竟觚	集成 6971	史亞觚	集成 6976	玐冊觚	集成 6995
何馬觚	集成 6997	虒　觚	集成 7035	車兆觚	集成 7040
冉漁觚	集成 7062	幾　觚	集成 7177	南單冓觚	集成 7191
米宮觚	集成 7204	乙毫戈冊觚	集成 7253	句父丁觚	集成 7280
亚妏觚	集成 7288	皿　觚	集成 7300	或父己觚	集成 7302
羌向觚	集成 7306	弓及觚	金附上 93	囝　觚	近出 3.696
犇　觚	近出 3.699	集　觚	近出 3.700	東父壬觚	近出 3.745
亞干觚	近出 3.750				

廿、角

丙申角	三代 16.7	陸父乙	三代 16.45	宰椃角	三代 16.48

廿一、卣

傳　卣	三代 8.52	奚　卣	三代 12.35	爰　卣	三代 12.36
童且辛卣	三代 12.46	子廟圖卣	三代 12.57	考　卣	三代 13.14
伯矩卣	三代 13.17	免　卣	三代 13.43	仲僘卣	三代 13.18
燮　卣	集成 4743	嘉母卣	集成 4763	鳶　卣	集成 4787
隻　卣	集成 4788	鴉　卣	集成 4789	叉　卣	集成 4791

亞盥卣	集成 4819	丁犬卣	集成 4826	飲　卣	集成 4839
丁丰卣	集成 4842	子侯卣	集成 4847	子臭卣	集成 4849
冊遳卣	集成 4870	睸邦卣	集成 4880	鳶且辛卣	集成 4897
束父乙卣	集成 4912	捶父乙卣	集成 4918	皮父乙卣	集成 4930
受父己卣	集成 4958	辱父辛卣	集成 4984	取父癸卣	集成 4994
秉盾丁卣	集成 5008	臨其卣	集成 5012	獄父丁卣	集成 5067
子刀父庚卣	集成 5080	家戈父庚卣	集成 5082	杞婦卣	集成 5097
皇祈卣	集成 5100	王乍姤弄卣	集成 5102	競父乙卣	集成 5154
文暊父丁卣	集成 5155	扶　卣	集成 5167	輂　卣	集成 5189
師隻卣	集成 5194	齊　卣	集成 5202	釆父乙卣	集成 5205
陰伯卣	集成 5221	艅伯卣	集成 5222	汪伯卣	集成 5223
潶伯卣	集成 5226	叔𣪕卣	集成 5237	鬿父卣	集成 5243
夆莫父卣	集成 5245	貙　卣	集成 5249	鬻嗌卣	集成 5251
買王卣	集成 5252	栿　卣	集成 5254	米宮卣	集成 5255
盟弘卣	集成 5257	輂作妣癸卣	集成 5266	狽元卣	集成 5278
刋父己卣	集成 5282	北伯威卣	集成 5299	無嬰父丁卣	集成 5309
枚家卣	集成 5310	齯父戊卣	集成 5311	餔父戊卣	集成 5312
戎佩卣	集成 5324	曆季卣	集成 5325	佫　卣	集成 5334
剌　卣	集成 5338	㐱　卣	集成 5343	豐　卣	集成 5346
麃父卣	集成 5348	𡉚　卣	集成 5355	㯺季遽父卣	集成 5357

守宮卣	集成 5359	豚　卣	集成 5365	戲霥卣	集成 5373
虢季子組卣	集成 5376	小臣系卣	集成 5378	馭八卣	集成 5380
寓　卣	集成 5381	岡刼卣	集成 5383	耳　卣	集成 5384
息伯卣	集成 5386	員　卣	集成 5387	寡子卣	集成 5392
小子省卣	集成 5394	宰甫卣	集成 5395	毓且丁卣	集成 5396
盂　卣	集成 5399	次　卣	集成 5405	周乎卣	集成 5406
作冊睘卣	集成 5407	靜　卣	集成 5408	貉子卣	集成 5409
啓　卣	集成 5410	二祀邲其卣	集成 5412	四祀邲其卣	集成 5413
乍冊嫛卣	集成 5414	保　卣	集成 5415	召　卣	集成 5416
斎　卣	集成 5417	录䧹卣	集成 5419	士上卣	集成 5421
匡　卣	集成 5423	農　卣	集成 5424	競　卣	集成 5425
庚贏卣	集成 5426	作冊嗌卣	集成 5427	叔趯父卣	集成 5429
繁　卣	集成 5430	高　卣	集成 5431	作冊魖卣	集成 5432
井季㚖卣	集成 5859	融　卣	近出 3.549	任爯卣	近出 3.601
否叔卣	近出 3.603	州子卣	近出 3.604	疒父乙卣	考古 1989.1
廿二、罍					
登屰罍	集成 9771	車[illegible]罍	集成 9776	戶姦罍	集成 9783
子媚罍	集成 9784	孤竹罍	集成 9793	偁父乙罍	集成 9795
竟　罍	集成 9802	且辛禹罍	集成 9806	陵父日乙罍	集成 9816
趡　罍	集成 9817	蘇　罍	集成 9822	滔御事罍	集成 9824

對　罍	集成 9826	邳伯罍	集成 10007	融　罍	近出 3.974
武方罍	近出 3.975	子媚罍	近出 3.980	繭父戊罍	近出 3.984
緒兒罍	近出 3.986	克　罍	近出 3.987	太保罍	考古 1990.1
廿三、斝					
貌　斝	集成 9111	丮　斝	集成 9112	匿　斝	集成 9114
刖　斝	集成 9118	北　斝	集成 9120	亩　斝	集成 9146
亞殸斝	集成 9161	埽　斝	集成 9191	矢宁父丁斝	集成 9232
亞離辛斝	集成 9238	冓　斝	集成 9239	狽父丁斝	集成 9242
小臣邑斝	集成 9249				
廿四、鑐					
曾伯文鑐	集成 9961	仲義父鑐	集成 9964	陳璋鑐	集成 9975
廿五、尊					
明公尊	三代 6.49	苗父乙尊	三代 11.7	囊父乙尊	三代 11.7
父戊尊	三代 11.9	遽父己尊	三代 11.10	山父壬尊	三代 11.10
戎父乙尊	三代 11.14	龍母尊	三代 11.19	彭史尊	三代 11.19
伯貉尊	三代 11.22	朕　尊	三代 11.22	艅伯尊	三代 11.22
應公尊	三代 11.23	戒叔尊	三代 11.23	嬴季尊	三代 11.23
傳臾尊	三代 11.23	辟東尊	三代 11.24	逆　尊	三代 11.25
秨　尊	三代 11.25	饍　尊	三代 11.25	卿　尊	三代 11.26
咏　尊	三代 11.26	魄　尊	三代 11.26	貍父癸尊	三代 11.27

宿父尊	三代 11.27	史伏尊	三代 11.27	𣪘父戊尊	三代 11.27
傳　尊	三代 11.29	盠司土尊	三代 11.29	周免旁尊	三代 11.29
昜薛尊	三代 11.29	弘　尊	三代 11.30	王古尊	三代 11.30
員　尊	三代 11.31	服　尊	三代 11.32	御　尊	三代 11.32
季受尊	三代 11.32	能匋尊	三代 11.33	艅　尊	三代 11.34
萬　尊	三代 11.35	次　尊	三代 11.35	彔　尊	三代 11.36
免　尊	三代 11.36	取　尊	三代 11.36	效　尊	三代 11.37
令　尊	三代 11.38	召　尊	錄遺 205	耳　尊	錄遺 206
我　尊	集成 5467	宀　尊	集成 5501	子束泉尊	集成 5540
子漁尊	集成 5542	卩疢尊	集成 5557	齊㛓尊	集成 5686
羕史尊	集成 5811	㚔　尊	集成 5820	陵父乙尊	集成 5823
輦匕癸尊	集成 5893	咾　尊	集成 5896	子夌尊	集成 5910
戎佩尊	集成 5916	蔡侯申尊	集成 5939	季盀尊	集成 5940
弃者君尊	集成 5945	憻季遽父尊	集成 5947	斁眘尊	集成 5957
守宮尊	集成 5959	史喪尊	集成 5960	犅刼尊	集成 5977
复　尊	集成 5978	啓　尊	集成 5983	㒸　尊	集成 5986
師艅尊	集成 5995	豐　尊	集成 5996	啇　尊	集成 5997
古伯尊	集成 5998	子黃尊	集成 6000	小子生尊	集成 6001
蔡侯尊	集成 6010	盠駒尊	集成 6011	何　尊	集成 6014
麥　尊	集成 6015	子蝠尊	集成 9865	捶父己尊	近出 3.617

史鉼敏尊　近出3.634	晉侯豕形尊　文物2001.8	
廿六、彝		
吳方彝　三代6.56	矢方彝　三代6.56	䀠父丁彝　集成9298
乍員從彝　集成9803	聿方彝　集成9832	婦好方彝　集成9861
皿天方彝蓋　集成9883	[illegible]方彝　集成9892	麥方彝　集成9893
戍鈴方彝　集成9894	齊生魯彝蓋　集成9896	師遽方彝　集成9897
盠方彝　集成9899	趩子彝　集成10575	𠂤父辛彝　集成10581
女亖方彝　文物1964.9		
廿七、觥		
引　觥　三代18.21	[illegible]雨觥　集成9254	享　觥　集成9262
者女觥　集成9294	鈇馭觥　集成9300	
廿八、壺		
專　壺　三代12.1	伯戜壺　集成6454	先　壺　集成9486
李瘣壺　集成9495	公子裙壺　集成9514	孝子粤壺　集成9516
上白羽壺　集成9517	楷侯壺　集成9553	鬲嫣壺　集成9555
嫿妊壺　集成9556	犹子壺　集成9558	迺子壺　集成9559
鬼父丙壺　集成9584	遠公壺　集成9591	奪　壺　集成9592
䋣𡢁進壺　集成9594	雍工壺　集成9605	纕安君壺　集成9606
休涅壺　集成9607	㡴伯㠱生壺　集成9615	重金扁壺　集成9617
白灤父壺　集成9620	洜叔壺　集成9625	曾仲斿父壺　集成9628

陳侯壺	集成 9633	黃君孟壺	集成 9636	樊夫人壺	集成 9637
華母壺	集成 9638	交君子壺	集成 9662	東庫方壺	集成 9665
兮熬壺	集成 9671	寺工壺	集成 9673	西庫圓壺	集成 9675
趙孟壺	集成 9678	西庫圓壺	集成 9682	中山圓壺	集成 9686
提練圓壺	集成 9692	虞侯政壺	集成 9696	陳喜壺	集成 9700
夾伯壺	集成 9702	孫叔師父壺	集成 9706	冶仲考父壺	集成 9708
公子土斧壺	集成 9709	沕其壺	集成 9716	幾父壺	集成 9721
十三年瘨壺	集成 9723	三年瘨壺	集成 9726	庚　壺	集成 9733
胤嗣壺	集成 9734	中山王壺	集成 9735	小姓壺	近出 3.584
刀父己壺	近出 3.949	爵父癸壺	近出 3.950	薛侯壺	近出 3.951
楊姞壺	近出 3.960	晉侯僰馬壺	近出 3.962	彭伯壺	近出 3.964
曩仲壺	近出 3.965	絡襄壺	文物 1982.11	與兵壺	古研 24.234
金村銅鈁	集成 9648				
廿九、鍾					
春成侯鍾	总集 5717	安邑下官鍾	集成 9707		
卅、盉					
女　盉	三代 14.2	伯彭盉	三代 14.5	此　盉	三代 14.7
中　盉	三代 14.7	宁未盉	三代 14.7	伯定盉	三代 14.8
伯春盉	三代 14.8	史孔盉	三代 14.9	圓君盉	三代 14.10
堯　盉	三代 14.10	仲皇父盉	三代 14.11	麥　盉	三代 14.11

季良父盉	三代 14.11	臣辰盉	三代 14.12	伯鼐盉	錄遺 292
長由盉	錄遺 293	中　盉	集成 9316	戚父己盉	集成 9358
爵父癸盉	集成 9362	句父癸盉	集成 9364	亞得父丁盉	集成 9375
伯矩盉	集成 9398	僕父己盉	集成 9406	季嬴霝德盉	集成 9419
途　盉	集成 9426	伯宪盉	集成 9430	遣　盉	集成 9433
王　盉	集成 9438	黃子盉	集成 9445	嚣仲盉	集成 9446
東庫盉	集成 9448	裘衛盉	集成 9456	戎父丁盉	近出 3.936
槮大盉	近出 3.940	夫差盉	近出 3.941	克　盉	近出 3.942
匍　盉	近出 3.943	大保盉	考古 1990.1	鄧公盉	于集 75
卌一、鎣					
師轉鎣	集成 9401	伯百父鎣	集成 9425		
卌二、觶鍴					
鳶　觶	三代 14.32	鼓　觶	三代 14.33	叟　觶	三代 14.34
子龜觶	三代 14.37	帚姦觶	三代 14.38	雚女觶	三代 14.38
伯夒觶	三代 14.38	倏　觶	三代 14.39	酨父乙觶	三代 14.41
肄父丙觶	三代 14.42	雔父丁觶	三代 14.43	字父己觶	三代 14.44
耒父己觶	三代 14.44	戒父癸觶	三代 14.47	子癸壘觶	三代 14.49
唐子且乙觶	三代 14.50	弜父丁觶	三代 14.51	逆父辛觶	三代 14.51
何　觶	三代 14.52	秸　觶	三代 14.52	禦父辛觶	三代 14.53
遽仲觶	三代 14.54	敄　觶	三代 14.54	疑　觶	三代 14.54

杠作母甲觶　三代 14.54	亞址妣己觶　三代 14.54	鼓𦎫觶　三代 14.55
小臣單觶　三代 14.55	鳴　觶　集成 6034	㫃　觶　集成 6039
𢍜　觶　集成 6042	弜　觶　集成 6067	聑口兀觶　集成 6155
戚葡觶　集成 6166	史農觶　集成 6169	冉漁觶　集成 6181
庚獿觶　集成 6183	監且丁觶　集成 6207	俥父丙觶　集成 6249
主父己觶　集成 6274	榭父辛觶　集成 6316	𥧾父辛觶　集成 6319
臼作衛觶　集成 6360	徙　觶　集成 6368	分父甲觶　集成 6372
肆父丙觶　集成 6388	疆父己觶　集成 6405	亞果父辛觶　集成 6412
叔偈父觶　集成 6458	叔傳觶　集成 6486	諫父丁觶　集成 6499
甾父己觶　集成 6504	庶　觶　集成 6510	旋婦觶　近出 3.653
融　觶　近出 3.644	婦鳳觶　近出 3.671	弜父癸觶　總集 6541
郐王耑　三代 14.53	郐王義楚鍴　三代 14.55	

卅三、盨盉

大府盨　集成 4634	盼於盨　集成 4636	愠兒盨　文物 1993.1
王子申盨　集成 4643	鯈武府盉　集成 9936	偵　盉　近出 4.1047

卅四、盤

艅舌盤　集成 10035	蔡侯申盤　集成 10072	北子宋盤　集成 10084
魯伯者父盤　集成 10087	眞　盤　集成 10091	虢金氏孫盤　集成 10098
郐王義楚盤　集成 10099	畬肯盤　集成 10100	鄧伯吉射盤　集成 10121
楚季苟盤　集成 10125	伯侯父盤　集成 10129	𥙐伯庸盤　集成 10130

仲㲽盤	集成 10134	寻仲盤	集成 10135	中子化盤	集成 10137
般仲柔盤	集成 10143	曹公盤	集成 10144	毛叔盤	集成 10145
齊縈姬盤	集成 10147	奎母盤	集成 10153	封孫宅盤	集成 10154
伯沓盤	集成 10156	酓忎盤	集成 10158	伯戔盤	集成 10160
函皇父盤	集成 10164	鲜　盤	集成 10166	守宫盤	集成 10168
吕服余盤	集成 10169	牆　盤	集成 10175	者旨型盤	集成 10391
姬丹盤	近出 4.1008	郣公典盤	近出 4.1009	陶子盤	總集 6732
歸父盤	总集 6769	逨　盤	吉金 342	工𪊲大叔盤	东南 1991.1
卅五、匜					
皃叔匜	三代 17.24	召樂父匜	三代 17.29	王婦匜	三代 17.32
毳　匜	三代 17.33	白者君匜	三代 17.35	番仲[illegible]匜	三代 17.35
叔男父匜	三代 17.38	夆叔匜	三代 17.40	王子适匜	集成 10190
郕湯伯匜	集成 10208	㠱伯匜	集成 10211	叔黑臣匜	集成 10217
陽飤生匜	集成 10227	筍侯匜	集成 10232	蒐車匜	集成 10234
䄠仲無龍匜	集成 10249	番伯酓匜	集成 10259	塞公孫匜	集成 10276
公孫宅匜	集成 10278	慶叔匜	集成 10280	齊侯匜	集成 10283
𠑇　匜	集成 10285	倗　匜	近出 4.1010	滕太宰得匜	近出 4.1011
卯公之子匜	近出 4.1018	以鄧匜	近出 4.1019	東姬匜	近出 4.1021
卅六、缶					
蔡侯朱缶	集成 9991	邨子𩰫缶	集成 9995	書也缶	集成 10008

倗　缶　近出 4.1030	陳之浴缶　近出 4.1033	郃子倗缶　近出 4.1034
倗之浴缶　近出 4.1036	孟滕姬缶　近出 4.1038	利之元子缶　文物 1989.12
余剌之子缶　考古 1991.9		
卅七、盂		
寢小室盂　集成 10302	滋　盂　集成 10310	趙　盂　集成 10321
宜桐盂　集成 10320	永　盂　集成 10322	審　盂　近出 4.1022
下寢盂　近出 4.1023		
卅八、鑑		
智君子鑑　集成 10289	夫差鑑　集成 10294	�陵君鑑　集成 10297
吴王光鑑　集成 10299		
卅九、盆蠚		
司料盆蓋　集成 10326	鳥柱盆　集成 10328	樊君盆　集成 10329
郎子行盆　集成 10330	曾孟孏諫盆　集成 10332	子耆盆　集成 10335
曾太保盆　集成 10336	郛子宿車盆　集成 10337	伯克盆　集成 10338
晋公蠚　集成 10342		
卌、戈		
亦　戈　集成 10635	亽　戈　集成 10651	夸　戈　集成 10656
臉　戈　集成 10721	膚　戈　集成 10758	聿　戈　集成 10763
脽　戈　集成 10818	筡　戈　集成 10820	郲　戈　集成 10823
垔　戈　集成 10824	鄆　戈　集成 10828	郘　戈　集成 10829

亦索戈	集成 10847	玌天戈	集成 10850	馬　戈	集成 10857
亳冊戈	集成 10876	亡終戈	集成 10881	新邑戈	集成 10885
伯析戈	集成 10895	邶　戈	集成 10902	郻　戈	集成 10907
央　戈	集成 10909	玄翏戈	集成 10910	陽狐戈	集成 10916
長沙戈	集成 10914	鑞鏄戈	集成 10917	酸棗戈	集成 10922
屯留戈	集成 10927	渾左戈	集成 10932	漆垣戈	集成 10935
大保黹戈	集成 10954	緣左庫戈	集成 10959	陳散戈	集成 10963
武城戈	集成 10966	郳右戈	集成 10969	高密戈	集成 10972
亡鹽右戈	集成 10975	鄘公戈	集成 10977	右濯戈	集成 10978
保晉戈	集成 10979	亞行還戈	集成 10980	曾侯邺戈	集成 10981
中陽戈	集成 10986	齊象邑戈	集成 10989	昌城戈	集成 10998
平阿左戈	集成 11001	郾王喜戈	集成 11004	蜀西工戈	集成 11008
武城徒戈	集成 11024	鄴　戈	集成 11027	吁　戈	集成 11032
陳卯戈	集成 11034	陳豫戈	集成 11037	叔孫戈	集成 11040
周旇戈	集成 11043	玄瘇戈	集成 11044	郜君戈	集成 11048
仕斤戈	集成 11049	上黨武庫戈	集成 11054	大武闢兵戈	集成 11063
子可嬰戈	集成 11072	閭丘戈	集成 11073	郲州戈	集成 11074
滕侯耆戈	集成 11078	子朖戈	集成 11100	行議戈	集成 11111
曹公子沱戈	集成 11120	淳于公戈	集成 11124	陳胎戈	集成 11127
陳侯因齊戈	集成 11129	宋公得戈	集成 11132	鄦伯彪戈	集成 11134

蔡侯產戈　集成 11143	蔡公子果戈　集成 11147	蔡公子加戈　集成 11148
王孫漁戈　集成 11152	成陽戈　集成 11154	即墨華戈　集成 11160
昃作造戈　集成 11164	朝诃右庫戈　集成 11182	郾王職戈　集成 11188
寺工讋戈　集成 11197	楚屈叔沱戈　集成 11198	郢侯戈　集成 11202
王子玖戈　集成 11207	羊角戈　集成 11210	工城戈　集成 11211
涑鄙戈　集成 11213	郾王戎人戈　集成 11237	吴王光逗戈　集成 11255
番中戈　集成 11261	刊王是野戈　集成 11263	單䚘討戈　集成 11267
非釪戈　集成 11270	郾侯脮戈　集成 11272	恿公戈　集成 11280
子孔戈　集成 11290	三年莆子戈　集成 11293	丞相触戈　集成 11294
章子戈　集成 11295	郚令戈　集成 11299	高都令戈　集成 11302
啓封令戈　集成 11306	頓丘戈　集成 11321	侖氏令戈　集成 11322
將军張戈　集成 11325	格氏令戈　集成 11327	鄭令戈　集成 11328
王何戈　集成 11329	監汾守戈　集成 11331	四年邘令戈　集成 11335
韓熙戈　集成 11336	三年䢼令戈　集成 11338	乘馬戈　集成 11339
咎奴令戈　集成 11341	相邦冉戈　集成 11342	宜令戈　集成 11343
八年宜令戈　集成 11344	口陽令戈　集成 11347	龏令思戈　集成 11348
喜令戈　集成 11351	郇陰令戈　集成 11356	三年鄭令戈　集成 11357
鄧令戈　集成 11360	上郡守戈　集成 11363	二年戈　集成 11364
邢令戈　集成 11366	蜀守武戈　集成 11368	廿一年鄭令戈　集成 11373
上守戈　集成 11374	馬雍令戈　集成 11375	武城令戈　集成 11377

丞相啓狀戈	集成 11379	吕不韋戈	集成 11380	龠璋戈	集成 11381
郾侯軍戎戈	集成 11383	相邦儀戈	集成 11394	上郡守冰戈	集成 11399
伯剌戈	集成 11400	杸里瘟戈	集成 11402	兔　戈	近出 4.1069
眉　戈	近出 4.1072	蒙　戈	近出 4.1086	莒公戈	近出 4.1087
厼　戈	近出 4.1088	索　戈	近出 4.1092	柏人戈	近出 4.1102
盧氏戈	近出 4.1105	侯散戈	近出 4.1111	柴内右戈	近出 4.1114
郤氏左戈	近出 4.1117	作冢龔戈	近出 4.1118	鎗傾戈	近出 4.1119
翏公戈	近出 4.1124	中陽戈	近出 4.1134	陭氏戈	近出 4.1136
陳難戈	近出 4.1137	汶陽右戈	近出 4.1138	子備璋戈	近出 4.1140
長畫戈	近出 4.1143	瘊　戈	近出 4.1149	武王之童戈	近出 4.1152
鄝子妝戈	近出 4.1154	黄季佗父戈	近出 4.1156	郭公子戈	近出 4.1164
亘左戈	近出 4.1168	楚競尹戈	近出 4.1170	芒陽令戈	近出 4.1172
卜淦戈	近出 4.1174	陽城令戈	近出 4.1175	廿四年晋戈	近出 4.1176
莆反令戈	近出 4.1177	咎茖戈	近出 4.1179	宜安戈	近出 4.1180
大梁戈	近出 4.1181	閔相如戈	近出 4.1184	上郡戈	近出 4.1185
相邦邙皮戈	近出 4.1188	上郡守閒戈	近出 4.1193	上郡守戈	近出 4.1194
洱陽令戈	近出 4.1195	襄城令戈	近出 4.1196	安陽令戈	近出 4.1200
攻敔王光戈	總集 7443	蔡公子頒戈	鳥蟲 141	王孫家戈	鳥蟲 174
曾侯昃戈	鳥蟲 185	平周戈	文物 1987.8	大　戈	文物 1987.11
蜀東工戈	文物 1992.11	泌陽戈	文物 1993.8	闕輿戈	文物 1994.4

趙氏戈	文物 1995.2	宜陽戈	文物 2000.10	上郡守壽戈	考古 1990.6
蔡□戈	考古 1996.8	伺䍐戈	考文 1996.4	江武庫戈	古研 25.213
涪陽戈	九州 3.138				
卌一、劍					
刀　劍	集成 11568	𡚬子劍	集成 11578	緐陽之金劍	集成 11582
韓鍾劍	集成 11588	富奠劍	集成 11589	蔡侯產劍	集成 11602
蔡公子從劍	集成 11605	不㤳劍	集成 11608	郙王劍	集成 11611
攻敔王光劍	集成 11620	州句劍	集成 11625	夫差劍	集成 11636
逞　劍	集成 11640	不光劍	集成 11648	脽公劍	集成 11651
高都令劍	集成 11653	楚王酓璋劍	集成 11659	虡公劍	集成 11663
邦司寇劍	集成 11686	鄭令劍	集成 11693	吉日壬午劍	集成 11696
守相杜波劍	集成 11700	亓北古劍	集成 11703	姑發劍	集成 11718
耳　劍	近出 4.1219	少虡劍	近出 4.1227	攻敔王光劍	鳥蟲 47
蔡　劍	鳥蟲 203	𧧒反之弟劍	文物 1990.2	戲皷劍	考古 2000.4
卌二、鈹					
王立事鈹	集成 11674	建信君鈹	集成 11695	守相杜波鈹	集成 11702
陽安君鈹	集成 11712	弋郘相鈹	近出 4.1231	平國君鈹	近出 4.1236
春平侯鈹	近出 4.1237	韓担鈹	文物 1992.4	韓耑鈹	考古 1991.1
卌三、戟					
大垔公戟	集成 11051	敓　戟	集成 11092	子淵聾戟	集成 11105

宜無戟	集成 11112	犢共叟戟	集成 11113	滕侯昃戟	集成 11123
蔡侯戟	集成 11150	新弨戟	集成 11161	曾侯乙戟	集成 11171
曾侯邺戟	集成 11176	曾侯遡用戟	集成 11178	曾侯遡戟	集成 11180
析君戟	集成 11214	大良造鞅戟	集成 11279	雍令韓匡戟	集成 11564
吕不韋戟	近出 4.1199	王孫名戟	鳥蟲 173	王子午戟	下寺 187
王孫誥戟	下寺 187	塞之王戟	近出 4.1125	鷹蘿戟	近出 4.1131
以鄧戟	近出 4.1145				

卌四、矛

亮　矛	集成 11424	栒　矛	集成 11430	僑陵矛	集成 11461
武戳矛	集成 11468	敀陸睘矛	集成 11495	上黨武庫矛	集成 11500
武當矛	集成 11502	左郭矛	集成 11508	廣衍矛	集成 11509
燕王喜矛	集成 11523	少府矛	集成 11532	夫差矛	集成 11534
州句矛	集成 11535	郾王鉚	集成 11540	不降矛	集成 11541
平都矛	集成 11542	七　年 邦司寇矛	集成 11545	宅陽令矛	集成 11546
秦子矛	集成 11547	邦司寇矛	集成 11549	元年鄭令矛	集成 11552
趙狽矛	集成 11561	春平侯矛	集成 11556	葉　矛	近出 4.1203
元年矛	近出 4.1211	廿年矛	近出 4.1214	邲王者旨矛	鳥蟲 72
工虞矛	保利 253	吕不韋矛	文物 1987.8		

卌五、斧

同　斧	集成 11761	乇　斧	集成 11773	中中斧	集成 11780

郘大叔斧　集成 11786	吕大叔斧　集成 11788	莒陽斧　近出 4.1244
宗人斧　文物 1992.12		

卌六、鉞

羞　鉞　集成 11731	中山侯鉞　集成 11758	狽　鉞　近出 4.1247

卌七、符

新郪虎符　集成 12108	杜虎符　集成 12109	

卌八、節

麐屓節　集成 12088	懋　節　集成 12089	騎傳馬節　集成 12091
亡縱節　集成 12092	采者節　集成 12093	王命虎節　集成 12094
王命龙節　集成 12097	燕　節　集成 12104	鄂君車節　集成 12110
鄂君舟節　集成 12113	王命車節　近出 4.1254	

卌九、量

戲㑣量　集成 10362	斛半小量　集成 10365	商鞅方升　集成 10372
長沙銅量　集成 10373	田齊銅量　考古 1996.4	大市量　古研 22.129

五十、權

公芻權　集成 10380	高奴權　集成 10384	司馬成公權　集成 10385
𣪘子權　總集 7892	環　權　考古 1994.8	

五一、罐

中罐蓋　集成 9986	梁姬罐　近出 4.1046	

五二、皿

廿七年皿	集成 9997	晉侯喜父皿	近出 4.1060	滎陽上官皿	文物 2003.10

五三、鉌

哀成叔鉌	集成 4650	卲宫和	集成 10357	左關鉌	集成 10368

五四、車馬器

君軴車軎	集成 12025	上造但車軎	集成 12041	畕當盧	近出 4.1258

五五、雜器

中山帳桿	中山 131～134	中山墓箕	集成 10397	中山銅牛	集成 10441
中山獸器	集成 10445	中山帳橛	集成 10473	中山方案	集成 10477
中山墓錘	集成 11822	中山墓泡飾	集成 11863	中山墓金泡	集成 11864
兆域圖	集成 10478	杞伯盄	集成 10334	子禾子釜	集成 10374
曾侯邲殳	集成 11567	空　鏃	集成 11940	㫒欲鏃	集成 11996
衛師昜	集成 11838	匽侯舞昜	集成 11860	師紿銅泡	集成 11862
悍距末	集成 11915	大良造鞅鐓	近出 4.1249	正　鐏	鳥蟲 95
土匀錍	集成 9977	喪史賓鈚	集成 9982	中蚼帶鈎	集成 10405
睘小器	集成 10425	林睘器	集成 10426	十四年 锥形器	集成 10453
洵都器	集成 10461	霝　器	集成 10493	汩　器	集成 10579
哭弓形器	集成 11868	析弓形器	集成 11871	之利殘器	總集 7976
坓圜形器	文物 1998.1	雩令銅牌	集成 11900	約僉銅盒	近出 4.1044
㝵諺鑰	集成 10350	右里盌	集成 10367	作冊般銅黿	中國 2005.1
稆門室鈇	集成 10456	三年銀杖首	集成 10465	九里墩鼓座	古研 14.27

叔赳父爯　集成 11719	嫪　鐮　集成 11825	

檢字表

說明：本表以通用繁體字之起始筆畫爲序。單字分爲橫、豎、撇、點、折五類，同一起始筆畫之字按照偏旁筆畫數，由簡至繁排列；合文則據第一字筆畫数由簡至繁排列。

【橫　畫】

一　畫
一 1
二　畫
七 1
丁 2
二 88
十 94
匚 113
丂 119
厂 142
三　畫
万 2
三 4
兀 63
才 96
丈 96
干 98
于 122
大 146
寸 204
廾 209
亍 255
士 272
工 273
丌 323
土 339
下 367
弋 383
四　畫
弍 1
元 63
友 78
厷 78
支 86
尤 87
五 88
廿 94
卅 95
匹 113
仄 142
天 147
巨 273
亓 323
市 332
夫 385
无 392
扎 406
牙 508
歹 509
犬 513
木 559
太 665
井 685
瓦 685
戈 691
王 714
帀 723
不 831
卝 837
屯 910
丰 912
邛 1234
云 1333
五　畫
丙 4
卌 95
古 95
世 98
刊 107
叵 114
匜 114
可 119
平 121
功 125
厈 142
去 154
右 235
左 274
巧 276
布 330
扔 401
正 456
本 568
末 571
札 592
未 610
朮 801
戊 695
戉 697
示 763
玉 779
王 779
甘 793
石 833
丫 883
艾 925
卉 939
艽 939
艿 941
邗 220
邛 1229
邘 1230
⿰土阝 1236
⿰弋阝 1248
六　畫
吏 83
亘 89
开 98
列 106
⿰井刂 109
刑 109
匡 117
匠 117
⿷匚今 118
⿷匚不 584
夸 150
夷 151
存 200
寺 204
共 209
吉 236
在 272
式 273
地 340
圭 357
圩 359
扞 405
扣 406
巩 412
攷 432
歾 509
死 511
⿰歹又 512
朽 509
机 573
枓 580
朼 596
朹 828
灰 616
戎 693
戍 696
戌 698
成 706
戋 707
而 830
老 857
考 860
臣 861
耳 864
百 881
有 888
芄 913
芝 916
芋 919
芑 926
芒 930
芏 943
芅 950
耒 987
朿 992
至 1049
西 1050
迂 1123
达 1131
迁 1137
⿺辶弋 1139
郏 335
邦 1214
邢 1222
祁 1229
邪 1231
邞 1231
邮 1234
邳 1237
再 1408
七　畫
克 65
刧 100
医 113
⿷匚丙 116
⿷匚同 116
⿷匚禾 118
⿷匚臣 1345
应 142
夾 147
夽 149
夾 150
⿺尢氐 153
弄 212
戒 213
弅 214
吾 224
否 242
巫 276
坊 341
坄 341
均 344
坒 351
⿰土丰 352
坏 358
坂 359
块 360
坉 360
址 360
坆 361
坋 362
坙 382
扶 395
把 396
扼 396
⿰扌厷 400
投 401
抉 401
抇 403
抔 403
抈 404
扯 404
抚 405
扷 408
抎 408
攺 418
更 427
攻 433
忑 464

十四畫

十五畫

【豎 畫】

十一畫

十二畫

十三畫

十四畫

十五畫

十六畫

十七畫

十八畫

十九畫

廿　畫

廿一畫

廿二畫

廿三畫

廿四畫

廿五畫

廿六畫

廿七畫

【撇　畫】

【點 畫】

十二畫

十三畫

【折 畫】

【合　文】

六　畫

七　畫

八　畫

九　畫

十　畫

十一畫

後 記

2000 年，出版社有續印《類編》之約。誠之師以是書出版已二十年，其間新出資料及新的研究成果繁夥，舊本已嫌不足，遂決意增訂。由於增訂工作量太大，師又以我在河南大學，地處僻遠，惸然獨學，恐生怠惰以致荒廢，乃命佐理此事。

二十一世紀之社會，已進入電腦時代。現代化的技術手段使得工具書的編纂趨於便捷，爲往時所無法想見。再，二十年間，又有多種古文字工具書面世，這都爲我們的工作提供了優越的條件。但是，這次增訂並不是簡單地匯總已有的大宗材料，而是盡可能地窮搜博討以反映古文字的豐富面貌和學界的成果。增訂過程中，師不厭其煩地告誡我，必須堅持審慎的原則，取捨要以學界有無定說爲標準。其間，我幾度以求全求多爲勝，盡可能網羅學界新說，以致失之於濫，有違工具書編纂的標準。當然，這些問題在誠之師的督促下基本上都已經得到糾正。此外，師生間也常因一字的釋定或取捨產生分歧，爲此魚雁往返至於再三，經旬月方能定讞。故此，增訂工作就不免有些曠日持久。增訂今告蕆事，忽忽已歷七年，余兩鬢亦斑矣。七年間，友朋或諫余，曷不以歲時未晚有所撰述以立說，而兀兀窮年苦於此哉。當此，余每正色曰，是書爲師之名作，師不以我爲愚鈍，而命預其事，是厚我多矣。爲乎此，得附驥尾，是名在其中；增訂有取捨，又或得陳一管之見，是立說在其中；書成能利於學術發展，是利亦在其中矣。故，雖苦亦樂。

本書的增訂，自始至終都得到李伯謙師的幫助；書稿初成，又呈李零師審閱勘誤，才得以有如今的面貌。書成，當然要首先感謝他們。另外，還要提到的是崔樂才君。他長於電腦的操作，從在河南大學求學到畢業參加工作的這五年中一直承擔着繁瑣的枯燥的勞動。本書版式、字面堪稱精美，多賴於他的工作。

本書即將面世，其中謬誤在所難免。或有新資料的未備，或有識見的失當及編纂的疏失等等，祈望學界同仁及讀者多予批評或惠知新資料，以爲將來的進一步修訂。

書成，師命我寫幾句話，爰綴數語於書末，是爲記。

2008 年春月涂白奎於守拙齋